高职高专物流管理专业系列教材

物流客户服务与管理

王晓望 韩冬艳 吴燮坤 编著

机械工业出版社

本书以提升学习者的客户服务能力为宗旨,将物流企业工作内容和业务操作融入客服能力的训练;案例丰富,大部分来自物流企业,具有实践性;理论知识简洁明了,与技能知识相得益彰。

全书内容包括物流服务策划、服务销售、服务提供、服务改进和服务控制五个模块,内容涵盖了物流客服的基本知识,咨询、接待、发现需求、处理异议等服务技能在物流销售中的运用,服务技能在主要物流业务(跟单、仓储、配送、国际货代、投诉处理)操作环节的运用以及改善物流客服质量的管理工具。

本书适用于高职院校和本科院校物流管理专业的教学,也可以用于电子商务、市场营销、国际贸易、工商管理等相关专业的教学,还可以供企业从业人员培训和自学时使用。

本书配电子课件,详见前言。

图书在版编目(CIP)数据

物流客户服务与管理/王晓望等编著. —北京:机械工业出版社,2015.2(2025.1 重印)
高职高专物流管理专业系列教材
ISBN 978-7-111-49097-5

Ⅰ.①物… Ⅱ.①王… Ⅲ.①物资企业—企业管理—销售管理—高等职业教育—教材 Ⅳ.①F253

中国版本图书馆 CIP 数据核字(2015)第 000098 号

机械工业出版社(北京市百万庄大街22号 邮政编码100037)
策划编辑:孔文梅　　责任编辑:孔文梅　宋　燕
责任校对:张　力　　封面设计:鞠　杨
责任印制:单爱军
北京虎彩文化传播有限公司印刷
2025年1月第1版第11次印刷
169mm×239mm・18.25 印张・350 千字
标准书号:ISBN 978-7-111-49097-5
定价:38.00 元

电话服务	网络服务
客服电话:010-88361066	机 工 官 网:www.cmpbook.com
010-88379833	机 工 官 博:weibo.com/cmp1952
010-68326294	金 书 网:www.golden-book.com
封底无防伪标均为盗版	机工教育服务网:www.cmpedu.com

前　言

成功的组织分布在各行各业，它们生产的产品和提供的服务也不尽相同。大量对于领先企业的观察和研究发现，它们在许多方面有相似之处并至少在一个方面达成了共识，那就是"努力去理解客户的需要和预期，并做到始终如一地提供令客户满意的产品和服务"。迪士尼公司前任执行副总裁李·科克雷尔（Lee Kockrell）在回答关于迪士尼成功的秘诀时，这样说过："并不是魔法在显灵，而是它们的工作方式如同魔法一般在显灵。这个工作方式就是运用完美的客户服务成就卓越。"

我国物流产业经过20多年的发展，尤其自2001年12月加入世界贸易组织以来，物流产业呈现出"爆炸式"增长的景象，出现了各种类型的物流企业，有从制造企业分离出来的专业物流企业，有从传统的商业、物资、粮食、供销、铁路、交通、邮政等企业转型发展而来的物流企业，有从市场上产生的民营第三方专业物流企业，也有从国外引进的跨国物流企业，以及伴随着电子商务兴起的快递企业和近年来出现的提供供应链解决方案的第四方物流企业等。在这样的行业发展背景下，各类物流企业急需物流专业人才来应对日益激烈的市场竞争。物流产业作为现代服务业的重要组成部分，相比其他产业，有能力提供优质的客户服务更是其赢得市场竞争的关键。因而，与客户打交道、为客户服务的能力成为物流企业对于人才的基本要求。

为了适应物流产业经济发展的需要，物流客户服务相关课程相继成为现代物流管理专业的主干课程之一。但现行的相关教材普遍具有一个显著缺陷，物流客户服务相关教材中的大量内容与物流管理各专业课程内容重复，不能实现提高学生服务能力的目的，学习效率低下。造成这种现象的主要原因在于物流企业都是典型的专业化服务行业。服务输入是运输、仓储、装卸、加工、整理、配送、信息等方面的有机结合，服务输出的是这些服务项目的质量。服务结果与过程的高度统一，对于没有较强服务业背景的编者来说，他们很难脱离物流业务操作的过程，教材未能提炼物流的服务特性。

本书的作者具有多年服务管理与关系营销的研究基础，使得本书具有如下特色：

1. 以提高学习者客户服务能力为宗旨

物流管理各专业课程已经包括了物流各项业务的操作技术，因而本书五个模块分别为服务策划、服务销售、服务提供、服务改进和服务控制，主要内容为物流服务环境分析、接待客户咨询来访、物流服务交叉销售、处理客户异议，各物流业务环节的优质服务,物流客户分类管理、满意度管理,物流服务流程和标准的优化以及物流服务质量改善。这些面与点内容的结合,侧重对学习者客户服务能力的培养,与物流企业客服相关岗位的工作内容紧密相关,并与《国家职业标准　客户服务管理师》(国家职业资格二级、一级)的内容相适应。

2．与物流企业的工作内容契合度高

本书虽以训练学习者客户服务能力为目标,但不是泛泛而谈,而是具体到在每个物流业务情境中训练学生掌握相关的服务技能。本书模块二～五的大部分案例来自物流企业,均为作者编写,较好地体现了案例的专业性和时效性。

3．理论知识与技能知识协调、统一

本书各模块结构如下:"任务引入—任务分析—相关知识—任务实施—思考与练习",此体例突出了技能训练,同时配备了必要的概念和原理,为学生的知识储备留下了发展的空间。

本书编写的指导思想是以物流行业企业为背景,以客户服务技能为核心,以物流企业客户服务相关岗位工作内容为依据确定教材内容,以期学习者可以胜任物流企业客服、市场助理、跟单员、呼叫中心坐席、物流销售人员、物流各业务岗位的工作,并由此获得职业发展的基础,进而胜任物流企业客服经理和大客户管理的工作。

王晓望负责全书的规划、审核、修改和总纂。具体分工为王晓望编写模块二和模块四,韩冬艳编写模块三和模块五,吴夑坤编写模块一。在本书的编写过程中,参阅了国内外有关研究成果,也得到了合作企业和毕业生的协助,在此表示衷心感谢。

为方便教学,本书配备电子课件等教学资源。凡选用本书作为教材的教师均可索取,咨询电话:010-88379375。

本书的撰写历时一年半,虽是编著人的尽心尽力之作,但客户服务作为较新的专业领域,加之作者视野局限,本书值得商榷之处恐有存在,恳请广大读者和专业人士提出宝贵意见,以便我们不断加以改进和完善。

王晓望

目　录

前言

模块一　物流客户服务策划 1
　　任务一　认识客户服务与客户关系管理 1
　　任务二　了解物流产业特征与物流服务内容 11
　　任务三　认识物流企业客户服务环境 25
　　任务四　了解物流客户服务组织与团队 32
　　任务五　了解物流服务方案的策划和编写 43

模块二　物流客户服务销售 61
　　任务一　回应客户咨询 61
　　任务二　接待来访客户 72
　　任务三　以客户为中心的交叉销售 82
　　任务四　处理客户异议 97

模块三　物流客户服务提供 109
　　任务一　运输、配送业务优质客户服务 109
　　任务二　仓储业务优质客户服务 124
　　任务三　国际货代业务优质客户服务 139
　　任务四　跟踪与反馈客户订单 149
　　任务五　处理客户投诉 159

模块四　物流客户服务改进 171
　　任务一　分类管理客户 171
　　任务二　大客户管理 189
　　任务三　规划客户满意度调查 206
　　任务四　CRM 系统在物流企业中的应用规划 217
　　任务五　供应链管理服务 232

模块五　物流客户服务控制 242
　　任务一　优化物流服务流程 242
　　任务二　制订物流企业客户服务标准 256
　　任务三　评估与改进服务质量 266
　　任务四　管理物流客服人员 274

参考文献 286

模块一　物流客户服务策划

任务一　认识客户服务与客户关系管理

知识目标
1. 理解客户和客户服务的内涵
2. 理解客户关系管理产生的背景、定义与核心思想
3. 理解客户关系管理产生的理论基础

能力目标
1. 能用自己的语言阐述对客户和客户服务的理解
2. 能用自己的语言阐述对客户关系管理的理解

任务引入

请阅读下面的案例，并回答相关问题：
1. 北京东区邮政局为客户惠普公司最初提供哪些服务项目？
2. 惠普工作小组成立后对该客户的服务项目发生了哪些变化？
3. 你认为这种变化体现了哪些现代服务理念？
4. 谈谈你对高品质客户服务内涵的理解。
5. 你认为 CRM 可以给客户服务工作中带来哪些帮助？

背景描述

面对大量民营物流企业的出现和国际物流巨头抢滩中国市场，中国邮政集团公司（以下简称"中国邮政"）从20世纪90年代开始出现巨额亏损。从2000年开始中国邮政提出了系列扭亏计划，开始进行市场化运作机制的改革。在这场巨变中，北京东区邮局当年就实现了2.5亿元的收支差，6.8亿元的营业额。北京东区邮局服务的范围包含北京中心商业区的核心，奥运商圈，拥有大量企业级用户，它是怎样开展企业用户的客户管理，直面民营快递公司、美国的UPS等大牌企业

的竞争的呢？

北京东区邮局 22 支局决定对一些大客户进行一对一的营销。当时惠普公司每个月可以为 22 支局提供 1 万多元的稳定收入。收入主要来源于邮件、报纸、刊物的分拣，还有物品的快递。惠普公司的要求非常高，比如投递质量，他们要求跟踪查询，今天寄，明天就需要知道邮件在什么位置，或者核实邮件接收的情况。为了不失去客户，22 支局提供了专门与惠普公司进行沟通的服务小组。惠普公司的满意度提高了一些，但支局的收入并没有明显提高。实际上，惠普公司的大部分业务已经被快递公司和不少国际物流企业瓜分了，但是就算剩下的这点，也让 22 支局感到弥足珍贵。因而，他们把惠普公司确定为"一对一营销"的第一批服务对象，2000 年下半年成立了一个专门的惠普工作小组，直接进驻惠普大厦。

项目组成立以后，随着对客户业务的不断深入了解，陆续开发了一些新业务。例如，惠普公司举办的每次活动都需要邮寄一些宣传广告，项目组就负责从机场把东西提回来，进行分拣整理、封装、邮寄、查询，提供全套服务。而这种有点外包性质的服务，确实令惠普公司很满意。

后来，22 支局干脆就干起了外包，而且不仅仅是通过邮政的渠道，自己做不了的，就联系大通、敦豪等专业的货运公司。总之就是惠普公司提需求，22 支局提供全面的解决方案。22 支局的有关领导说："实际上，这是通过惠普工作小组不断沟通才了解到的需求，我们在家里想是想不出来的。这应该算是第一个了解客户信息带来的收益。"

惠普工作小组为 22 支局带来了不少额外的收获，但他们也感觉到，惠普这个客户可开发的业务还有很多。可是由于工作小组对惠普的需求了解有限，信息大多是支离破碎的，自己都不知道要怎么跟普惠公司去谈。而且，普惠公司对 22 支局难以提供高附加值服务的成见，也越来越影响新业务的开展。

恰好在这个时候，北京东区邮局开始引进 CRM（客户关系管理）项目。通过一年的 CRM 实施，实现了客户信息的收集和数字化。也就是把自己的客户是谁、他们与自己的交易记录、客户经理日常走访记录等与客户有关的信息，动态地记录到 CRM 系统里面。按照实施计划，北京东区邮局的 CRM 实施分为五个阶段：客户信息录入，客户信息内部共享，销售自动化，局内协同销售，直到实现最终的智能数据挖掘。

更为重要的是 CRM 项目的实施促使了员工理念的转变。"以客户为中心"的理念使得员工从原来的迫不得已提升服务质量，开始转变成为理所当然地满足客户需求。这种变化让惠普公司吃了一惊。

2001 年年初，惠普公司的一个部门在和 22 支局合作一段时间以后，突然中断合作去找别的物流企业了。22 支局事后了解是因为 22 支局在挂号信查询上出了一点问题。因为邮政的查询时间比较长，通过邮政系统的正常渠道,一般的挂号信件可能要10~15天才能反馈回来。对此客户表示不能接受,于是就离开了。

过了不久,工作小组负责人在CRM系统查看小组其他人员录入的信息时,发现惠普公司这个部门又对自己最近新换的服务提供者表示了不满。于是第二天他就找到惠普公司,并且通过分析上次为什么丢掉客户,事先准备好了一套新的解决方案。

"我对他们说,我们可以用电话查询,我们会把电话一个个打到收件人那里,不但问清楚他是不是收到了,还把他是不是可以出席会议确认一下,最后反馈给你们。"工作小组负责人有些得意地说,"他们真的很吃惊,说没想到邮政还能做到这一点。后来,这个部门就成了惠普公司内部与我们业务联系最紧密的客户。"

工作小组只有4个人,面对惠普7个部门,业务量已经很大了。但是引进CRM以后,录入客户信息和走访记录就占去他们1/3甚至2/3的时间。这就引起了工作小组成员们的抱怨。然而,在几乎是不讲理地强制运行几个月以后,CRM数据库逐渐丰满起来。他们发现:输入的数据越多,分析的功能就越强大。从那时候开始,他们就再也没有对录入客户信息表示过不满。

工作小组后来做的第一件事就是把惠普公司不同部门的业务高峰时间进行总结。因为他们知道,惠普公司的活动大部分都是有规律的,比如展会可能选择每个月的什么时间,巡展可能是在每年的第几个季度等,而且不同部门的规律都不一样。这样一来,他们就可以大致了解自己一年内要完成的工作,然后按照计划去做准备。这样与客户配合起来,效果肯定会更好。而且知道了自己一年能拿到手的业务有多少,还可以为开发新部门和新业务制订相应的计划。自己被动地等业务,不但很累,而且没有效率。

做到这一点,工作小组又开始尝试着通过客户信息来分析自己的潜在客户和可能的新业务。这种基于CRM系统的新工作方法,确实给他们带来了成绩。当工作小组的成员们带着打印装订好的计划书走进惠普公司时,惠普着实感到惊喜,传统的邮局还搞计划书?后来惠普公司开始把邮政放到了与其他专业公司同等的位置,一些以前绝对不会让邮政来做的事情,也开始让邮政介入了。

比如惠普公司每年的巡展过程中都有不少货运工作,以往这种工作都是由大通公司来完成的。用工作小组负责人的话说是:"惠普对大通好像有一种天然的信任,觉得大通肯定能准时完成他们的任务,至于邮政,那可就说不准了。"

不过这种情况现在已经改变了。当工作小组把精心准备,并且经过交流后数次修改的计划书放到客户面前的时候,客户清楚地看到,什么时间把东西寄出,什么时间到达,什么时间反馈信息,什么时间完成整个工作等都井并有条，并且与自己的展会计划配合完美，在价格上又有很大优势，当然无话可说。

目前，22支局已经把惠普公司几个部门巡展活动的货运包了下来。在这个点上，邮政竟然也开始与国际专业物流公司展开了竞争。在以前，这恐怕是不可能出现的事情。

现在，工作小组的成员们已经从最开始时的抱怨CRM影响工作时间，变成抱怨系统滞后了。有人说："要是能有更多的分析功能，我们就能够更了解客户，预测和生产出需求。要是能再多有一些模块，像竞争对手信息等，我们就能更加有的放矢。比如我们就曾经利用大通公司流程上要批量发送的缺点，给惠普公司提供当天承接，当天打包，当天发送的货运服务。要是我们不了解对手，怎么把客户抢过来呀？"

今天，惠普公司对22支局每个月业务量已经从1万多元上升到超过10万元，这恐怕就是CRM带来的最明显的改变之一。显然，在进入买方市场的时候，北京东区邮局发现客户已经成了自己的命根子。不过，"抓住客户"的目标很简单，实现过程却非常复杂。不单单要有邮局已经理解的"微笑服务""上门取信"，更重要的是要具有深度了解单一客户的需求和客户价值的"市场智能"，而一对一的CRM系统，是一个可以增进市场智能的工具。

（案例来源：范云峰. 客户管理营销[M]. 北京：中国经济出版社，2003.）

任务分析

按照加入WTO的承诺，我国在2004年年底已经全面放开物流市场，国外实力雄厚的综合物流公司纷纷加速向我国物流市场扩张，抢占市场份额，我国的物流企业面临前所未有的严峻挑战。同时，随着经济一体化、消费多样化、贸易全球化和电子商务时代的到来，物流行业进入高速发展期，客户对物流服务的要求也日益提高。

物流企业若想在这样的宏观环境下立足，务必理念先行，深刻理解客户和服务的内涵，树立现代物流服务理念，进行客户关系管理。

相关知识

一、客户的内涵

物流企业的客户是指所有接受物流服务的、被物流企业视为资源进行管理的组织和个人。在现代物流企业管理中，客户的内涵又进一步得到扩大，具体表现在以下三个方面。

1. 第一种客户关系——供应链客户关系

对处于供应链下游的物流企业来说,他们是上游物流企业的客户,他们可能是生产商、分销商、物流服务提供商或零售商,而最终的接受者是消费产品或服务的个人或组织,从而产生了现代市场环境中的第一种客户关系——供应链客户关系。在供应链客户关系中,物流企业相对于服务购买者和服务接受者来说,它处于中介的位置,本身不创造价值,通过为客户提供时间和空间效用,为两端的客户创造价值,从而为自己带来效益。

2. 第二种客户关系——终端消费者客户关系

多数物流企业的实践证明,物流企业产品或服务的研发要以市场为导向,终端消费者是市场的主导者,从而产生了现代市场环境中的第二种客户关系——终端消费者客户关系。

现代物流企业以为其他企业提供时间和空间效用为己任,在其中物流企业从事着不同的业务类型,而因此产生了不同类型的物流企业。例如,以仓储配送为主的物流企业,以提供物流综合服务为主的第三方物流企业,以提供货物代理为主的物流企业以及伴随着电子商务的蓬勃发展而产生的众多快递物流企业,在这些物流企业中,以个体型客户为主的快递物流企业重视终端消费者的需求是大势所趋,即使以组织型客户为主的第三方物流企业,如果不考虑其客户的客户,即终端消费者的需求,也很难满足其客户的需要。因而现代物流企业必须将终端消费者视为客户。

3. 第三种客户关系——物流企业内部客户关系

内部客户的概念日益引起物流企业的重视,它使物流企业的运作无缝连接起来。只有在物流企业内部推行客户服务的理念,把物流企业内上下环节的工作人员和不同部门间的工作人员看作合作伙伴,上一个环节的工作人员时刻牢记自己的工作是为了满足下一个环节工作人员的需要,以此形成现代市场环境中的第三种客户关系——物流企业内部客户关系。

物流企业内部客户理念是物流企业对外提供优质客户服务的前提和保障。物流企业的各个层面只有服务好内部客户,才能在物流企业内部形成高效的工作氛围,提高物流企业整体服务能力,从而避免物流企业的服务理念和服务措施对外不能落实。

二、客户服务的内涵

1. 客户服务的概念

狭义的客户服务是指售出后跟产品有关的服务,如使用说明、维修保固、退货或账务服务等。而广义的客户服务,就是致力于使客户满意并持续购买公司产品或服务的一切活动的统称。物流企业通过广告、免费试用、赠予以及调研等活动与客户进行接触，提供关怀和支持，在服务产品销售和使用过程中与客户的各种交互活动等都属于客户服务的范畴。在现代市场经济环境中，广义的客户服务概念往往被采纳。

2. 客户服务的特性

服务相对于产品而言，具有特别的性质。服务的生产和消费是无形的、不可分离的、易变质的和易消逝的。而物流企业作为典型的服务行业，其所拥有的服务能量是物流企业提供高品质的客户服务和客户关怀的基础，物流企业拥有的服务能量主要包括服务人员数量、人员素质、经验、相关技术及设备等。

国内外对于物流行业客户服务的研究主要侧重于服务理念、服务递送、客户接触、服务质量与评价、客户关系建立与保持以及呼叫中心等客户服务支持技术等方面。基于此，本书也重点阐述现代物流企业的服务理念、服务递送与客户接触中的服务沟通技巧、服务质量评价、与客户保持关系的方法以及客户服务支持技术——呼叫中心的基本知识，期望能够提高物流从业人员的服务技能与品质，从而为客户创造出时间和空间效用以及附加值的总和，让客户感受到卓越的服务质量，提高客户的满意度和忠诚度。

3. 客户服务的内容

一般来说，物流企业客户服务的内容见表1-1。

表1-1 物流企业客户服务的内容

服　　务	说　　明
受理客户订单	当客户购买产品，也就是下订单时，客服人员需要迅速受理
提供技术支持	当客户对产品或服务在技术问题上产生疑问和需要支持的时候，客服人员要迅速地解答疑问并予以技术支持
受理客户投诉	当客户产生不满进行投诉时，客服人员需要迅速受理
管理客户关系	收集客户信息，分析和把握客户特征，提供有针对性的产品和服务，维护良好稳定的客户关系

客户关系管理是客户服务工作内容中唯一主动针对客户开展的服务项目，是客户服务工作中较高层次的工作内容，极大地丰富和提升了客户服务的内涵。

三、理解客户关系管理的内涵

1. 客户关系管理的概念

客户关系管理（Customer Relationship Management，CRM）是指经营者在现代信息技术的基础上收集和分析客户信息，把握客户需求特征和行为偏好，积累和共享客户知识，有针对性地为客户提供产品或服务，发展和管理与客户之间的关系，从而培养客户的长期忠诚度，以实现客户价值最大化和企业收益最大化之间的平衡的一种企业总体战略。

客户关系管理的核心思想包括以下三个方面的内容。

（1）客户是物流企业发展最重要的资源之一

传统的管理观念认为仓房、设备、现金等是物流企业生存和发展的重要因素，但随着科技的进步及理念的转变，越来越多的物流企业开始关注技术、人力及客户资源的重要性。以客户为中心的物流企业战略认为物流企业的使命就是为客户创造价值。客户与物流企业的关系，不仅仅是简单的一次性的买卖关系，而应该将其作为一种资源，一种支撑物流企业长期稳定发展的基本动力。

（2）识别并保持有价值的客户是客户关系管理的核心

客户资源的重要性显而易见，但并不表示所有的客户都同等重要。套用80/20的定律可知，物流企业80%的利润是由顶层20%的客户创造的。另外，物流企业资源的有效性也决定了物流企业无法兼顾所有客户，只能将有限的资源分配给最有价值的客户群体。因此，有价值客户的识别是客户关系管理的首要任务。

识别有价值的客户之后，主要任务就变成如何留住他们，并实现他们对物流企业的价值最大化，即所谓的客户保持。物流企业一定要通过大量的数据搜集及数据分析，熟悉了解客户的特征、运营状况等，从而为客户提供更有针对性的产品与服务，达到客户保持甚至客户升级的目的。

（3）客户与物流企业双赢是客户关系管理的最终目标

客户关系管理理念对服务的理解更多地关注服务的过程。传统的管理比较重视服务的结果，却往往忽略了服务的过程。而客户服务更多的是表现客户的感知价值，客户根据对服务质量的感知，形成了客户感知价值，客户感知价值又形成了客户满意度，进而形成了客户的忠诚度。

客户的感知不单单是通过服务的结果，更是对整个过程的感知，特别是服务中的较差环节，会给客户留下深刻印象，所以客户关系管理，更加强调的是服务过程的质量。客户服务质量，应该是由结果质量和过程质量两者合二为一的，从总体上提高客户认知价值，增强客户满意度和忠诚度。提高服务水平，达到客户与物流企业双赢是客户关系管理的最终目标。

2. 客户关系管理的理论基础

（1）客户关系生命周期理论

客户关系生命周期理论也称客户关系生命周期理论，是指从物流企业与客户建立业务关系到完全终止关系的全过程，一般分为考察期、形成期、稳定期和退化期四个阶段，它动态地描述了客户关系在不同阶段的总体特征，具体见表1-2。

表1-2　客户关系在不同阶段的特征

客户关系生命周期	特　征	说　明
考察期	关系的探索和试验阶段；不确定性大；客户在考察期对物流企业贡献不大	双方考察和测试目标的相容性、对方的诚意、绩效等；考虑如何建立长期关系，双方潜在的职责、权利和义务
形成期	关系的快速发展阶段；双方了解和信任不断加深，关系日趋成熟，双方的风险承受意愿增加；客户开始为物流企业做贡献，物流企业从客户交易获得的收入大于投入，开始盈利	双方逐渐认识到对方有能力提供令自己满意的价值或利益和履行其在关系中担负的职责，因此愿意建立长期合作关系
稳定期	关系发展的最高阶段；双方的交互依赖水平达到整个关系发展过程中的最高点，双方关系处于一种相对稳定状态，这是物流企业实现大量盈利的阶段	双方通常交易频繁且对彼此提供的价值高度满意，双方保持着稳定的关系且都为之付出较大投入
退化期	关系水平逆转的阶段；客户对物流企业提供的价值不满意，交易量回落，客户利润快速下降	关系的退化并不总是发生在稳定期后的第四阶段。实际上，在任何一阶段关系都可能退化，有些关系可能在考察期后就结束，有些关系可能在形成期退化

客户关系生命周期理论认为客户关系水平通常用交易额和客户利润参数来衡量，随着客户关系生命周期的发展而不断变化。一个典型的客户关系生命周期如图1-1所示。

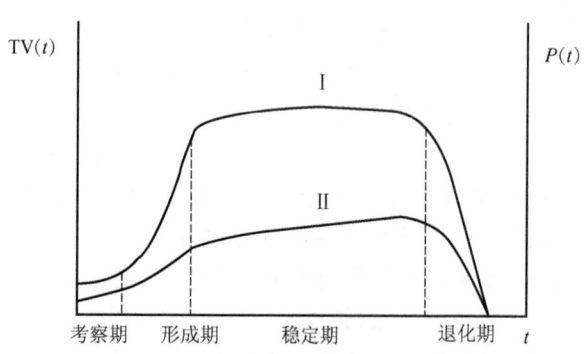

图1-1　典型客户关系生命周期曲线

（2）客户金字塔理论

客户金字塔理论是指物流企业可以根据从不同客户获得的经济收益，将客户划分为不同的类别，分析不同类别客户的需求，为不同类别的客户提供差异化的服务，从而提高物流企业的经济收益。这一理论称为"客户金字塔"模型，它将客户按照终身价值从大到小划分为铂金层、黄金层、钢铁层、重铅层四个等级，如图 1-2 所示。

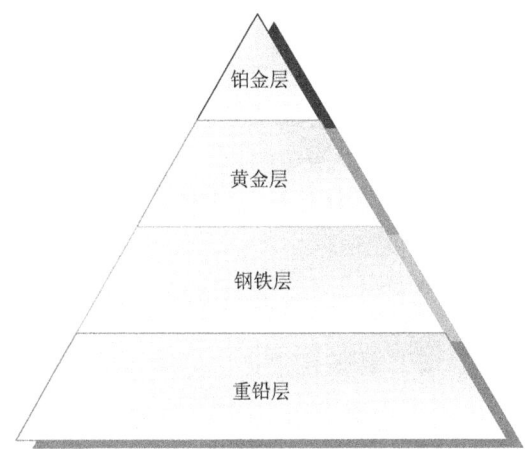

图 1-2　客户关系金字塔模型及各层客户特点

构建客户金字塔，便于物流企业实现有效的客户管理，减少物流企业行为的盲目性，通过实施更高效的管理措施，提高物流企业资源利用率。

基于以上对客户服务和客户关系管理的理解，作为典型服务行业的物流企业若想提高核心竞争力，势必需要通过提高服务质量，提升客户满意度和忠诚度。而要实现这个目标，从业人员首先要深入理解客户服务与关系管理的内涵，以及从客户服务到客户关系管理的理念变化，以此确立现代物流服务理念，发现改进服务过程与结果质量的途径。

任务实施

参考答案：
1. *北京东区邮政局为客户惠普公司最初提供哪些服务项目？*
最初只做邮件、报纸、刊物的分拣和快递以及邮件跟踪查询。
2. *惠普工作小组成立后对该客户的服务项目发生了哪些变化？*
成立了惠普工作小组后，该小组开发了许多新业务。比如，惠普公司举办的每次活动都需要邮寄一些宣传广告，22 局就负责从机场把东西提回来，进行分拣整理、封装、邮寄，查询提供全套服务。这样就承接了惠普公司物流外包业务。该小组及时发现客户对挂号信件反馈时间长的不满，并迅速提供了专人负责查询反馈的解决方案，阻止了客户的流失。惠普公司的工作具有相当的规律性，

该小组就对惠普公司的业务高峰时间进行总结，配合其活动规律来制订自己的工作计划，从而揽下了几个部门每年巡展活动的货运业务。

3. 你认为这种变化体现了哪些现代服务理念？

以"一对一"营销为基础，对客户进行分析，把握其业务特征，满足其个性化需求；以客户为中心，实现客户价值增值，从而创造企业利润；运用客户生命周期理论，创造客户终身价值，实现企业利益最大化。

4. 中国邮政北京分局实施的 CRM 提供了哪些功能，为其管理客户提供了哪些支持？

该 CRM 项目为企业客户关系管理提供了如下支持：
- 客户基本信息的收集和数字化。
- 储存客户与企业的交易记录、客户经理日常走访记录等与客户有关的信息。
- 实现客户信息内部共享。
- 实现销售自动化和局内协同销售。
- 及时发现客户的交易变化。
- 分析客户的交易规律和需求。

5. 你认为该企业实施的 CRM 项目仅仅是引进了一套信息管理系统吗？你认为该企业实施 CRM 项目成功的关键是什么？

很显然，CRM 项目不仅仅是一套信息管理系统。企业拥有的客户理念和工作服务流程都会在管理系统中得以体现。因而仅靠信息技术就改变企业经营现状的想法是不现实的，最主要的是在引进此项先进技术系统之前，首先要营造和树立与之相对应的管理策略、服务文化和有利于客户的服务流程。该企业认识到这一点的重要性，最终取得了阶段性的成功。

6. 实施 CRM 可能遇到的困难有哪些？

"以客户为中心"优化企业工作流程需要花费大量时间；各业务部门间的协同工作量增加，可能会遇到一些阻力；前期数据处理和录入工作需要占用大量时间；员工的工作习惯需要一定的时间才能改变。

思考与练习

一、名词解释

客户服务　客户关系管理

二、思考题

1. 分别简述客户生命周期理论和客户金字塔理论。

2. 请简述客户关系管理日益受到物流企业重视的背景。

任务二　了解物流产业特征与物流服务内容

> **知识目标**
> 1. 熟记现代物流的内涵
> 2. 理解物流业出现的新特征
> 3. 理解现代物流服务理念
> 4. 理解现代物流服务内容
>
> **能力目标**
> 1. 能清晰地阐明现代物流服务理念
> 2. 会运用物流增值服务的方法，列举两种物流创新服务模式

任务引入

请阅读下面的案例，并回答问题：
振华集团采用的应对措施体现了哪些服务理念？

背景描述

振华物流集团其前身为"天津振华国际货运有限公司"，2006年4月29日，中集集团股份有限公司斥资3.8亿元入股振华，成为振华物流集团的第二大股东。2007年更名为"振华物流集团有限公司"（以下简称"振华物流集团"）。总部设立在天津滨海新区，并在国内外设立了多个分支机构，同时在全国各主要港口建有综合物流平台，在全国各主要港口拥有116万平方米配备无线终端智能管理的现代化堆场、23万平方米现代化物流仓库和500多辆大吨位集装箱拖车。振华物流集团不仅能够提供常规的一条龙专业物流服务，还能够为各行各业的客户提供贯穿整个供应链管理的完整物流解决方案，拥有众多位列世界500强的知名企业客户。

金融危机后，振华物流集团将业务调整为国际船代与货代、港口物流、工程项目物流与国际采购、产业物流和资源贸易与航运物流五大业务板块，并进行了相应的组织架构的调整，公司进入了集团化快速发展的新时期。其中，货运业务贯穿于各个业务板块之间，起着强有力的支撑和连接作业，是公司硬实力的集中体现。

2002年天津一汽丰田汽车有限公司成立，但未能找到符合要求的物流服务供应商，2004年振华物流集团与日本知名航运公司——NYK合资成立了天津日邮振华物流有限公司，专门服务于丰田汽车零配件配送和仓储业务，帮丰田顺利实施零库存配送体制。

为了满足LG天津工厂及时将产品运送至世界各地的需求，振华物流集团组建了高效率的LG专业项目团队，为其提供一条龙的服务：振华物流集团海外部设有高素质的LG操作组，专门负责其货物的订舱、接货、产装、出口报关、报检、装船、单据处理及各种突发事件的协调解决；振华物流集团运输部也成立了LG运输专线，专门负责其货物的运输，最大限度地提高了服务效率和服务质量，在物流解决方案上为LG争得了效益。经过不断地摸索和总结经验，振华物流集团还根据LG工厂不同时期的生产情况为他们量身设计了周转箱调货、生产情况现场预报、出口计划预先安排等诸多方便实用的操作方案。这些个性化的物流解决方案一方面极大地提高了操作、运输安排的效率，由原来一天一趟提高到保三趟争四趟的效率，另一方面大大节省了LG工厂的物流成本，受到了LG工厂的认可与好评。

随着集团业务的增加，振华物流集团采取了"精细管理与信息化并举"的策略以保持公司的持续发展。振华物流切实将企业精细化管理列入日常常规工作，努力挖潜增效，降本节流。在项目成本核算、部门绩效考核、细化流程、整章建制、节能降耗以及内务管理等方面采取了各项举措。

2008年，受经济危机影响，物流行业急剧受挫，特别是一向以外向型业务为主的振华物流集团，订单与物流业务大幅下降，而其运输业也遭受到了前所未有的打击。面对危机，振华物流集团积极采取应对措施，调整内部组织结构，将单证操作与车队管理合理划分，实行绩效考核管理制度。绩效考核制度的实行，调动了每位驾驶员的工作积极性，收到了良好的效果。

作为新型现代物流企业，振华物流集团一直都非常注重商业模式的创新，坚持不懈地将信息技术应用水平保持在行业领先地位，并努力将信息化及网络系统打造成为公司核心竞争力之一。集团自行打造的智能化信息系统平台，一方面能对运输的货物进行精准的计算、配载和控制，合理选择最佳的运输方案、运输工具和运输路线；另一方面集信息技术与先进管理理念于一体，能够实现对全过程物流服务中产生的各类信息进行采集、分类、传递、汇总、识别、跟踪、查询等一系列处理活动，在实现流程和时间控制、效率提高、成本降低等一系列管理活动的同时，全面保证物流过程的快捷、便利、高效和安全，为客户提供最具价值的物流服务。

为了更好地提高公司的货运管理质量，振华物流集团通过制定并注重落实货运车辆管理制度的方式，明确规定货运车辆与驾驶员的管理制度、奖罚制度和安全行车制度。同时还涉及了专业快捷的货运管理软件信息平台，振华的合作伙伴可以通过 e 商务在网上随时查询在途货物的各项指标。GPS 全球定位系统、无线射频识别（RFID）技术、条码自动识别、无线网络智能终端等世界尖端科技的引入，使振华物流集团实现了时刻监控追踪货物动态，随时随地收集、传送货物各种信息，实现了客户网上随时委托及查询跟踪最新动态，并获取最新的物流咨询信息。

振华物流集团未来五年将在巩固好传统产品——国际船代与货代、港口物流传统优势的基础上，大力发展工程项目物流与国际采购、产业物流项目，并审慎发展资源贸易及航运物流，力争成为产品结构合理、可持续发展能力强、国内综合排名前五的物流企业。

（案例来源：颜静《振华物流做客户亲密合作伙伴》TRUCK&LOGISTICS 2011/01/05）

任务分析

振华物流集团从一个货运公司起家，发展成为知名的物流集团企业。很显然企业高层所持有的服务理念促成了企业的快速发展。物流服务行为受服务理念支配，只有拥有现代物流服务理念才能做出相应正确的行为。同时，深入了解物流服务的内容也是有效行动的保障。

相关知识

一、现代物流业的产业特征

现代物流服务体系是建立在物流产业基础之上的。因此，有必要先了解与熟悉现代物流业的基本特征。

1. 现代物流的基本内涵

现代物流是指原材料、产成品从起点至终点及相关信息有效流动的全过程。它将运输、仓储、装卸、加工、整理、配送、信息等方面有机结合，形成完整的供应链，为用户提供多功能、一体化的综合性服务。

从物流业的集成特性来看，物流产业是在现代信息技术和现代管理方法发展的基础上，通过对传统运输、仓储等产业的协调、优化配置和整合而形成的一种新兴产业形态，这种产业不追求局部功能环节的最优，而是追求一种物质流动全过程的整体最优。

物流产业的出现使得运输、仓储等产业之间的传统界限已经被彻底打破。

现代通信技术和互联网的广泛使用，使得"物"在运输、仓储、装卸搬运和流通加工等过程中的信息得以及时掌握和反馈，使物流企业有能力通过信息的获取、处理和控制来对各种分立的物流资源进行整合，形成专业性的物流服务能力。

简言之，物流是物品、服务及信息流动和仓储的"计划、实施与控制"过程。现代物流与传统物流的本质区别在于物流活动的一体化、信息技术的广泛应用（信息技术的应用目的是为了实现一体化）和对客户服务的高度重视（把通过客户服务提高物流企业竞争能力提到与通过优化物流过程节约成本同样重要的高度）。

2. 物流服务的概念与特征

我国《物流术语》（GB/T18354—2006）对物流服务的定义是"为满足客户需求所实施的一系列物流活动产生的结果"。《中国现代物流大全》认为，物流服务是指发生在买方和卖方之间的一个过程，这个过程能够使交易中的产品或服务实现价值增值。物流服务包括三个基本要素：一是能提供客户需要的产品或服务；二是能在客户期望的时间内将产品或服务传递到客户手中；三是所提供产品或服务的质量能符合客户的期望。物流服务具有以下几方面的特征。

（1）即时性

物流服务是属于非物质形态的劳动，它生产的不是有形的产品，而是一种伴随销售和消费同时发生的即时服务。

（2）差异性

物流服务的构成成分及其质量水平经常变化，很难统一界定。物流企业往往不易制定和执行服务质量标准，不易保证服务质量，而且服务质量不仅与员工的服务态度和服务能力有关，而且与客户有关。同样的服务对一部分客户来说被认为是优质服务，而可能被另一部分客户认为是劣质服务。

（3）不可分离性

物流服务的生产过程与消费过程同时进行，物流企业在为客户提供物流服务的同时，客户消费服务也在同时进行，二者在时间上是不可分离的，所以物流服务的过程，也就是客户对服务的消费过程。

（4）移动性和分散性

物流服务以分布广泛、数量多、不固定的客户为对象，所以，具有移动性以及面广、分散的特性。

（5）不可储存性

物流服务容易消失，具有不可储存的特征。物流企业在为客户服务之后，服务就立即消失，它是不可储存的。尽管物流服务容易消失，但物流企业可反复利用其服务设施。

3. 现代物流的发展趋势

随着经济全球化步伐的加快，科学技术尤其是信息通信技术的发展，使得当前的物流行业发展呈现出一系列新的特点。

（1）第三方物流企业将向集约化和协同化发展

第三方物流企业（简称 3PL）是指接受客户委托为其提供专项或全面的物流系统设计以及系统运营的物流服务模式的物流企业，也就是社会化的物流企业。进入 21 世纪以来，世界范围内各行业物流企业间的联合与并购，将会继续推动物流业加速向全球化方向发展，而物流全球化的发展趋势，又必然推动和促进各国物流企业的联合和并购活动，通过结盟可以解决资金短缺的问题以及应付市场波动压力，从而提高物流企业的地理覆盖面和"一站式"服务。

国内物流企业资源整合和分工合作的潮流大致出现在 2000—2008 年，在此期间涌现了一大批以整合为基础的轻资产型的第三方物流企业，形成了珠江三角洲地区、长江三角洲地区和环渤海地区三大物流企业群体。

（2）物流服务的优质化与全球化，促使合同导向的个性化服务体系形成

面对 21 世纪更加激烈的市场竞争和变化迅速的市场需求，物流服务的优质化是物流今后发展的重要趋势。为客户提供日益完善的增值服务，满足客户日益复杂的个性化需求将成为现代物流企业生存和发展的关键。

➲ 案例

2000 年，UPS 物流集团与美国福特汽车公司建立策略联盟，决定由 UPS 负责管理福特公司生产的福特牌和林肯牌小轿车在美国、加拿大和墨西哥三国的运送业务。UPS 负责的不是汽车运送本身，而是利用 UPS 先进的物流信息和管理技术为福特公司进行系统配送的管理，包括设计运送网络、提供信息技术系统服务、消除运送过程的瓶颈，以减少运输延误，提高效率，节约运送成本。据 UPS 公司估算，通过这种策略联盟将使福特汽车在北美的运送时间减少 40%，为汽车库存、配送和运输的成本每年可节约 1.25 亿美元。同时，也将使 UPS 获得可观的收益。

（案例来源：陈高原，美国物流发展启示录[M]. 深圳：海天出版社，2005.）

（3）绿色物流是物流发展的又一趋势

绿色物流是指以降低对环境的污染、减小资源消耗为目标，利用先进物流技术规划和实施的国际物流活动。21 世纪，人类面临着人口膨胀、环境恶化、资源短缺的三大危机，因此绿色物流将备受关注。

➲ 案例

德国的物流绿色化表现在宏观与微观物流中方方面面的文明规划、设计、生产、使用与绿色消费。例如：注重资源利用，莱茵河内河运输航道经济效益和生态效益是有口皆碑的；注重到达消费者手中的绿色运输、仓储、包装等的

同时也注重从消费者手中返回的逆向物流，如垃圾分类、饮料瓶、旧电器、轮胎、汽车等的回收；大量采用厢式车辆，从而保证在运输途中不出现撒落、不污染公共设施；物流园区内的洗车污水处理后循环使用，不排入江河，园区内绿色面积不少于20%，不出现裸土等。注重绿色物流为德国带来了蓝天白云和青山绿水。

（4）第四方物流快速发展

第四方物流企业（简称4PL）并不实际承担具体的物流运作活动，它是一个供应链的整合者，集合及管理众多的物流资源、设施及技术去提供一个完整中立的供应链解决方案，它是供应链物流的服务创新。中国的第四方物流公司通常被称之为物流咨询公司。

第四方物流与第三方物流的主要区别在于，第三方物流供应商为客户提供所有的或一部分供应链物流服务，以获取一定的利润。第三方物流公司提供的服务范围很广，它可以简单到只是帮助客户安排一批货物的运输，也可以复杂到设计、实施和运作一个公司的整个分销和物流系统。在实际的运作中，第三方物流公司缺乏对整个供应链进行运作的战略性专长和真正整合供应链流程的相关技术。第四方物流依靠业内最优秀的第三方物流供应商、技术供应商、管理咨询顾问和其他增值服务商，为客户提供独特的和广泛的供应链解决方案，从而帮助物流企业实现低成本运作和最大范围的资源整合。

二、物流服务的理念

我国的物流企业大都是从运输、仓储等功能性服务切入物流市场的，这些物流企业要发展，首先要认清物流功能性服务与现代物流服务性质、服务目标和客户关系上的本质区别，树立起全新的服务理念。现代物流服务理念主要包括如下内容。

1. *关注客户需求*

物流在中国是一种新兴产业，物流本身发展是紧密伴随着物流企业经营管理理念发展的。当物流企业经营管理理念的核心从产品制造转向产品销售再转向现代营销和客户服务，直至现在"一切为客户创造价值"的经营理念时，这就要求物流企业改变传统以规模效益获得经济效益的核心思想，建立适合于需求多样化的创新服务，甚至实现客户定制化物流服务。

物流企业不仅要面向共性需求，还需关注个性需求。所有的客户都有共同的需求，如对仓库工人的需求、搬运工的需求、押运员的需求、配送车辆的需求、物流设备的需求等。但一家专业的物流企业会服务多家客户，物流企业往往会存在多种物流服务流程与体系以对应不同客户的供应链需求，只有这样物流企业的仓储、运输、人员、设备、信息资源才能够统筹协调，应对不同客户、不同业务波动给物流造成的压力。这种方式被称为"柔性化组织体系与服务体系"。因而物流公司的物流中心一般由两部分组成：项目组和运营部。不同客户的不同需求由项目组去满足，共性的需求就统归运营部调配管理。

2. 从物流功能服务向管理服务延伸，全面提升客户价值

物流服务不是在客户管理下完成多个物流功能，而是通过参与客户的物流管理，将各个物流功能有机地衔接起来，实现高效的物流系统运作，帮助客户提高物流管理水平和控制能力，为采购、生产和销售提供有效支撑。因此，开发物流服务项目时要在物流管理层面的服务内容上做文章，包括客户物流系统优化、物流业务流程再造、订单管理、库存管理、供应商协调、最终用户服务等，最终为客户提供满意的物流解决方案，实现对客户"一站式"服务。

据研究发现，企业物流外包产生的成本节省取决于外包的服务一体化程度。如果企业只是简单地由第三方物流替代自营的物流功能，借助第三方物流的规模效应和运作专长，预期可节省0～5%的成本；如果企业利用第三方物流的网络优势进行资源整合，部分改进原有的物流流程，预期可节省5%～10%的成本；如果企业通过第三方物流根据需要对物流流程进行重组，使第三方物流服务延伸至企业整个供应链，预期可节省10%～20%的成本。所以，第三方物流提供商由物流功能服务向管理服务延伸，不仅可以为客户带来更大的利益，而且可以密切与客户的合作关系。

3. 从提供物流服务到进行物流合作服务

客户是物流企业服务的对象，是物流企业利润实现的源泉。稳定的客户群能够进一步扩展和充实物流服务市场空间，使物流企业的发展拥有稳定成长的市场与客户基础。功能性物流服务通常采用与客户"一单一结"的交易服务方式，物流企业与客户之间是短期的买卖关系。传统物流企业一般是基于自己的仓储设施、运输设备等资产向客户提供功能性服务，而第三方物流提供商主要是基于自己的专业技能、信息技术等为客户提供管理服务，因而常常会根据客户的需求和双方的战略意图，探讨在物流资产、资金和技术方面与客户进行合作，以取得双赢的效果。

如果客户在某地区已有车辆、设施、员工等物流资产，而物流企业在该地区又需要建立物流系统，进行物流服务创新，可以全盘买进客户的物流资产，接管并拥有客户的物流资源甚至接受客户的员工。接管后，使客户保留物流设施的部分产权，并在物流作业中保持参与，以加强对物流过程的有效控制。物流企业可以在为该客户服务的同时，还为其他客户服务，通过资源共享以改进利用率并分担管理成本。只有拥有稳定的核心客户才能帮助物流企业跨越临界规模而进入持续稳定的业务增长阶段。

4. 从实物流服务向信息流、资金流服务延伸

物流管理的基础是物流信息,是用信息流来控制实物流。物流合理化的一个重要途径,就是"用信息替代库存"。因此,物流创新服务必须在提供实物流服务的同时,提供信息流服务,否则仍是物流功能承担者,而不是物流管理者。物流信息服务包括预先发货通知、送达签收反馈、订单跟踪查询、库存状态查询、货物在途跟踪、运行绩效(KPI)监测、管理报告等内容。

近年来,国外领先的第三方物流提供商在客户的财务、库存、技术和数据管理方面承担越来越大的责任,从而在客户供应链管理中发挥战略性作用。与此同时,第三方物流提供商还可通过提供资金流服务,参与客户的供应链管理,如为其物流服务的客户提供预付货款、信用担保、代收货款等增值服务,以加快客户的资金流转,释放客户的库存占用资本,降低客户的进出口关税,从而实现了为客户提供实物流、信息流与资金流"三流合一"的完整的供应链解决方案。

5. 为客户赢得竞争优势

现代物流企业的竞争优势在于技术创新、管理创新和服务创新。物流企业在开发物流服务创新项目时,不能简单地就功能服务进行报价,而要以降低客户物流总成本为目标制定解决方案,必须对目标客户的经营状况、物流运作以及竞争对手的情况有透彻了解,根据物流企业自身优势找出客户物流可以改进之处,为客户定制物流解决方案。

➲ **案例**

> 近年来,海格物流在服务模式创新上取得了不少成功的突破,它所提供的"粤港沪一站式物流""循环取货"(Milk Run)"危险品运输"和"物流信息技术"等特色案例吸引了包括沃尔玛等在内的世界500强企业及业内的极大关注。获得物流服务创新奖的循环取货项目的实践检验培育了海格创新能力带动下的队伍建设能力、方案设计能力、项目规划能力、开发实施能力和适应与应变能力,此项目的实施过程就是物流企业提升综合品质、树立创新物流企业形象的一个过程。

【名词解释】循环取货

循环取货物流解决方案是专为物流企业的循环取货而设的信息化方案,能够帮助物流企业避免浪费,实现及时供给,实现 JIT。其灵感来自牛奶公司每天清晨挨家挨户在牧场收购牛奶,国内最早是汽车制造业(东风、上海通用)使用的一种物料集货模式,这种模式不是由供应商自己将配件运送到客户工厂那里,而是由签订合同的物流公司根据客户工厂的物料需求计划,到第一个供给商处装上预备发运的原材料,然后按事先设计好的路线到第二家、第三家，以此类推，直到装完所有安排好的材料再返回，再集中送到客户工厂（见图1-3）。这样可以提高车辆装载率，使返回空车的数量和行驶距离大大减少，能有效降低供应商送货成本，提高物料供应的敏捷性和柔韧性（见表1-3）。

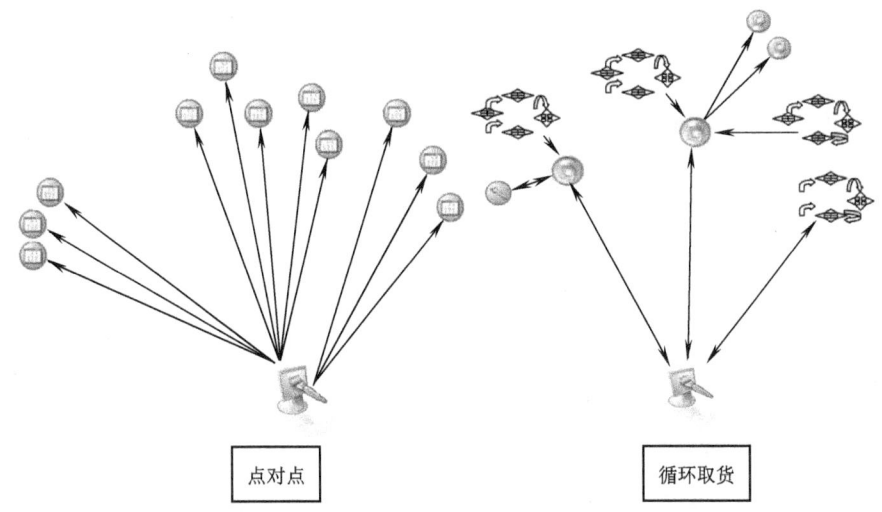

图1-3 循环取货与传统的点对点取货方式的不同

表1-3 循环取货与传统取货方式效率上的差异

取货方式 比较项目	传统取货方式	循 环 取 货
所需厢式货车	14/天	每两天两辆
等待时间	排队	无等待时间
运输成本降低		降低37%
存货周转		增加13%
及时交付率	50%	92%
人员减少	9人	6人
加班	每天两小时	无加班
订货到交货时间	5天	2天

【想一想】

一个生产LCD的客户，它的供应商主要分布在方圆100千米范围，供应商与 LCD 厂之间通过协同商务平台进行沟通，实现与供应商之间信息的实时分享，它们现在的原材料库存平均只有 12 小时，作为一个 3PL 来说，提供循环取货服务对这样的 LCD 工厂来说是否可行？

6. 长期战略合作关系至上

优秀的物流企业往往会不断地对客户进行绩效评估，对客户进行分类管理，并为不同级别的客户配备相应的服务策略。他们往往会放弃一时的得失，将注意力集中于双方的合作之上，注重客户关系的发展性，从而能够与客户建立长期合作的战略互动关系。

三、物流服务的内容

物流行业的客户服务可以理解为物流企业从接受客户订单开始到商品交付给客户以及售后服务整个环节中，在创造时间效用和空间效用上所发生的服务活动，一般分为基本服务和增值服务。

1. 基本服务

对物流企业来说，基本服务一般包括运输与配送、仓储、装卸搬运、包装、流通加工等以及与其相联系的物流信息服务。

流通加工是指在流通过程中为适应用户需要进行必要的加工，如切割、平整、套裁、配套等。流通加工的目的是方便销售，专业化的物流中心常常与固定的制造商或分销商进行长期合作，为制造商或分销商完成一定的加工作业，如贴标签、制作并粘贴条码。运输、配送与仓储是物流服务的中心内容，装卸搬运、包装、流通加工与物流信息则是物流的一般内容。它们有机结合构成一个完整的物流服务系统。

2. 增值服务

物流增值服务是指在完成物流基本功能的基础上，根据客户需求提供的各种延伸业务活动。"物流增值服务"，其真实含义在内容上具有可扩展性，既包括一般意义上的延伸服务，如运输的延伸服务主要有运输方式与承运人选择、运输路线与计划安排、货物配载与货运招标等，仓储的延伸服务主要有集货、包装、配套装配、条码生成、贴标签、退货处理等；也包括更深层次的延伸服务，其核心是通过某种服务方式，实现客户价值的增值，为客户带去良好的服务体验，这是物流企业成功的关键，也是物流企业差异化服务竞争策略的具体体现，是物流服务的核心。物流增值服务可以在以下四个方面进行。

(1) 以客户为中心的增值服务

在基本服务的基础上,对特定的客户进行一对一的独特服务,以客户为中心进行物流业务。增值活动的内容包括:处理客户向制造商的订货,直接送货到商店或客户家,以及按照零售商的需要及时地持续补充送货。

➲ 案例

冷链物流企业提供全程温控服务

冷链强调低温易腐产品从生产加工、储藏、运输配送、销售直到消费者手中的整个链条中必须始终处于必需的低温环境中,但是很多冷链物流公司在实际运作过程中却使这一链条产生了断裂。有些冷链物流企业实行全程温控,可以保证冷链真正无间断地运行,保证商品质量,树立物流企业品牌形象。冷链物流企业为客户提供的增值服务有以下几种:

1. 保温箱零担

保温箱零担是采用蓄冷式冷链专用保温箱,配备蓄冷板和其他辅助设备,以需要零担运输的生物制品、医药制剂、高档食品、其他需低温运输的产品为目标市场,提供小批量、多批次、保温、准时、"门到门"的全程的冷链运输服务。

冷链保温箱能够适应不同产品的尺寸规格和运输温度要求,可与普通货物一起装配在普通货车中进行配送,可充分保证运输的质量,提高普通货车装载率,减少冷藏车的购入量,降低成本;而且冷链保温箱更加安全环保,有利于提升物流企业形象。

冷链零担市场有着极大的消费需求,但由于低温易腐产品的特殊属性要求使得冷链零担很少能利用普通物流中整装零担和沿途零担的形式来提高车辆装载率、降低单件货品运输费用,所以很多冷链物流企业只能放弃冷链零担市场。保温箱零担服务的出现就很好地解决了这一问题。

2. 仓储型增值服务

仓储型增值服务是依据物流企业现有的冷藏基础设施(如冷库等)对冷藏物流链中的货物进行的区别于传统储存功能的创新性服务,尤其适用于拥有大型冷藏冷冻设施设备的第三方冷链物流公司。与普通物流相比,冷链物流仓储型增值服务需要特殊的冷链专业技术进行支撑,其中最典型的就是预冷保鲜和冰温储藏加工。

(1) 预冷保鲜

预冷保鲜冷链物流企业可以依靠冷库、真空预冷设备、气调保鲜设备等为果蔬、肉类生产商提供预冷服务,延长商品保鲜期,并结合冷库中的分选、包装等流通加工服务来增加商品的附加值。

（2）冰温储藏和加工

冰温储藏和加工是指把产品放置在"冰温带"（0℃以下、结冰点以上的温度区域）内进行加工和保鲜，是介于冷冻与冷藏之间的保鲜方法，此类产品称为冰温产品。冷链物流企业可以通过建立冰温库来实现冰温储藏和加工。冰温技术有着冷藏、冷冻等储藏方法无法比拟的优势，其开发与利用不仅减少了由于生鲜食品的新鲜度降低所引起的损失，同时延长了保鲜期，使调整出库时间成为可能。

针对冷链的不同商品和不同客户，可提供的仓储性增值服务还有很多，如条码标签的贴换、牛奶的灭菌、农副产品的安全检疫和分拣加工、货物信息查询及库存控制等。

3．一体化方案设计型增值服务

（1）客户供应链评估及管理

第三方冷链物流企业的客户群非常广泛，有肉类、水产品、果蔬、速冻食品、牛奶、冷饮、药品等物流企业。不同客户有不同的服务需求，同一客户在不同情况下，也有不同的服务需求。在一体化服务过程中需要根据客户的不同情况对客户的供应链整体进行评估，并设计及运作全面的供应链管理解决方案及客户需求解决方案。

（2）物流金融型增值服务

长期以来，我国大多数物流企业并没有从供应链整合中获益很多，其中一个很重要的原因是，供应链整合的过程中某一环节资金链断裂将会直接影响供应链的正常运转，而中小物流企业融资难则是其中最常出现的问题。由连接供应链上下游的第三方冷链物流企业提供适合的物流金融服务就成为未来物流发展的趋势。

具体如下：

1）冷链结算金融是第三方冷链物流企业利用各种结算方式为其客户融资的金融活动，主要有代收货款、垫付货款和承兑汇票等。冷链结算金融的运作模式如图1-4所示。

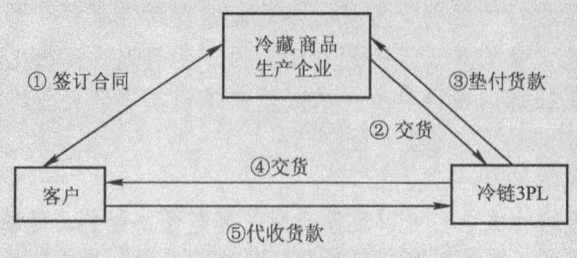

图1-4　冷链结算金融的运作模式

2）冷链仓单金融是指冷藏商品生产企业以其原材料、成品或者比较贵重的冷藏设备、冷藏车辆等作为质押取得银行贷款，第三方冷链物流企业凭借其冷链方面的专业知识在其中起到价值评估以及监管的作用，帮助银行控制风险，从而获得收益。冷链仓单金融的运作模式如图1-5所示。

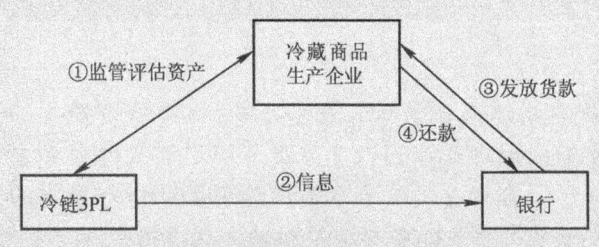

图1-5 冷链仓单金融的运作模式

3）冷链授信金融是指银行与第三方冷链物流公司紧密合作，根据第三方冷链物流公司的公司资产、运营情况、信用等级及发展趋势等授予其一定额度的贷款权力。第三方冷链物流公司可以自行根据冷藏商品生产企业的实际情况向其提供灵活贷款，并从中获得承担风险产生的增值利润。冷链授信金融的运作模式如图1-6所示。

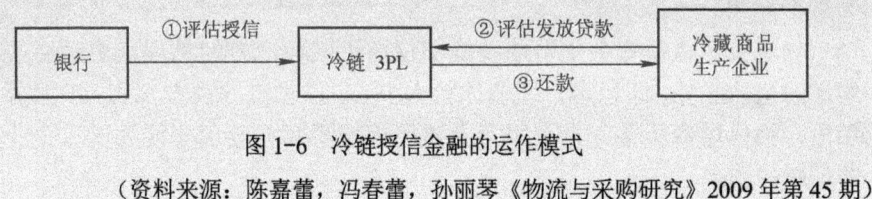

图1-6 冷链授信金融的运作模式

（资料来源：陈嘉蕾，冯春蕾，孙丽琴《物流与采购研究》2009年第45期）

（2）以促销为中心的增值服务

以促销为中心的增值服务是指为刺激客户的产品销售而特别配置的销售点展销台及其他各种促销措施的服务活动。例如，对储备产品提供特别介绍、直接邮寄促销、销售点广告宣传和促销材料的运送。

（3）以制造为中心的增值服务

以制造为中心的增值服务是指通过独特的产品分类和配送来支持制造活动的物流服务。配送的增值服务主要有JIT工位配送，配送物品的安装、调试、维修等销售支持等。例如，有的厂商将外科手术的成套器具按需要进行装配，以满足特定医师的独特要求；有些仓储公司切割和安装各种长度和尺寸的软管以适合个别客户所使用的不同规格的水泵。这些活动在物流系统中都是由专业人员承担的。

（4）以时间为中心的增值服务

以时间为中心的增值服务，其专业人员在配送以前会对存货进行分类、组合和排序。其中一种流行形式就是准时化（Just in Time）。在准时化概念下，供应商先把商品送进工厂附近的仓库，当需求产生时，仓库就会对由多家供应商提供的产品重新进行分类、排序，然后送到配送线上。以时间为中心的服务，其主要的一个特征就是排除不必要的仓库设施和重复劳动，以便能最大限度地提高服务速度。

➲ 案例

> 2004年，振华物流与日本知名航运公司NYK合资成立了天津日邮振华物流有限公司，专门服务于丰田汽车零配件配送和仓储业务，帮丰田顺利实施零库存配送体制。合资公司由高素质的管理团队进行独立的管理运营，建设有2万多平方米的仓库，配备集装箱运输车辆140余辆，驾驶人员300名，并建立了一套行之有效的管理体制。根据一汽丰田各个工厂的生产计划制订车辆运输计划，设计最佳行车路线，制订各工厂订单以及看板循环传递计划，车辆严格按照指定的时间表进行运输，对各配件生产厂商的集货时间、返还配件周转箱时间、工厂交货时间等关键点进行严密控制，同时依照既定的订单、看板循环计划将相应的订单、看板送达对应的配件生产商；集货完毕，将货物及相应的订单、看板返还一汽丰田各工厂，同时带回相应循环的订单、看板和空箱。

物流企业赢得竞争优势的关键不仅在于服务内容的扩展，更重要的在于深层次的延伸服务，即以客户增值体验为中心，以物流解决方案和JIT服务为实现手段，强化增值服务。只有坚持上述现代物流服务理念才能为物流企业提供不断创新的源泉。

任务实施

振华物流在发展过程中体现出以下几点服务理念：

1. 天津日邮振华物流有限公司和LG项目组的成立是该企业"以客户为中心、关注客户需求"理念的具体体现。

2. 在物流规模和物流活动的范围进一步扩大，物流企业向集约化和协同化发展的背景下，振华物流及时地依据业务专业化的思路调整了组织结构，为客户提供更有效率的服务。

3. 运用现代信息技术，不断提升服务硬件设施，提高服务效率，提升客户价值。

4. 建立合理的绩效考核制度激励企业内部员工，体现了服务好内部客户的理念。

思考与练习

一、名词解释

现代物流　第三方物流　第四方物流　循环取货

二、思考题

1. 请简述物流服务的特点有哪些。
2. 请简述物流服务的发展趋势。

三、技能操作题

1. 实训内容：分析某物流企业服务内容的构成。
2. 实训要求：根据需要选择某中型物流企业，调研其物流服务的形式与内容，并结合本任务所学内容，说明该物流企业服务可以创新的内容有哪些？

任务三　认识物流企业客户服务环境

> **知识目标**
> 1. 理解现代物流服务体系的要素
> 2. 熟记现代物流服务运作的要素构成
>
> **能力目标**
> 1. 能熟练地说明影响物流企业发展的因素
> 2. 能清晰地阐述实现物流服务功能的要素

任务引入

请阅读下面的案例并回答相关问题：

1. 面对不断变化的外部环境，振华物流集团采取了哪些变革以适应环境？
2. 你认为物流企业制订客户服务方案时应该进行环境分析吗？我们在进行服务方案策划时应考虑哪些因素的影响？

背景描述

参看模块一任务二的背景描述。

任务分析

客户服务环境是指与企业营销活动有潜在关系的所有力量和相关因素的集合,它是影响企业拓展客户、固定客户的各种外部条件及内部因素。客户服务环境的内容既广泛又复杂,不同的因素对企业提供的客户服务活动影响也不尽相同,但业界普遍认为离开了特定的内外部环境的物流服务方案,取得客户信任的可能性较小。

相关知识

影响物流企业运营的环境因素一般包括外部因素和内部因素。外部因素一般是指人口、经济、政治、法律、科学技术和社会文化等;内部因素一般是指物流企业的营销环境、销售环境、服务环境和竞争者环境。具体影响物流企业发展的因素可以从以下几个方面进行分析。

一、现代物流服务体系的构成要素

现代物流服务体系的最基本要素包括人、财、物、信息四个方面,在这四个要素的基础上,现代物流服务体系形成了四维要素体系(见图1-7),其中功能维、物理维和市场维要素是影响物流企业运营的内部环境要素,环境维是影响物流企业运营的外部环境要素。

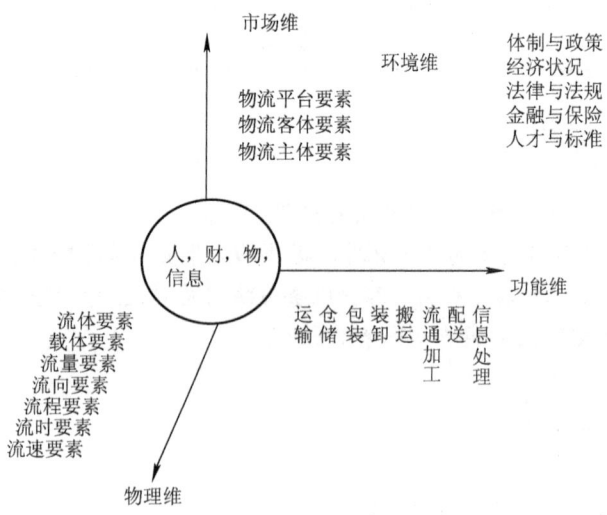

图1-7 现代物流服务体系的四维要素体系

1. 功能维要素

功能维要素是物流企业的内部环境因素,包括物流服务活动所具有的运输、仓储、包装、装卸、搬运、流通加工、配送、信息处理八大功能要素。在这八大要素的基础上,形成了专业型物流服务、通用型物流服务、平台型物流服务等类别。

2. 物理维要素

物理维要素是指抽象掉物流对象的具体特征,从物理学角度,物流系统的要素从"流"的角度来分析,任何一项物流业务可以分解为七个要素的结合,即流体、载体、流量、流向、流程、流时和流速。

3. 市场维要素

从物流服务的供需市场角度来看,市场维要素包括物流服务的主体要素(如各类物流企业)、物流服务的客体要素(如工业企业、商贸企业等)、物流服务的平台要素(基础设施与设备平台、物流信息技术平台、物流监管协调平台、物流中介平台等)。

4. 环境维要素

环境维要素是指外部环境影响要素,它是保证物流服务体系运行的重要组成部分,它一般包括体制与政策、经济状况、法律与法规、金融与保险、人才与标准等几个方面,对物流服务会产生巨大影响。

二、现代物流服务运作的构成要素

在现代物流服务体系的构成基础上,按照物流服务运作的流程,可将服务流程中涉及的相关要素划分为需求要素、供给要素和环境要素,如图1-8所示。物流需求主体要素和环境要素属于影响物流企业运营的外部环境,对物流企业运营产生间接影响,但影响力巨大。供给要素对物流企业运营产生直接影响,代表着物流企业的能力是否足够执行物流服务。对这三类要素的具体分析如下。

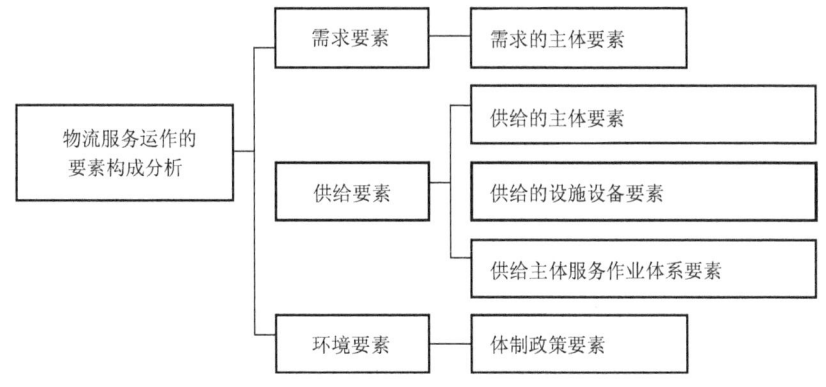

图1-8 物流服务运作要素构成

1. 物流服务运作的主体要素

物流服务运作的主体要素是产生物流需求的主体,对应在现代物流服务体系的市场维中即为物流客体要素,是物流服务的对象,即客户。

经济发展加速了全社会商品、信息和服务的流通,为物流发展提供了广阔的市场空间,为我国现代物流业供给总量的快速增长提供了需求基础。从整体上看,物流需求主体要素来源于国民经济各个产业,具体包括第一产业物流需求主体、第二产业物流需求主体、第三产业物流需求主体。典型的物流需求主体包括工业物流需求、农业物流需求、商业物流需求和进出口物流需求。

(1) 工业物流需求

工业是我国国民经济发展的主体,也是我国物流需求的主体。工业物流需求主体包括重工业(如采掘(伐)工业、原材料工业、加工工业)企业和轻工业(如以农产品为原料的轻工业、以非农产品为原料的轻工业)企业。工业制成品的比重较大,高附加值产品的物流需求迅速增加,物流需求表现出专业化和综合化特征,除对运输和仓储有较强的需求外,对包装、流通加工和配送等增值服务需求也大大增加。

(2) 农业物流需求

农业也是物流需求体系的重要组成部分。一般来说,农业生产过程大致分为产前准备、产中管理、产后加工、商业流通和最终消费五个大的环节。根据农业物流的流体对象,农业物流需求应该包括三大类:农业生产资料物流需求、初级农产品物流和农业加工品物流需求。

某种农产品生产量大于区域内对该产品的需求量时,该产品除满足区域内需求外还可以向区域外输出,物流需求表现为短途小批量和长途大批量运输需求并存。对该区域而言,该农产品以销售物流需求为主。当此种农产品生产量小于本地需求量时,产品必须由区域外输入,物流需求表现为销售物流和供应物流并存。

(3) 商业物流需求

商贸企业也是物流需求的重要主体。在我国的商业领域中,商业物流需求主要集中在批发业、零售业、电子商务等业态领域,如此巨大的消费市场将形成巨大的商贸物流需求,运输、仓储、包装、流通加工和配送是商业物流的主要环节。

(4) 进出口物流需求

进出口物流需求也是现代物流服务需求的重要组成部分。它包括一般进出口物流需求和保税物流需求。一般进出口物流需求泛指在两个或两个以上国家(或地区)之间所进行的物流。保税物流需求是在海关监管区域内(如保税区、保税仓、海关监管仓等）从事物流相关业务，物流企业享受海关实行的"境内海外"制度以及其他税收、外汇、通关方面特殊政策的物流形态。

2. 物流服务运作的供给要素

（1）物流服务供给的主体要素——物流企业

物流服务供给的主体要素是构成现代物流服务体系的重要部分，其中物流企业的形成与发展是物流市场的供给主体。物流企业是物流供给的主体，是物流服务的实施者。

物流企业是指至少从事运输（含运输代理、货物快递）或仓储一种经营业务，并能够按照客户物流需求对运输、储存、装卸、包装、流通加工、配送等基本功能进行组织和管理，具有与自身业务相适应的信息管理系统，实行独立核算、独立承担民事责任的经济组织。改革开放以来，我国物流市场上形成了由多种所有制、不同经营规模和服务模式构成的物流企业群体。如果从物流供给服务的性质来看，物流企业可以分为两类：一类是第三方物流企业；另一类是自营型物流企业。第三方物流企业的客户是各类物流需求的主体。自营型物流企业是指其业务来源于自身企业的物流企业，现在不少制造企业成立了物流公司，如开滦集团有限责任公司物流分公司、中国石油天然气运输公司、海尔物流公司，这些物流企业主营业务来自自身的母公司。但现在还有一个趋势，就是不少从制造企业剥离的物流公司也开始从事一部分社会化物流，逐步向第三方物流方向发展。

（2）物流服务供给的设施设备要素

设施设备要素是保障物流服务运作的硬件载体。物流设施设备是指进行各项物流活动和物流作业所需要的设备与设施的总称。它既包括各种可供长期使用的机械设备、器具等，也包括运输通道、货运站场和仓库等基础设施以及物流信息系统。物流设施设备是组织物流活动和物流作业的物质技术基础，是物流服务水平的重要体现。

（3）供给主体服务作业体系要素

物流服务作业体系的确定，就是该物流企业从事物流的流程，其内容是物流目标市场的选择和定位，即干什么——物流方向，怎么干——物流服务程序，为谁干——物流客户群体选择，这样就构成了一个物流企业的物流服务作业体系。

1）物流服务方向的确定。物流企业物流服务方向的确定是指物流企业决定相应的服务设施、人员配置、工作流程、服务规范和客户群体。因此，物流企业在进行自身定位时，要综合考虑以下六个主客观要素，见表 1-4，选择一个、几个或全部细分服务市场作为本企业的物流服务方向。

表1-4 确定物流服务方向所需要考虑的因素

要素名称	说明
物流企业自身实力	与物流企业在人力、物力、财力及经营管理水平上能匹配的市场，才可以被选择为物流服务的方向
服务内容差异	建立本物流企业的服务内容与同行业其他物流企业的差别。例如，仓储保管的服务内容大致相同，而提供有差异化服务内容的物流企业就会赢得竞争优势
市场需求特点	市场上是否存在未满足的需求，即潜在的需求。比如你想经营物流运输业，但同一服务区域的运输市场已过剩，供应远超过需求。是放弃，还是坚持？运输市场超饱和状态对你经营运输可能不利。这时，你就要寻找细分市场目标，去发现是否还有补缺项目可以做，如果细分市场都被占领，就应该放弃这项计划
服务项目生命周期	如果开展的服务项目在市场上可以保持一定时间领先，就可以获得足够利润。没有哪个服务项目可以长期领先，所以要经常更新和改造服务项目，进入下一轮生命周期
竞争者分析	分析竞争对手应清楚潜在客户是如何感受并评价竞争对手的，确定自身的市场位置，按照客户的态度评价自己的服务，并通过制定一种定位战略，不断检查定位效果
营销宏观环境	市场上有一定购买力，经济社会条件许可的预期物流业务的开展所需要考虑的外部因素

2）物流服务程序的制订。客户直接接触的员工和事物都会参与服务操作过程。在服务操作体系设计中，管理人员应绘制服务流程图，标明物流企业和客户的直接接触点，以便发现服务工作中的薄弱环节，采取必要的改进措施，防止出现服务质量问题。服务流程图在物流作业图上产生，是为了使物流作业整个过程使客户满意。所以，服务流程图是该物流企业对客户进行服务的步骤总和，然而这些步骤能否使客户满意，取决于该流程图的设计思路和科学性，取决于制订、执行该流程图的人，也就是管理者和一线服务人员。

物流企业对客户的服务需要通过设施设备来实现，但更主要的是依靠员工与客户面对面的交流来实现，员工在服务过程中的表现直接决定着物流企业服务质量的好坏。物流企业是以服务客户为导向的企业，在为客户提供服务的过程中，服务人员的行为至关重要。因此，物流企业组织应该比其他组织更注重服务人员的选择、培训与管理。

服务制度是服务体系良性运转的保证。物流企业通过服务制度可以规范客户服务。服务制度应包括以下几个方面：一是服务人员管理制度，即有关服务员工的选拔、培训、奖励及晋升方面的制度；二是服务标准，即规范服务内容，以保证服务员工知道做什么，同时让客户感到他们享受的各种优质服务绝非偶然；三是服务质量制度，即在制度上保证客户服务的质量，保证客户满意。

本书模块五将会详细说明制订这三项制度的具体方法。

3）物流客户群体的选择。任何企业都可能成为物流企业的客户，但是这些企业不一定是适合的客户。因为物流企业资源限制了把所有的企业都当作客户。只有适合的客户才能有效提高物流企业绩效和有效降低服务成本，只有适合的客户才是物流企业利润之源。

既担心合适客户不够，又要剔除不合适客户，这正是物流企业管理的难题。一般的做法是利用价格杠杆来筛选合适客户，物流企业通过对服务的准确定价让不合适客户产生距离感。但这种杠杆作用在物流企业客户资源不满足时，其支点就应该有所调整，把价格下调到一定点，再次从一般客户中选择合适客户；当物流企业客户资源过剩时，价格上调，把不稳定的合适客户筛选出去。总之，无论何种情况物流企业一定要剔除不良客户。

本书模块四将详细阐述客户分类管理的理念和方法。

3. 物流服务运作的体制与政策要素

物流体制是指国家机关、企事业单位在机制设置、领导隶属关系和管理权限划分等方面的体系、制度、方法、形式等的总称；物流政策是政府有关部门对物流行业出台的各项意见与规范。因此，物流体制和政策包括五个方面：一是政府的管理体制，即部际政策协调、区域政策协调、行业监管制度等几个方面；二是行业管理体制，即行业准入体制、行业的自律机制、行业的退出机制；三是中介服务体制，即物流中介市场和物流中介机构；四是政策措施体系，包括规划与指导性政策、鼓励和支持性政策、规范和限制性政策；五是法律法规体系，包括各类通用性法律法规和行业性法律法规等。

产业的体制、政策实质上体现了政府为实现本产业发展目标而对产业活动的干预。因此，针对我国物流业发展的现状和存在的问题，根据我国经济、社会发展的目标，构建我国现代物流业的产业政策体系和政策措施，是加快我国现代物流业发展的重要举措。

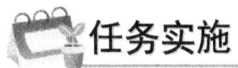

任务实施

参考方案：

1. 物流企业在策划物流服务方案时应该进行环境分析。服务环境分析对于策划过程的重要性可用一个形象的比喻来说明，环境就像鱼儿赖以生存的水池，如果水池的状况与你投放的鱼儿是匹配的，即使鱼儿不强壮，也能逐渐长大。如果水池的状况与你投放的鱼儿不匹配，即使鱼儿再强壮，也将很快死去。因此企业依据所处的环境做出相应的方案，才能适者生存。

物流企业在进行服务方案策划时，应考虑体制政策的导向、经济社会条件、客户的需求、企业在设施设备与服务作业程序建设上的实力,从这些方面综合判断某一服务方案的可行性。

2. 振华物流集团采取了如下措施以适应环境变化:

(1) 在经济环境恶化的条件下,加强服务专业化建设,以每一项专门物流业务为基础组建业务部门,提高服务效率。

(2) 该企业在环境变化中充分尊重物流需求主体要素的影响,也就是尊重客户需求。为满足大客户需要,成立了专门物流服务企业为之服务;为大客户提供个性化物流解决方案,既锻炼了企业操作人员,又提高了客户价值。

(3) 该企业还充分认识到物流服务运作的基础——供给主体要素的重要性,不断强化内部管理,开源节流,建章立制,加强绩效考核管理,鼓励先进员工;同时持续升级企业设备设施,引进先进的物流硬件技术,提高服务效率。

(4) 依据物流需求主体和政策导向的变化,调整业务方向。

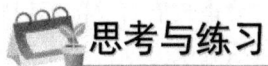

思考与练习

一、名词解释

功能维要素　市场维要素　环境维要素

二、思考题

1. 请简要说明影响物流服务运作的环境因素有哪些。
2. 请简要分析各环境因素对物流企业的运作有哪些影响。

三、技能操作题

1. 实训内容:分析物流企业所处的服务环境,为服务方案的制订提供依据。
2. 实训要求:选择一家中等规模的物流企业,分析该企业目前所处的服务环境。

任务四　了解物流客户服务组织与团队

知识目标

1. 理解常见的物流企业组织结构
2. 明晰物流企业组织变革的方向
3. 熟知物流从业人员职业要求

能力目标

1. 能设计不同规模物流企业的基本组织结构
2. 能依据物流从业人员的岗位设置和职业要求,组建物流服务团队

模块一　物流客户服务策划

任务引入

请阅读下面的案例并回答相关问题：
1. 请参考背景描述中关于振华物流集团历史沿革的介绍，绘制该企业最初的组织结构图和变革后的组织结构图。
2. 假设你是该企业的人力资源管理者，请说明物流服务团队的构成。

背景描述

参看模块一任务二的背景描述。

任务分析

物流作为高端服务业中的一个蓬勃发展的行业，前两个任务的知识让我们明晰了服务和现代物流服务的特征，要实现这些现代物流服务的功能，还需要建立相应的组织与团队，以实施和管理物流业务。

相关知识

一、物流企业的传统组织结构

1. 直线职能制组织结构

直线职能制组织结构是现实中运用得最为广泛的一个组织形态，它把直线制结构与职能制结构结合起来，以直线为基础，在各级行政负责人之下设置相应的职能部门，将具有相同特长的专业人才集中在一个部门，从事专业管理。中、小规模的物流企业常采用直线职能制的组织结构，如图1-9所示。公司总经理对物流企业所有物流活动具有管理权和指挥权，各层结构是直线型的隶属关系。

2. 混合型网式经营组织结构

（1）集权型事业部制组织结构

集权型事业部制组织结构是指物流企业的总部掌握物流管理和运作的大部

分权力，按地区或产品成立不同的事业部（分公司），只是负责业务运作的管理模式，如图1-10所示。分公司一般采用成本中心模式，实行收支两条线，客户直接同总部结算，总部根据各个点的运作情况，下发运作经费。

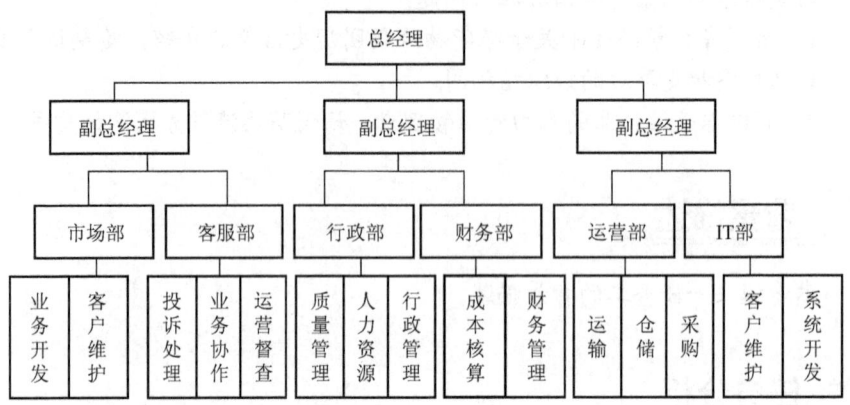

图1-9　直线职能制组织结构图

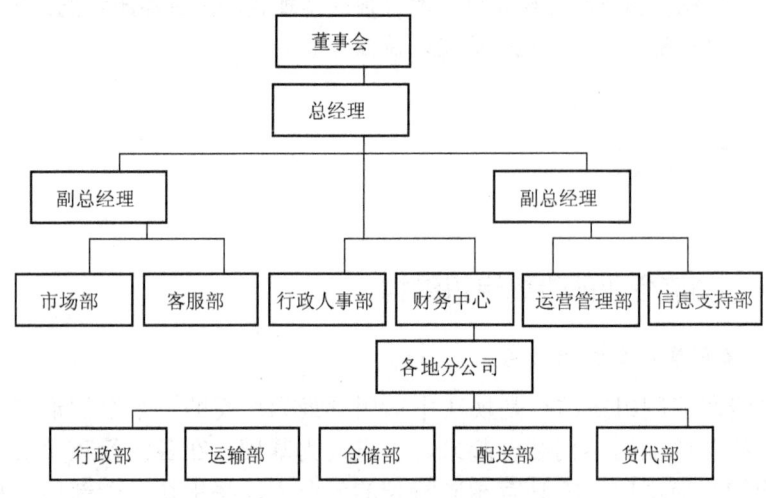

图1-10　集权型事业部制组织结构

（2）分权型的事业部制组织结构

在分权型的事业部制组织结构中，分公司是独立的经营实体，自负盈亏。总公司只提供发展规划、市场开发指导和技术支持等，如图1-11所示。此组织结构较适合综合实力较强、地域覆盖较广、规模较大的第三方物流企业。

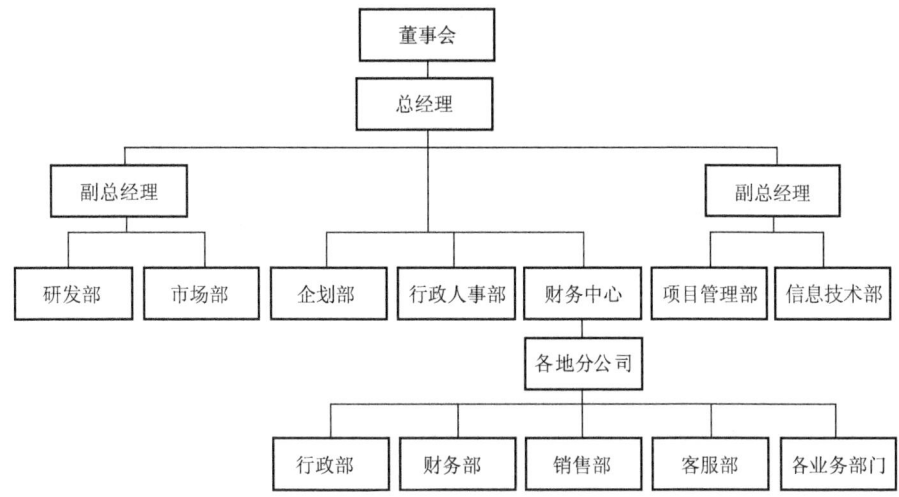

图 1-11　分权型事业部制组织结构

二、物流企业组织创新的趋势及有关组织结构

国内的第三方物流企业经过二十多年的发展逐步走向成熟。伴随着市场环境的急剧变化，物流企业的管理组织结构也出现了一些新的趋势和变化。

1. 由粗放化向集约化转变

现代物流与传统物流的区别在于物流管理的信息化，物流功能的集成化，物流服务的全程化、专业化，物流作业的机械化，物流过程的供应链化，物流方式的共同化，以及物流组织的网络化。

2. 由职能化向过程化转变

通过强调"以人为本"的原则，以"物流过程"为中心，以"信息技术"为支撑的组织构建方式，使物流过程化的组织能够跨越物流企业各职能部门、地区部门甚至物流企业之间而有效地组织物流活动。

3. 由垂直化向扁平化转变

扁平化就是通过撤销对价值增值或主要目标没有贡献的职能部门，删除不必要的审核、检查和控制等不增值的活动，来减少物流企业的管理层次，旨在最小化直线职能制组织结构所带来的"官僚"弊病。而管理层次的减少势必增加岗位的管理跨度，对管理人员的素质要求较高。为了实现管理跨度与管理层次的最佳组合，采用矩阵型、团队型等组织形式成为物流企业过程化、扁平化的常见选择。类矩阵式经营组织结构如图 1-12 所示，此组织结构较适合中等规模的第三方物流企业。

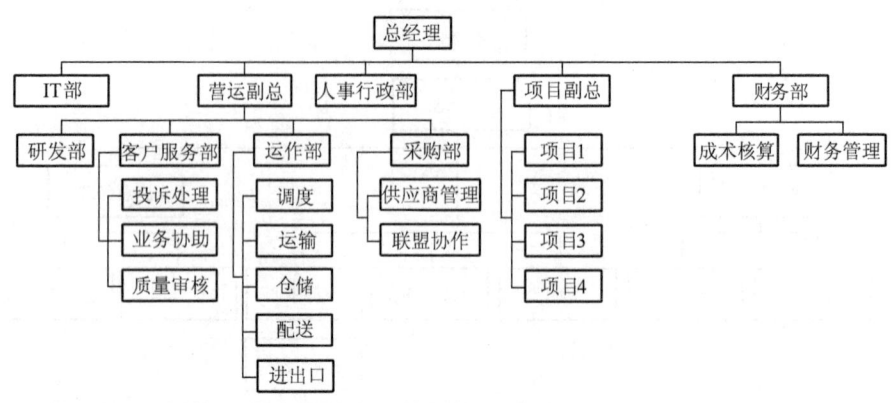

图 1-12　类矩阵式组织结构

4. 由固定化向柔性化转变

"柔性化"的基本特征是，公司的组织结构是由一些最基本的功能单元按产品生产的需要临时组合起来，能随时根据产品品种、规格、产量的变化而变化。在组织的模块化中，经营管理者通过把工作分配给独立的队伍，让这些队伍追求、改进各自的子模块，也能加快每个模块的开发周期。物流企业建立动态性较大的"二元化组织"是当前物流组织柔性化的重要方法，即一方面为完成组织的经常性任务设立比较稳定的物流组织部门；另一方面为完成某个特定的、临时的项目或任务设立动态的物流组织。

5. 由实体化向虚拟化发展

虚拟物流组织实际上是指一种非正式、非固定、松散、暂时性的组织形式，各成员仅保留其核心能力和资源，通过信息技术突破原组织的有形边界，实现资源整合与共享，以"虚"务"实"，从而以最小组织来实现最大的物流机能。分布网络式虚拟经营组织结构，如图 1-13 所示，适合规模较小、无物流硬件设施，但具有先进的物流管理技术和信息技术的第三方物流企业。

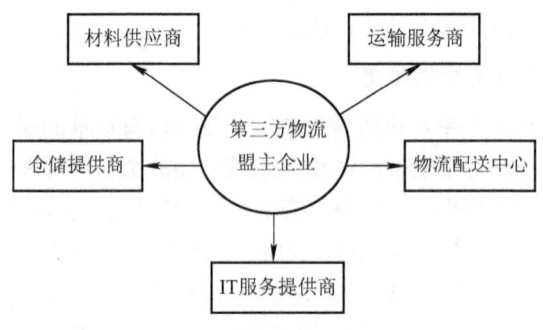

图 1-13　分布网络式虚拟组织结构

从上述物流企业的不同组织结构中可以看出,市场部和客户服务部是物流企业不可或缺的两个部门,也是物流企业中与客户交往最多的两个部门,它们直接影响到客户的满意程度。从这个意义上讲,这两个部门的工作质量对物流企业具有重要的战略作用。更为重要的是物流企业作为一个典型的服务行业,物流活动是过程,其产出就是客户服务。因此客户服务能力不仅仅是客服部工作人员应该具备的能力,也应该是所有物流从业人员应具备的基本能力。只有这样,物流企业才能在激烈的市场竞争中获得差异化的竞争优势。

三、物流企业人才需求分析、岗位设置及职业能力

1. 物流企业人才需求分析

1)从发展趋势的角度来看,在今后一段时期,物流企业除仓储、运输、配送、货运代理等领域的物流人才紧缺以外,熟知电子商务、物流营销、连锁经营、国际物流、物流成本控制分析与预测、物流金融等相关知识和操作方法的物流人才将更加缺乏。

2)从人才层次的角度来看,市场对物流人才的需求,大致可归纳为:高级物流人才、中级物流人才、初级物流人才和一般物流操作人员四个层次。高级物流人才位于物流企业的高层,主要负责物流企业整体目标的制订,起着总指挥、主持大局的关键作用。从调查的数据来看,高级物流人才占招聘物流企业招聘岗位的9%。招聘单位对这类人才的要求相当高,对高级物流人才的学历要求一般为本科以上,明确要求研究生的不多,但要求有较长时间的高、中层管理经验和较高的英语实际运用能力。中级物流人才主要负责物流企业具体事宜的计划与指挥,一般的经理和主管属于中级物流人才,如物流部经理、营运主管等。从调查的数据来看,中级物流人才占招聘物流企业招聘岗位的47%。这类岗位对中级物流人才的学历要求在专科以上,要求熟练掌握物流相关专业知识,有一定的实践工作经验。初级人才和一般操作人员都属于执行层,他们负责具体事宜的操作,偏重于体力劳动。从调查的数据来看,初级人才和一般操作人员占招聘单位招聘岗位的44%。由于招聘单位对初级物流人才的能力和经验要求不高,很多人都可以胜任这类职位,所以这类人才并不缺乏,一般只要求他们具有良好的沟通能力和团队合作精神等。目前较紧缺的是中、高级物流人才,另外,从这个层面上来看,需求比例最高的应该是高等职业院校培育的具有一定相关知识的实践性物流人才。

3)从工作内容的角度来看,随着物流业的快速发展,市场对物流人才的需求大幅增加。此类需求又可分为四类:一是企业物流人才;二是物流企业人才;三是物流规划咨询人才;四是物流研究人才。企业物流人才主要是物流管理人才和物流工程人才,包括物流各功能岗位的操作人员,如运输管理人员、仓储管理

人员、报关员、配送人员、客户关系管理员等，这些人员必须对物流行业很熟悉，并且掌握了物流运输、仓储、包装、装卸等方面的知识，并能熟练地运用到实际工作中。物流企业人才的需求主要是第三方物流营销人才，能够运用物流知识进行物流企业的物流服务营销。至于物流规划咨询人才和物流研究人才的需求，主要需要有扎实的理论基础和渊博的知识，具有物流科技创新能力，并且知识面较宽的复合型人才。

4）物流企业管理人才成为物流人才中需求最大的一块，尤其是制造类企业对物流人才有大量的需求。从总体上来说，目前物流业对人才的需求主要体现在管理方面，它要求从业人员知识面要广，有较强的战略判断和把握能力，能够敏锐地发现中间市场的变化，还要有较强的动手操作能力。

2. 物流企业岗位设置及职业能力

物流业是一种多层次、多渠道、多形式的复合型服务产业，涉及领域非常广。通过对相关资料的总结分析，物流企业的常见工作岗位及能力要求汇总见表1-5。

表1-5 物流企业常见工作岗位及能力要求汇总表

岗 位		工 作 内 容	工 作 能 力 要 求
基础岗位	物流营销人员	市场调查、询价、商务谈判、签订合同、填写进出口报关报检单据，维持与客户长期关系	语言表达（包括书面与会话）能力强，掌握商务谈判技巧，能够与客户有效沟通；会与客户签订交易合同，履行合同；会运用客户管理手段建立长期客户关系
	仓管员	验收、分拣、包装、入库、在库管理、补货、拣货、流通加工、复核、整仓	掌握物流对象的属性和特征、物料的领用、发放流程及物料的养护等，同时熟练运用供应商管理库存系统
	运输调度员	负责安排运输车辆、安排行程路程及负责站内货物配载等相关事务	掌握车队资源、合理调度、了解地形及行车路线，熟练运用运输管理系统管理指挥运输事务
	运输业务员	熟悉运输业务、整拼箱运输业务处理、装箱、商务谈判	能够熟练处理运输业务、集装箱整箱运输单据、拼箱运输单据，能与客户进行有效沟通
	货运代理员	了解各货运市场情况及运价、商务谈判，签订货代合同，安排货运类型和路线，货品验收	掌握调查市场的方法和技巧，熟悉行业内情况，与客户能进行有效沟通，熟悉货品验收工作，能安排货运及其路线
	配送人员	路线安排、点货上车、交货验收、退货点收、异常处理、回程捎货、交单回报	熟悉所在区域库房物料的布置情况和物料配送的路线；掌握物料搬运的要求，能较好地处理突发事件
	客服人员	销售支持人员，处理客户纠纷，协调客户与物流企业业务关系	熟悉客户的各项要求和服务承诺，具备货物信息处理、管理信息系统使用的能力，也要了解物流业务各环节运作的知识；语言表达能力强，具有较强协调及处理各类突发事件能力；有团队协作精神
	信息录入员	打印分类出料单、接单、核单、批价、回单、查单、异常回报、盘点	能熟练输入数据、进行单据整理；掌握物料需求计划管理和物料计划制订等

（续）

岗 位		工 作 内 容	工作能力要求
拓展岗位	仓储配送业务主管	策划和管理部门工作、现场操作、安全、消防管理、协调和处理与各岗位业务关系、5S现场管理、新人培训、工作分配、作业绩效考核等	掌握生产组织管理方法，具有一定的组织协调能力，学习能力强，熟练运用生产现场管理方法；具有较强的执行、沟通、协调及处理现场突发事件的能力
	运输车队队长		
	物流信息管理部经理		
	仓储配送业务经理		
	物流运输部经理		
	国际物流部经理		

[资料来源：胡春秀，李蜀湘，涂岭．我国物流人才需求及岗位能力分析[J]．湖南工业职业技术学院学报，2010（10）]

从上述物流人才需求分析和物流企业岗位设置来看，除了仓管员和信息录入员，其他岗位都需要与客户接触。良好的沟通交流和协调处理突发事件的能力对物流从业者来说就显得尤为重要。总体来说，物流从业者素质要求主要体现在基本素质、专业技能、拓展能力三个方面，如图1-14所示。

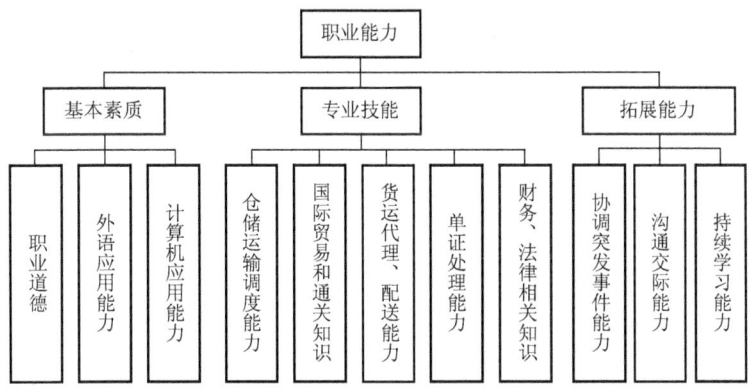

图1-14 物流从业人员素质要求

（1）基本素质

物流从业者基本素质要求主要表现为以下三点：

1）职业道德。

2）外语应用能力。

3）计算机应用能力。

（2）专业技能

1）仓储运输调度能力。大多数物流企业所从事的业务通常要涉及仓储活动、多种运输方式和手段等。在仓储管理方面，要求业务人员必须熟练掌握库存控制、自动化控制、流通加工、检验维修等作业内容，这样才能有效地利用各种硬件设施设备以达到优化增值的效果；在运输方面，要求业务人员必须熟练掌握多种交通工具的信息，从而设计出切实可行、安全快速、经济高效的运输方案。

2）国际贸易和通关知识。物流企业的从业人员必须掌握相关的国际贸易、国际结算知识以及了解国家对外汇管理的有关法律法规，才能使提供综合性物流服务的企业成为一个采购和供给双方的货物交接和结算点，通过物流企业实现多家供货商向采购方供货，并通过物流企业向采购方结算。

在通关方面，对物流人员来说，必须熟练掌握通关环节的相关政策和法规，才能制订出合理、可行的物流方案和有效的成本预算，减少作业过程中可能发生的异常事故，从而有效地执行物流作业，实现经济效益。

3）货运代理、配送能力。货运代理、配送活动是物流的主要功能，也是很多物流企业的核心业务活动，因此，要求物流从业人员必须掌握货运代理基本理论知识及其流程，能综合各种条件因素制订配送方案，以达到优化配送作业效率的目的。

4）单证处理能力。在整个物流过程中，自始至终都伴随着各种单证的传递、交接过程，因此，物流从业人员必须掌握各种单证的处理能力。

5）财务、法律相关知识。物流服务往往涉及多个作业环节，发生各种不同类型的费用，有些是物流企业的成本，有些是外部发生的费用，在物流服务过程中，物流人员不仅要了解作业费用发生的原因、种类和数量等情况，而且要具有进行作业成本分析的能力，这样才能根据成本核算和分析结果做出合理判断；同时物流从业人员，还必须具备一定的法律知识。

（3）拓展能力

物流企业是通过商流活动实现物流相关业务活动的，其发展越来越趋于规范化，对于行业当中的从业人员而言，不仅要具有沟通交际能力，完成商流活动，同时还要具备再学习能力，以适应行业发展的需要。另外，企业还希望员工在突发状况时能够保持沉着冷静，并能采用合适的方式避免事件发展升级。

（4）亟待加强的能力要求

物流企业对高职培养的物流人才比较认可，但为了提高就业竞争力仍应加强和改善以下几个方面的知识和能力：

1）坚持诚实的品质和吃苦耐劳、团队合作的敬业精神。

2）取得助理物流师职业资格。

3）提高办公自动化的能力。高度信息化管理是物流企业发展的趋势，只有具备相当的计算机应用能力和新技术应用能力才能更好地胜任物流管理领域的工作。

4）拥有一定的英语交际能力。一部分涉外的物流企业要求员工具备外语应用与国际交流能力。所以应加强应用英语、专业英语、外贸函电的教学力度。

5）语言表达能力。公关交际能力、口头表达能力、文字表达能力、组织管理能力等都与语言表达能力有关，因而良好的语言表达能力，是现代物流企业对人才综合素质要求的重要方面。

6）自学能力。大部分企业要求员工具有较好的自学能力。绝大多数毕业生都要在参加工作后利用业余时间继续学习，一是提高学历层次；二是学习新技术，以提高岗位工作的竞争能力，寻找转岗机会，获得更好的工作和待遇。因此加强学生的自学能力，有利于毕业生的今后发展。

综上所述，企业对物流人才综合能力的要求可归纳为：良好的沟通和把握全局的能力、实操技术技能、规划未来蓝图能力和团队合作能力。专业知识主要包括：物流管理知识，财务知识和其他商业知识，专业英语、计算机信息系统知识等。

⊃ 案例

高职院校培养的人才是面向企业的，满足企业需求的人才就是最好的人才。如何做到高职院校培养的学生与企业的人才需求实现无缝对接？2007年3月，江苏海事职业技术学院聘请了北京德利得物流有限总公司运营总监恽绵先生，作为校企联合办学专家委员会的专家和客座教授。他从物流企业的角度，对物流人才需求提出建设性的意见：

（1）树立物流是以服务为核心的基本理念

物流就是为客户提供服务的。在物流市场上，客户与货主在业务外包和服务价格上掌握着主导权，对物流协作单位有取舍权。物流业务的复杂性、物流指令的多变性、物流服务的高期望值、服务态度的高要求都会将各种压力转移到物流一线作业员工，物流企业的一线员工经常会受到一些不公正的待遇。作为企业的领导经常与客户、货主加强沟通，增进双方的理解和支持是重要的；但是更重要的是员工自己要有一种平常心和宽容之心；能做出说明的，要以正当的理由做出委婉的解释，无法解释的请上司出面协调。但无论如何都要按照作业要求，确保服务质量，以此赢得客户、货主的尊重和理解。

（2）具有高度责任心和敬业精神

物流一线，一般是指仓库、码头、堆场、机场等地方。作业人员成天与货物打交道，点数、记数、账务、统计、搬运、数据录入等，工作相对单调、枯燥，有时见货难见人。因此有的年轻人，可能会借故串岗、离岗，或发生摔货、发错货等事故。工作中有这种现象，岗位必然难保。既然你选择物流这个行业就要有足够的思想准备，该玩的时候就玩，该放松的时候就放松，一旦到了工作岗位上，就要专心致志，坚守岗位，聚精会神，把件数点清，把数字记清，不出差错；为企业尽责，向客户负责，同时也是对自己负责。

（3）善于协作、协调与沟通

物流是多环节的链状服务结构，必须多岗位、多人配合才能完成，所以物流服务必须有严密的配合。物流一线，就是服务场所，表面上看，工作紧紧张张、忙忙碌碌，其实人际关系也同样复杂，有矛盾也很正常。比如工作上斤斤计较、厚此薄彼、感情用事、出了差错推诿扯皮等。这些问题，如果不能正确认识、正确处理，很容易把彼此之间的关系搞得僵化、复杂化，既影响到工作心情，又影响到工作效率。正确的态度和做法是：遇事从全局出发、从整体出发，加强理解与沟通，真诚对人，乐观向上。一句话，就是要把精力用到业务钻研上，做好本职工作，这才是最重要的。

（4）扎扎实实苦练基本功

近几年来，物流人才的需求成了大热门，几十万元的年薪待遇很吸引人。何谓物流人才？在物流供应链上某一环节或多个环节有运作经历，有较强的系统设计、信息处理、客户服务、资源整合、市场研发和开拓能力，有良好的经营管理业绩者，理所当然是物流人才。可是作为有如此阅历的物流人才，不但要有一定的学历和专业知识，更重要的是要有丰富的实践经验和日积月累的管理经验做支撑，也就是说物流人才是在实践中磨砺和摔打成长起来的。而物流一线作业场所，就是物流人才成长的理想摇篮。要想成为物流人才，就得从一线干起，在一线实践中增长才干。只有底层的墙基夯实了，你才能拥有致密的思路和开拓的创举，惊人的才华，你才能创造出骄人的业绩。

（5）学会一专多能

物流行业竞争激励，分工过细，用人太多，会加大企业的成本支出。因此，企业领导、人事经理不得不在用人成本上动脑筋，想办法。现在，一专多能的复合型的操作工、业务员已经成为物流单位招聘的首选对象。写字楼里的白领，不管是做进口的还是做出口的，不管是做海运的还是做空运的，都应当会报关、报检、报验，还要会上下游及相关岗位的操作，这样才能体现价值。连最简单的仓库工作也是这样，过去的工作分工很细，管收货的不管出货，管备货的不管保管，理货的与车不搭界。还有的运输驾驶员把交单与送货、搬运看作两码事。现在就不一样了，要求一个人熟悉、会做、能做几个人的工作。因此，物流从业人员必须刻苦学习，掌握多项本领，特别是掌握做物流所必备的相关计算机操作技能，只有这样的人才，才是企业欢迎的人才。

（6）加强安全责任意识

作为企业应当把一线员工的人身安全放在高于一切的位置上，采取切实可行的防范措施，同时购买人身、设备和货物保险。作为一线操作员工，既不能人人自危、临场胆怯，也不能掉以轻心，盲目乱干。工作中要心中时刻想着安全，处处加以防范，严格遵守规章制度和操作规则，各类事故完全是可以避免和杜绝的。

任务实施

参考方案：
略

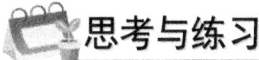
思考与练习

一、名词解释

直线职能制组织结构　事业部制　组织结构　二元化组织结构　虚拟化物流组织结构

二、思考题

1．作为未来物流业的一员，请参考物流从业人员应具备的职业素质，完成表1-6。

表1-6　物流从业人员应具备的职业素质

物流从业人员应具备的能力	我现在具备的能力	改善措施

2．物流企业组织结构创新的趋势有哪些？

三、技能操作题

1．实训内容：完善某物流企业的组织结构。

2．实训要求：选择一家中小型物流企业，分析该物流企业的组织结构设计是否能够满足物流企业良好运营的需要，依据物流企业实际情况选择适合的组织形式，并绘制该物流企业的组织结构图。

任务五　了解物流服务方案的策划和编写

知识目标
1. 理解物流方案策划流程与原则
2. 熟知工业物流方案的设计要素和服务方案结构
3. 熟知商业物流方案的设计要素和服务方案结构

能力目标
能初步编写物流服务方案

任务引入

请你为雅芳公司的项目编制一份物流服务方案,以取得雅芳公司的信任,成为雅芳项目的物流供应商。

背景描述

雅芳公司作为化妆品行业的直营连锁销售企业,有意寻找第三方专业物流公司,承担全国范围的商品运输配送业务。而你是深圳某第三方专业物流服务有限公司化妆品行业项目组的负责人,有意去获得此项目,为此,你需要拟定一份物流服务方案。

任务分析

物流服务方案是物流企业向客户寻求合作、向客户介绍物流企业服务构想的必备文件。策划和编写物流服务方案需要了解现实的服务环境,熟悉客户业务和物流状况,具有较好的物流专业知识经验和较强的文字表达能力。

相关知识

本任务将按照物流应用的主要领域——工业和商业来阐述物流服务方案的策划与编写方法。

一、物流服务方案策划设计流程

1. 确定物流方案策划设计的原则

(1) 以客户为中心的原则

在物流服务中,客户对第三方物流提供商的要求是多样化、个性化的。物流企业客户关注的服务指标一般包括成本优化能力、准确性、准时性、安全性、数据共享能力、3PL对客户关系的管理以及物流企业形象。

(2) 物流优化原则

物流优化原则汇总表见表1-7。

表1-7 物流优化原则汇总表

原则类型	说 明
近距离原则	物流方案尽可能使物品流动距离最短,减少运输和装卸搬运量(运输和装卸会增加成本),减少迂回和倒流
搬运便利化原则	使用合理的搬运设备,达到集装单元化和搬运标准化
保持合理库存原则	使库存量既保证生产的顺利进行,又能使库存减少到最低程度
提高自动化和计算机水平原则	运用先进信息技术是物流方案先进性的保障
系统化和柔性化原则	保持物流企业物流系统整体性能和效益最优,同时还能适应产品的不断调整和变动
环境保护原则	在策划设计物流方案时,应符合可持续发展战略和绿色物流的要求,与自然环境相协调,绝不能以损害环境为代价来追求物流企业的物流效益

(3)物流方案发展原则

一个完善的物流方案,应既能解决客户企业物流目前面临的问题,又能着眼于客户企业物流未来的发展。

(4)创新性原则

创新性体现在设计方案时要敢于突破陈规,不被现有的物流管理方法所束缚,采用新的、更先进的物流理论技术与工具,从新的角度去看原有的物流模式与体系,进行创造性的设计。

2. 诊断客户企业物流现状

(1)企业物流现状分析

企业物流现状分析是指详细调研企业物流现状,从而能够清晰明确地描述企业现有物流体系结构。这包括各个物流环节的业务范围、操作过程、操作规则、物流资源状况、运作水平、物流技术应用状况、各个环节的业务流程和费用成本构成以及物流效率等,描绘出当前业务流程图,再经过认真分析、测算,指出各个环节上存在的问题、问题的性质和解决问题的办法。

(2)分析客户物流需求

物流需求分析是指搜集客户企业物流特征和物流信息,在描述现有物流的基础上确定具体的物流服务需求,全面了解客户物流的环境状况,包括产品的销量状况和发展趋势、企业的市场与行业竞争、企业的管理现状、企业的政策环境对物流需求的影响等,确认企业物流需求发展的可能性和机会,通过新的方案设计给客户带来的潜在利益。

(3)明确改进意见

明确改进意见是指在对企业物流现状和需求分析的基础上,明确企业物流环节现存的问题,把这些问题和引发这些问题的原因一一列明,研究解决办法和改进意见，最后给企业物流方案一个清晰的、总体结构上的说明，包括满足企业物流需求和未来的发展要求，适应未来技术竞争的方法，物流新理论、新技术的创造和应用等。

3. 提出物流解决方案

对客户企业物流有关现状进行诊断后即要提出物流解决方案，该方案一般包括如下内容：

1）确定物流方案所要达到的总体目标，即实施物流方案后给客户企业带来的预期改变有哪些？一般包括企业物流各环节效益的提高、客户满意率的提高和对企业最高目标的贡献等。

2）确定物流方案各部分和环节的物流业务标准，如业务流程、涉及人员、设备、时间、成本、绩效等要素和标准。

3）对客户物流资源进行整合和流程再造，确定物流的技术标准和技术水平，如仓储、保管、配送、运输的优化等，以及物流信息系统的设计和开发标准。

4）确定物流服务方案的投资可行性分析，如投资回收期、投资回报率、现金流量状况，包括风险分析、敏感性分析、改进机会分析等。

二、工业物流方案策划的概念和类型

1. 工业物流方案策划的概念

工业物流方案是指从事工业物流活动的物流项目和物流运作的总称。

工业物流方案策划设计是指对于工业企业，根据其所处的行业情况、外部环境、企业的发展目标以及企业产品特点等因素，针对企业的日常经营活动，对物流要素进行策划、对其流程进行优化的企业工业物流方案的活动。

2. 工业物流方案的类型

工业物流包括供应、生产、销售和回收各物流模块，但不同类型的工业物流企业有不同的侧重环节，工业物流企业物流的类型因对各功能模块的设计而各异。按功能模块来分，可将工业物流方案的类型分为工业企业供应物流方案、工业企业生产物流方案、工业企业销售物流方案、工业企业回收物流方案及工业企业综合物流方案等类型。

三、工业物流方案的设计要素

1. 供应物流方案设计要素

供应物流方案设计的核心要素是仓储、保管水平、工位配送模式和远途运输的优化等。图1-15说明了某第三方物流公司供应商管理库存项目的流程，该图说明了物流服务供应商是怎样将工业企业客户需要的生产零件送至其工厂的。

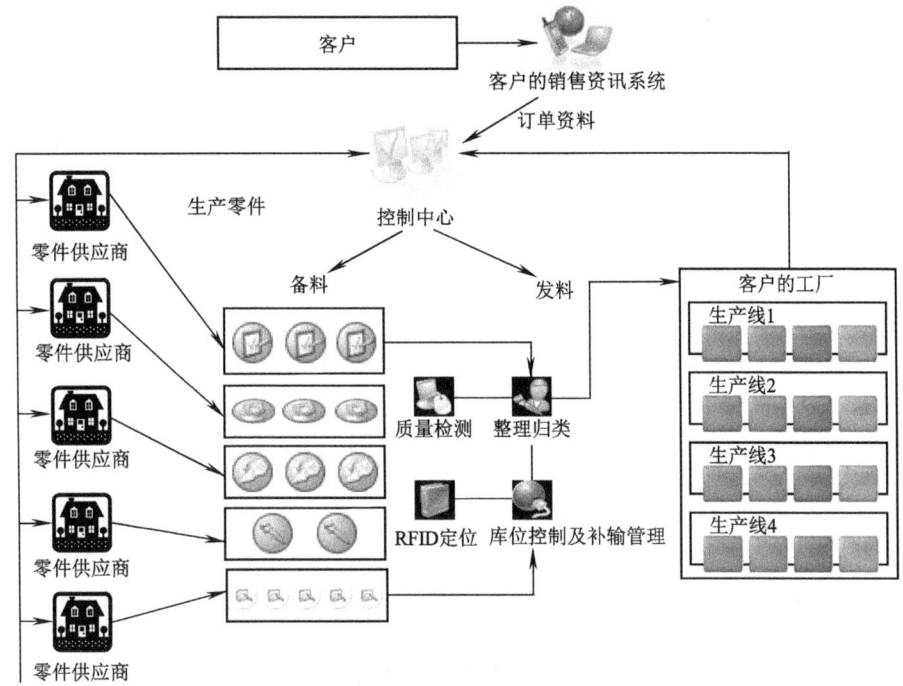

图 1-15　某第三方物流公司供应商管理库存项目流程

（资料来源：东源大地专业物流有限公司　http://www.eww.com.hk　2008）

（1）仓储仓库的设计

我国的仓储所用仓库可分为原料库、在制品库、成品库、危险品库及其他仓库。物流服务方案策划人员在选择仓库方案时应根据所存储的物品的性质不同进行选择。

（2）运输方式的优化设计

1）厂内运输。厂内运输是指企业内部发生的物品运输。厂内运输根据物品的特性选用适当的工具，如小型机动运输车辆和非机动车，在保证运输安全的前提下合理安排和组织，使物料准确地运输至使用现场。

2）厂外运输。厂外运输是指物品从供应商运送到物流企业仓库的整个过程。厂外运输设计时，首先要明确运输的业务流程和环节。

3）拟订运输计划。拟订运输计划是指由采购部门向供应物流部门下达运输指令后，立即拟订时间，选择运输工具，优化运输线路，估算运输成本。

4）确定运输方案

确定运输方案是指确定运输方式、运输工具，选择运输承包商，签订运输合同等，提出保证运输安全的措施。

（3）工位配送

工位配送是指按照生产的要求进行备货、送货到生产工位上的一种一体化物流活动。根据配送的时间间隔、数量和配送路径的不同，设计配送模式有以下几种。

1）准时配送。准时配送是指按规定的时间间隔进行配送，每次配送的品种和数量按生产计划执行。准时配送有当日配送和定时配送两种形式。当日配送保证物品在 24 小时内送到，定时配送是配送与生产保持同步。

2）定量配送。定量配送是指按规定的批量或数量在一个指定的时间范围中进行配送，配送的数量固定。这种配送的最大特点是能有效利用托盘、厢式车，效率高。

3）定时定量配送。定时定量配送是指按照规定时间和规定数量进行配送。还有定时定线配送，即在规定的运行路线上制订到达时间表，按运行时间表进行配送。这种方式有利于计划安排车辆和人员。

4）即时配送。即时配送即完全按生产提出的配送时间和数量随时进行配送，这是一种要求最高的配送。设计这种配送方案，要求供应库随时待命进行配送，配送方案具有很高的柔性，但应考虑配送成本问题。

2. 生产物流方案设计要素

生产物流方案设计的关键要素是物流计划系统和物流控制系统。这一环节的物流方案设计主要是选用合适的商业软件系统，并加以认真实施，包括物料需求计划系统（Material Requirement Planning，MRP）、物流企业资源计划系统（Enterprise Resource Planning，ERP）的选用以及准时生产（Just In Time，JIT）方式和最优生产技术的实现等。物料需求计划系统是指根据产品结构各层次物品的从属和数量关系，以每个物品为计划对象，以完工时期为时间基准倒排计划，按提前期长短区别各个物品下达计划时间的先后顺序，是一种工业制造企业内物资计划的信息化管理模式。ERP 是针对物资资源管理（物流）、人力资源管理（人流）、财务资源管理（财流）、信息资源管理（信息流）集成一体化的企业管理软件。

3. 销售物流方案设计要素

销售物流环节方案的设计主要是对仓库、库存、运输三大要素进行优化。图 1-16 是某第三方物流公司为某家电制造商的出口及贸易项目设计的项目流程，该图较为详细地说明了物流企业怎样按客户的海外客户需求，将货物从客户的工厂送至海外客户的。

（1）仓库设置

销售物流中心仓库的位置定位于接近主要客户，目的是使得运输距离长、配送距离短。

（2）库存管理

库存管理的主要工作是对仓库的库区规划，产品入库、出库，仓库质量和库存量的控制等管理活动。产品特性不同，库存管理的要求也不相同，物流服务方案策划人员在设计销售物流方案时要加以关注。

（3）运输管理

运输管理主要考虑的因素有：运输方式、运输工具和装载技术的选择，运输流程的设计，运输管理系统的设计以及对运输分包的管理。

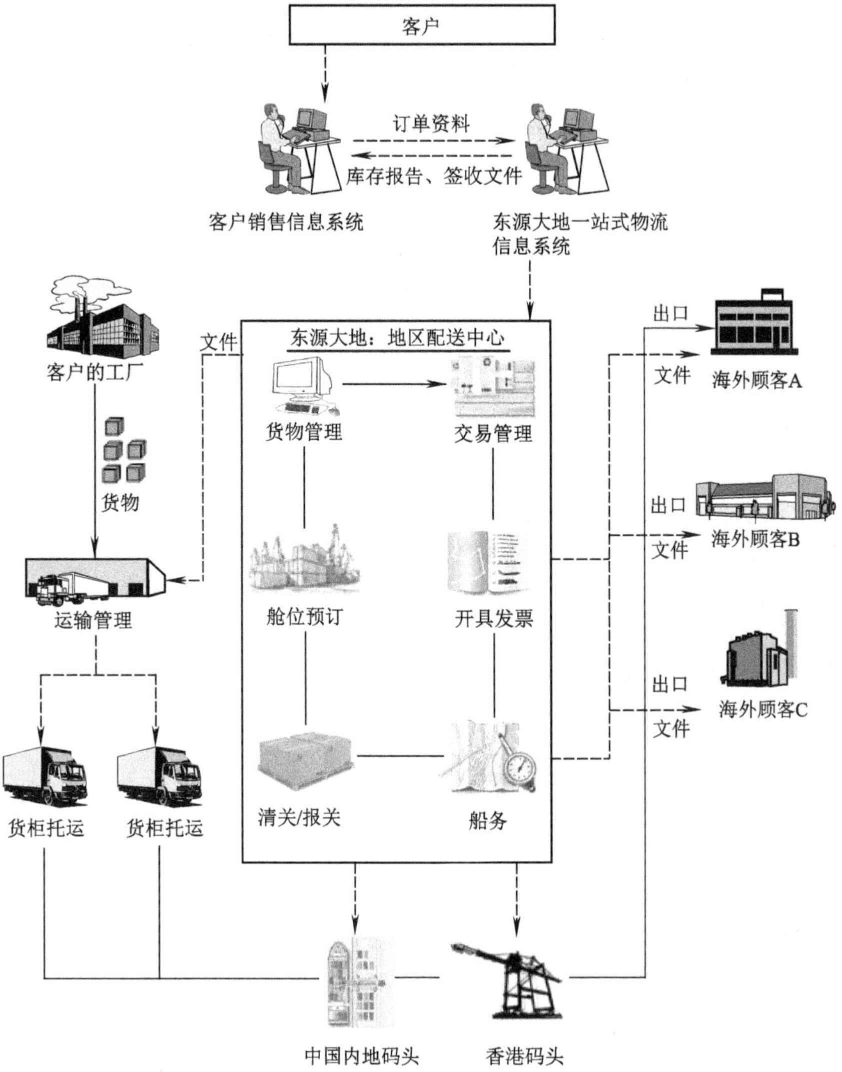

图 1-16 某第三方物流公司为家电制造商出口及贸易管理项目流程图
（资料来源：东源大地专业物流有限公司 http://www.eww.com.hk 2008）

  运输管理系统应该是集运输工具、运输技术和管理手段为一个整体，以计算机网络技术和 IT 技术为基础的信息化管理系统。根据运输物品的特征和要求，自动调度适配车辆，选择最佳的运输方式和线路，实现装卸自动化。为进一步降低运输成本、保证运输服务质量，合理整合社会运力资源也是非常重要的，这就涉及运输分包商的合理选择和运输分包的管理问题。

4. 逆向物流方案设计要素

逆向物流方案的重点是解决废弃物质的回收和处理。对于逆向物流的合理化，关键在于压缩物流成本，加大对废旧物资的利用。针对现实生活中废弃物的回收所存在的问题，要求逆向物流方案应涉及：专业逆向物流管理部门的设立，回收计划的制订，实际处理方法的制订，退货物流回收计划的制订。

四、工业物流服务方案策划书框架结构

工业物流服务方案策划书应包含六大模块：物流方案综述、物流管理系统组织规划方案、生产物流系统方案、供应物流系统方案、销售物流系统方案和回收物流系统方案。

1. 物流方案综述

在该模块中，需要全面阐述本物流方案所做的工作、目标以及相关实现方法与措施。具体应该包括：物流系统总体规划的意义、规划目标、总体规划的框架结构；总述物流规划的管理功能、管理对象、管理范围和实现管理的方法；物流系统规划的可行性分析。

2. 物流管理系统组织规划方案

1）企业目前的物流组织概况。该内容可以借助图表将物流企业的物流部门表示出来，并说明各部门所负责的物流活动。

2）企业物流管理系统的组织规划。首先给出制订规划的原则，然后给出物流活动管理组织应具有的结构，物流管理组织的模式和组织机构设置的方法，最后给出物流管理系统组织规划的具体方案。

3）物流管理系统组织规划方案的实施。该内容主要包括：列举方案实施可依托的现有资源，部门的工作建议或要求，规划实施的原则等。

3. 生产物流系统方案

企业物流系统的设计应是从企业现有的厂区平面布置出发，结合物流企业目前生产物流要求和未来发展的需要逐步地、分阶段地改进现有的企业物流系统，从物流系统软件供应商中选择适合企业发展需要的供应商，完成企业物流管理的信息化和自动化。

4. 供应物流系统方案

供应物流系统方案应针对企业现行的物流供应流程进行分析，明确具体的物资供应库房管理模式、设计物料内部运输与配送的方式，通过具体的业务操作考核指标，保证物料供应不断料、不滞料、不屯料。

模块一　物流客户服务策划

➲ 案例

供应商管理库存目标举例

某第三方物流公司供应商管理库存目标具体如下：
1) 定期盘点，实现盘点零缺损。
2) 实现零件即时追踪。
3) 达到客户理想的物料传送时间。
4) 实现最低零件库存量。
5) 减少20%操作人员。
6) 增加库存量的透明度。
7) 提高对客户行程更改及客户销售预测变动的反应速度。
8) 实现实时生产（JIT）。

（资料来源：东源大地专业物流有限公司 http://www.eww.com.hk 2008）

5. 销售物流管理方案

销售物流管理方案应依据工业企业生产和销售平衡分析确定销售物流的协调作用，论述建立物流枢纽型中转库的必要性及其建立方法和管理模式，明确企业物品外部运输的模式。

6. 废弃物物流管理方案

废弃物物流分析是对客户企业现行的处理废弃物工作进行描述并指出存在的问题。废弃物物流管理方案应将客户企业整个运作环节可能产生废弃物的环节总结在各产品或各部门的生产加工过程流程图中，并描述所产生的废弃物种类，针对生产过程中产生的各类废弃物采取不同的措施，达到有效降低产品成本的目的。

五、商业物流方案的分类及特点

1. 商业物流方案的分类

商业物流方案有三种：一是指商业物流客户进行商业物流服务招标，物流服务企业投标形成的物流方案，如投标书与合同。二是指商业物流客户提出具体的服务要求，专业的物流企业通过分析这些要求和意向，并针对客户的物流实际情况进行策划、设计出的商业物流服务方案，如项目建议书和物流服务方案报告。三是商业物流企业在分析研究市场中，自己发现物流市场机会，经过充分的论证、调研考察和缜密分析，逐步形成一个具体服务社会的商业物流服务方案。另外还有商业物流中心（或园区）规划方案。

2. 商业物流方案的模式

（1）配送中心模式

连锁经营的商业客户需要物流配送时，采用配送中心是最好的运营模式。多次荣登世界500强前三甲的美国沃尔玛走的就是连锁经营的道路，其最大的成功就在于启用高效率的沃尔玛物流配送中心，使其所到之处战无不克，最终成为跨国零售行业中的"巨鳄"。

（2）供应链模式

供应链模式是指围绕核心企业，为满足消费者需求，各企业间建立合作伙伴关系，进行业务上的联合与合作，通过信息流、物流、商流、资金流的共享和控制，从原材料的开始到制成最终产品，最后由销售网络把产品送到消费者手中的管理过程。

商业物流供应链模式又分为零售商主导型（见图1-17），批发商主导型（见图1-18）和网络销售商主导型（见图1-19）。

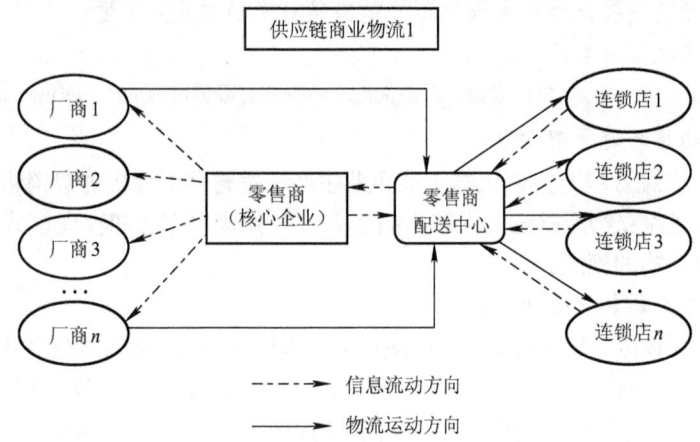

图1-17 零售商主导型商业物流供应链模式

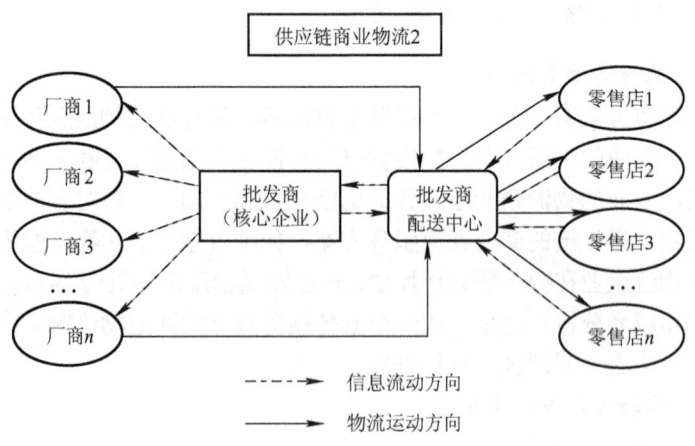

图1-18 批发商主导型商业物流供应链模式

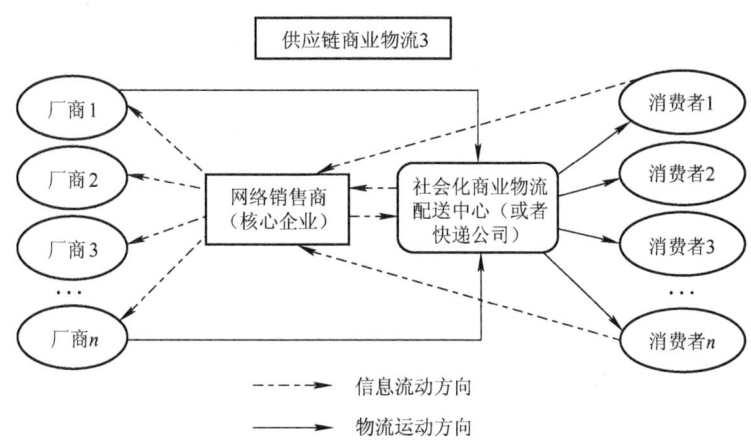

图 1-19　网络销售商主导型商业物流供应链模式

（3）配送网络（电子商务）模式

配送网络（电子商务）模式是指为满足一定地区范围内的消费者需求，以商业企业或电子商务企业为主，在分析本地区消费者需求（尤其是家庭配送需求和本地区商品供应商的现状）的基础上，提出的以建立配送网点为主要形式的物流配送模式，如图 1-20 所示。配送网点是微型配送中心，各配送点一般不设仓库而采用产地直销模式，在必要的情况下各网点也可设微型流通性仓库。

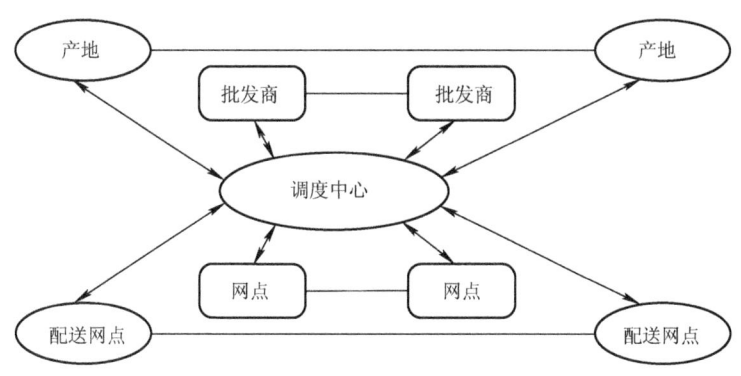

图 1-20　配送网络（电子商务）供应链模式

每个配送点只负责几个社区内的便利店、中小超市和家庭商品配送。配送网点设有控制中心，控制中心通过电子商务的模式或其他通信形式与各消费者联系。每个消费者把自己需要的商品信息以电子商务形式和其他通信方式传送给控制中心,控制中心将把商品需求信息分类、整理后,下达各网点,各配送网点负责采购、分拣、包装、配送上门。

3. 商业物流方案的设计要素

（1）模式设计

商业物流模式的形成是由商业企业的物流资源和社会对商业物流的市场需求决定的。从技术层面上讲,三种模式各有特点,在实践中可以组合使用。

（2）结构设计

确定某一模式之后,接下来就是对这种模式的结构进行策划和设计,如确定配送中心的模式后,需对配送中心的选址、配送中心的规模、配送中心的仓库数量和仓库结构、场地表面处理和库区划分、配备的设备种类和数量,以及配送中心的办公、信息处理,甚至员工的工作场地、休息室的装饰等进行规划。比如,某第三方物流公司在深圳市布吉镇建设了面积为 3 500 平方米左右的配送中心,主要为深圳市内的超市提供配送以及终端客户的门到门服务。

（3）业务流程设计

业务流程设计需要具有一定物流经验的人员参与。业务流程设计首先要确定商品物流的几个主要环节。比如以某饮料配送为例,可分为：①接货环节,即从生产线接收货物、包装、装车,经过短途运输到配送中心；②仓储管理环节,包括商品入库,扫条码入计算机系统,商品的货位摆放、盘点、销售包装以及合理库存的确定等；③配送环节,根据 POS 数据或订单,按先进先出的原则分类配货,调配车辆出库手续,接货手续,优化运输配送线路,送到客户或消费者手中等。

每个环节又涉及多个作业单元。首先,确定每个作业单元的范围、作业规则和作业目的；然后,设计每个单元的业务流程图,明确各作业单元的连接方式；最后,规划一类商品物流的标准化业务流程,要求流程设计既合理又便于操作实施。图 1-21 为某第三方物流公司配送中心货物入库操作流程。

（4）物流配送信息系统设计

商业物流配送缺少物流信息管理系统的有力支持是不可能做好的。现代物流配送必须与配送信息系统融合在一起,才能实现和完成高效率和高效益的物流配送目标。在实际的物流配送策划与设计方案中,它将与前一个问题同步考虑并设计为一个整体。此工作须由信息专家或委托软件开发公司具体制作。

（5）物流配送岗位设计

物流配送的一般作业流程如图 1-22 所示。

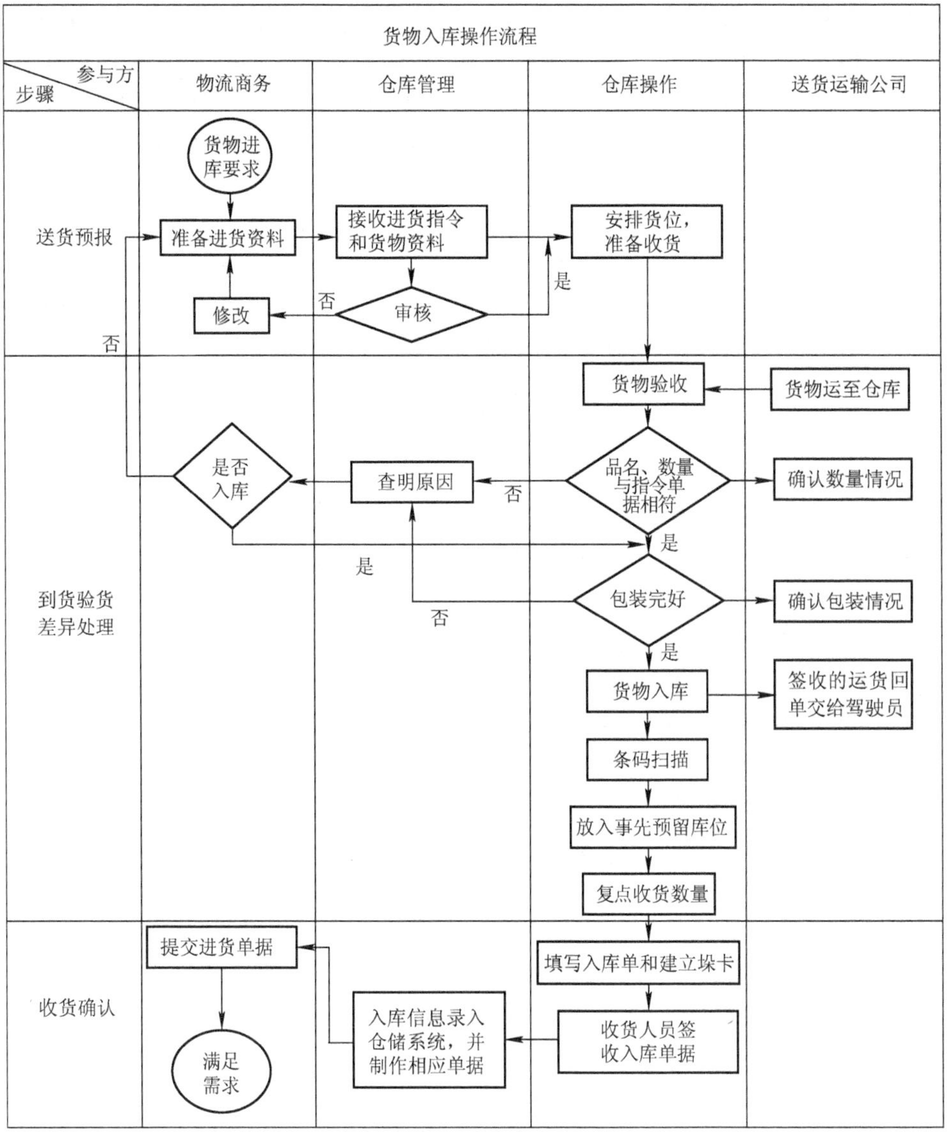

图 1-21 某第三方物流公司配送中心货物入库操作流程

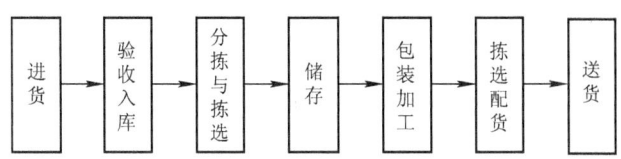

图 1-22 物流配送流程图

必要的岗位设置是由作业流程来决定的，为实现物流配送活动的顺利完成，一般可以设置以下物流配送岗位：①采购或进货管理岗。该岗位负责订货、采购、进货等作业环节的安排和对货物的验收工作。②储存管理岗。该岗位负责货物的存储、保管、分拣、养护等作业的运作管理。③加工管理岗。该岗位负责按照要求对货物进行加工和包装等作业。④配货管理岗。该岗位负责对出库货物的拣选和组配等作业。⑤运输岗。该岗位负责按照客户要求制订合理的运输方案，将货物送交客户。⑥客户服务岗。该岗位负责接收与传递客户的订货信息、送达货物的信息、处理客户投诉、受理客户退换货物的请求等工作。⑦财务管理岗。该岗位负责核对配送完成的表单、出货表单、进货表单、库存管理表单，同时负责管理各种收费发票和物流收费统计、配送费用结算等工作。⑧退货岗。该岗位负责接收到退货信息后，安排车辆回收退货商品，再集中到仓库的退货处理区，重新清点整理。

4. 商业物流方案的框架结构

商业物流集商流、物流、信息流和资金流"四流合一"，是现代化、规模化的流通形式。它将采购、进货、运输、存储、保管、装卸搬运、流通加工、包装、订单处理、分拣配货、发货运货、收款结算等功能有机结合起来，形成商业物流系统。商业物流方案策划就是在一定条件下，追求整个系统的效益最大化。

（1）客户企业物流现状分析

客户企业物流现状分析是指通过市场调研，清晰地描述客户物流现状并指出其中存在的问题，重点关注客户目前的客户数量、配送商品的种类、配送成本、对服务的满意程度、有望发展成合同关系的消费者的数量以及竞争对手的竞争策略等，从而使物流方案目标明确、措施得力、实施准确。

（2）物流服务企业状况分析

物流服务企业状况主要分析：物流企业现有物流专业团队情况、从事物流运作团队人员的素质、具有物流配送经验的队伍状况和其他管理人员基本情况。物流企业现有的物流资源状况，如物流设施和设备情况、现有仓库容量、数量和基本情况、仓库内的装备如叉车、起重机、水平运送设备、货架、托盘状况，以及自有车队的规模、种类和运行情况。物流方案策划人员通过客户需求和物流企业自身实力的分析，找到双方的契合点，策划设计出符合客户需求、可行的服务方案。

（3）组织结构设计

组织结构设计是指设计相应的项目实施组织机构，以确保物流项目的正常运转。

（4）制订技术指标和标准

制订技术指标和标准包括物流业务流程设计和技术指标的设定。

（5）可行性分析

商业物流方案可行性研究的评价是一种综合评价，应包括目标评价，技术、财务、组织管理和风险评价等。

1）目标评价。目标评价主要是确定服务方案的目标和客户企业总战略目标的一致性。如果在方案设计中发现客户关于物流业务还没有明确、恰当的总目标，那就应该帮助客户企业形成战略目标，如快速响应、将变异减少到最低限度、最低的库存、较高的客户满意度等都可以成为方案目标。但是较高的服务质量可能意味着较高的成本，因此，是否找到低成本和高质量服务之间的切入点是商业物流方案评价的关键。

⊃ 案例

服务方案的预期目标举例

某第三方物流公司为生产商客户策划的服务方案的预期目标具体如下：
1）超越客户的要求，达到稳定的服务水平。
2）增加20%的仓库使用率。
3）减少20%的前置时间。
4）99%的货物准时送达。
5）发展流畅且稳定的信息系统，与客户紧密联系。
6）99.9%的信息实时更新。
7）减少物流运作及行政成本。
8）增加客户销售机会。

2）技术评价。技术评价是对物流配送方案的技术功能进行论证分析，并评价选择各种技术功能对方案目标的贡献，主要涉及仓储技术、配送技术、运输优化技术以及信息技术等方面的专业内容，要注意合理处理技术先进性与实用性的问题。

3）财务评价。对物流方案可用货币计量成本，进行效益分析，计算出有关评价指标。在实际中常采用现金流量表的方法计算净现值等。

4）组织管理评价。方案中应说明实行物流配送方案后可能带来的组织和管理变革。

5）风险评价。风险评价是对方案的风险来源和大小进行分析。风险可分为技术风险、组织风险、财务风险、外部环境风险等，重点在于阐述财务风险和外部环境风险的大小和规避风险的措施。

⊃ 案例

某第三方物流公司针对某大型工程玻璃有限公司中短途物流运输项目的方案计划书（删减版）

引言
阐明项目要达到的目标。
一、方案背景
介绍了客户企业和本物流企业的情况。

二、针对该物流运输项目的营运流程（SOP）
详细阐明了各物流业务环节的具体操作流程

三、完善的项目组管理体系
详细说明了项目运作的组织机构，如图 1-23 所示。

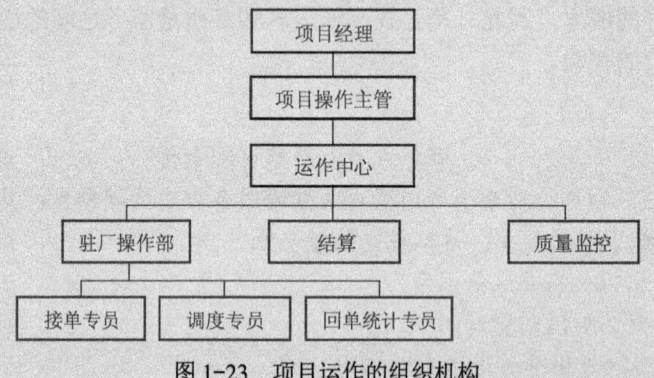

图 1-23　项目运作的组织机构

四、充足的运力资源
详细说明了公司所拥有的运输设备等资源。

五、良好的运输服务质量保障
从运营经验和运营保障两方面说明了公司的服务质量保证能力。

六、健全的物流服务网络
详细说明了已经建成的国内和国外物流网络。

七、优质的 IT 系统支持
详细说明了公司所拥有物流控制系统和管理系统，以及信息化所能带给客户的服务内容。

八、健全的应急机制
主要从完整的应急程序、灵活的事故处理措施和货物出险后高效率的货损赔付能力三方面说明了公司处理意外事件的能力，可以将变异降到最低程度的能力。

四、五、六、七、八部分的内容旨在说明物流供应商在成本优化能力、准确性、准时性、安全性和客户关系的管理能力方面的实力。

九、项目合作展望
合作将达成的效益分析。

任务实施

编写服务方案之前需要完成如下工作：

首先，完成雅芳公司运营状况和本公司现状的分析，明确：①雅芳物流服务的需求；②本公司的优势，二者结合确定本服务方案的目标。

其次，项目组成员讨论确定该项目的运作难点以及具体的解决方法。

最后，编写服务方案。

参考方案如下：

一、客户情况简介

主要强调本公司对客户的了解程度：包括产品特征、销售区域、消费者情况等。

二、本项目运作模式详述

1．项目管理的组织架构和各岗位设置以及职责。
2．本项目的运作流程。
3．本项目的运作难点分析以及解决方案。
4．本公司能够提供的增值服务。
5．项目实施主要考核指标。
6．风险评价。

三、成功案例展示

同类企业的项目运作成功案例。

四、方案报价

（略）

五、本公司实力展示

1．运输、配送能力。
2．质量控制能力。
3．信息系统。

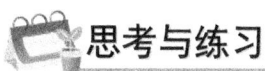 **思考与练习**

一、名词解释

工业物流方案设计要素　商业物流方案设计要素　供应链模式

二、思考题

1．工业物流方案一般包括哪些内容？
2．商业物流方案一般有哪几种类型？
3．商业物流方案一般包括哪些内容？

三、技能操作题

1．实训内容：你作为某物流服务有限公司的项目经理，为潜在客户编制一份满足客户需求的物流服务方案。

2．实训背景：深圳某物流服务有限公司，成立于2001年11月，注册资本1 600万元人民币，致力于为物流企业提供包括物流方案策划、运输、仓储、配送、国际货运代理、国际贸易物流服务等多个环节的全球性第三方综合物流服务企业。客户背景：饮料行业（如农夫山泉）、化妆品行业（如雅芳）、电子商务物流企业（如凡客诚品）、零售物流企业（如苏宁、宜家）。

3．实训要求：

（1）选择你熟悉的一家物流企业为背景、规模不限。
（2）选择你熟悉的行业中的一家企业为客户，规模不限。
（3）首先明确客户需求，方案以满足对方需求为主要论述点。
（4）各组提交一份书面稿，须有完整的服务方案的结构。
（5）各组须 进行方案的展示汇报，演示文稿偏重项目运作过程中的难点解决和满足对方需求的解决方法。
（6）汇报时间10～15分钟，各组须有引人注目的开场白，在陈述时使用具有吸引力的肢体语言和生动的语言。

模块二　物流客户服务销售

任务一　回应客户咨询

知识目标
1. 熟知电话服务的基本礼仪
2. 熟知线上交流的基本礼仪
3. 理解语言运用技巧

能力目标
1. 能熟练运用不同的客户沟通方式
2. 能熟练运用积极的客户沟通语言

任务引入

如果你是客服人员，你会怎样处理下面情境中客户的问题？

背景描述

客户 A 是某知名珠宝首饰公司的 VIP 会员，近日在该公司的网络旗舰店购买了一款饰品，客户选择用某速运公司寄到所居住的区，然后自取，结果配货同事看客户的详细地址不在该速运公司的服务范围，就擅自改用邮政 EMS 发货。以下是客户打电话向客服人员抱怨的情境：

客服人员："您好，××官方旗舰店，请问有什么可以帮到您？"

客户 A："你好！我的订单明明备注了要通过某速运自取，你们为什么给我发了 EMS？我的订单号是 53462056。"

客服人员："李先生您好，请稍等为您查询……抱歉让您久等了，您与取货地方有一定的距离，为了保障您与货品的安全，所以给您用 EMS 邮寄到家，非常抱歉给您造成不便。"（事实上是同事的疏忽没有考虑到客户的备注）

客户 A："这个东西我急用啊，所以我才要发某速运自取，你们为什么自作主张啊?"

客服人员:"李先生,非常抱歉我们考虑得不够周全,请问您是什么时候需要用到这件饰品呢?"

客户 A:"算了,两天后你们肯定寄不到,就这样了,再见。"(客户挂线)

任务分析

物流客户服务人员的一项重要工作内容是通过接待客户的各类咨询,直接或间接地支持企业销售工作的开展。直接支持是指客服人员有效地回答了客户关于服务的咨询,促成了客户购买订单;间接支持是指客服人员通过回应客户的咨询并解决了客户反映的问题,给客户留下了良好的感受,获得了客户对企业的认同,间接地促成了客户的持续购买行为。

在本案例中,客服人员能否有效处理好客户的问题成为能否实现咨询间接支持作用的关键。

相关知识

一、客户咨询发生的背景

物流企业客户咨询一般发生在以下几种情形中(见表2-1)。

表2-1 客户咨询的发生背景

不同阶段的客户咨询	说　　明
购买前咨询相关信息时	新客户在购买服务前会多方询价和了解服务的有关信息,进行比较
订单完成过程中有异常情况发生时	物流是物品在时间和空间上的移动。在这个过程中,由于人为或客观原因可能会出现各种意外情况,就会引起客户的询问
订单完成后,服务没有按照相关约定履行时	由于种种原因,订单部分或全部没有按照客户希望的那样完成,客户会通过向客服咨询力图找到最佳的解决方案

无论客户咨询在上述哪一种情形下出现,在解决客户问题的过程中,服务人员的语言沟通能力如何显然会影响事情的发展方向,因而本任务内容重点阐述服务礼仪和语言技巧的运用,以提高物流客服人员的沟通能力。

二、回应客户咨询的技巧

客户咨询通常采用以下两种渠道:电话和网络。

1. 电话服务的基本技巧

电话是日常工作中最常使用的一种交流工具。电话交流分为应答、交流、等待、转接、客户信息确认和结束电话几个关键环节,下面分别进行这几个重要环节中的服务礼仪训练。

（1）电话应答的礼仪

客服人员接听电话最初的几秒钟是至关重要的，客服人员的问候是对客户的欢迎，同时也定下了电话沟通氛围的基调。电话应答的礼仪具体如下：

1）三声铃响接听电话，使用礼貌用语并报上自己的名字，如"早上/中午/晚上好，××公司，我是×××，请问有什么可以帮您？"

2）主动询问客户称呼，如"先生/小姐，请问您贵姓？"

3）礼貌称呼客户并正确应答客户相关问题，如"××小姐/先生，您好，关于……"

4）如未正确领会客户意图需主动与其确认，如"××小姐/先生，您好，您是说（您的意思是……）？"

（2）电话交流中的礼仪

与客户间建立和谐气氛才能与客户继续交谈下去，创造和谐的沟通氛围是与客户电话交流的主要目的，也是优秀物流客服人员的基本素质。请分析以下两个电话交流过程。

⊃ 案例1

客户："你好！是××电信公司吗？"

客服人员："什么事？"

客户："我想查一下我的电话话费单，您在听吗？"

客服人员："是的。"

客户："账单上的余额跟我算的不一样，我算的余额比账单上的多，你们是不是算错了。"

客服人员："你的账号？"

客户："12345。"

客服人员："我的计算机上显示余额是46元。"

客户："那是你计算机上的数字，我算的是68元。怎么办？你再查一下吧！"

客服人员："不，我不能再查，我只能把计算机上的数字读给你，可能是你算错了，你应该好好保存所有的账单。"

客户："我是好好保存的，我不得不这样，因为你们总是把我的账目搞乱。现在，我要跟其他人讲话，马上！……。"

案例1中的客服人员和客户各自站在自己的立场上坚持己见，导致沟通不能继续。下面阅读另一段电话对话。

⊃ 案例2

客服人员："××网络公司客户服务部，我是×××，我能帮你做点什么？"

客户:"你好,我是×××,我希望你能帮忙。"
客服人员:"当然,我非常愿意帮助你,我能做些什么?"
客户:"请帮我查一下我的上网卡,它突然无法连接上网了!"
客服人员:"当然可以,我们马上替您办。"
客户:"那太好了,我的上网卡是包月卡,还没有到期,不应该出现这种情况啊?"
客服人员:"是呀,遇到这种情况我也会很烦的。"
客户:"啊!看来不只是我这样想,太好了。"
客服人员:"当然。现在,告诉我你的卡号好吗?"
客户:"好的,7890。"
客服人员:"为了确认一下,能告诉我你首次登录的时间吗?"
客户:"2月14日"。
客服人员:"谢谢。是网络服务器故障,现在已经解决了。由于我们的问题给您带来不便,十分抱歉。"
客户:"没关系……。"

【想一想】

案例2中的客服人员与客户逐渐建立了和谐的氛围,这使客服人员获得了客户的尊重并且使客户很快提供了客服人员想要的信息。请对比案例1中的电话对话,分析案例2中的客服人员通过哪些方式与客户建立了和谐的关系。

方法1:_____
方法2:_____
方法3:_____

现在阅读下面电话服务的案例并体会客户代表怎样与客户之间进行了一次愉快的谈话。

➲ 案例

玛吉是Xeno公司的员工,她打电话给Over-the-Wire电话公司询问为什么Xeno的账单比平时高出许多。埃利奥特是她的客户代表,埃利奥特说他会审查账号,并在第二天9:00给玛吉回电话。以下是电话记录:

埃利奥特:"早上好,玛吉。我是Over-the-Wire电话公司的埃利奥特。关于你公司的电话账户,我有一些信息要告诉你,你看现在谈合适吗?"

玛吉:"早上好,埃利奥特。你真准时,我一直在等你的电话。你查到了什么?"

埃利奥特:"我这里有你公司账单的复印件。你手边有账单吗?"

玛吉:"有,就在这里。你查到为什么这个月的账单这么高了吗?"

埃利奥特:"是的,查到了。请翻到第四页,看最后一行。我们犯了一个错误,多算了一些我们不应该计算的接入费用。我真诚地为我们的错误道歉。为了

模块二　物流客户服务销售

弥补这个错误,我们给你们减免468美元,这样你们这个月只需付823美元。这样就解决问题了,你看可以吗?"

玛吉:"可以。谢谢你帮我们查账,埃利奥特。"

埃利奥特:"不用谢。减免额将在你们下个月的账单上列出来。如果你还有别的问题,请给我来电话。我的直线电话号码是55586633。"

【做一做】

在这段电话交流中客户代表与客户之间洋溢着和谐的沟通气氛,促成了问题的快速解决。这种气氛的创造需要依靠如下交流过程中的服务礼仪来达成:

1)告诉对方你是谁,你所服务的公司以及你打电话的原因。

从案例中节选相应的语句:＿＿＿＿＿＿＿＿＿＿＿＿＿＿＿＿＿＿＿＿＿＿

2)按约定的时间打电话。

从案例中节选相应的语句:＿＿＿＿＿＿＿＿＿＿＿＿＿＿＿＿＿＿＿＿＿＿

3)询问客户目前是不是有空。

从案例中节选相应的语句:＿＿＿＿＿＿＿＿＿＿＿＿＿＿＿＿＿＿＿＿＿＿

4)打电话之前将所有需要的信息放在手边。

从案例中节选相应的语句:＿＿＿＿＿＿＿＿＿＿＿＿＿＿＿＿＿＿＿＿＿＿

5)告诉客户解决问题的具体措施。

从案例中节选相应的语句:＿＿＿＿＿＿＿＿＿＿＿＿＿＿＿＿＿＿＿＿＿＿

6)友好地询问是否需要其他的帮助。

从案例中节选相应的语句:＿＿＿＿＿＿＿＿＿＿＿＿＿＿＿＿＿＿＿＿＿＿

(3)电话等待的礼仪

客户需要等待的情形主要包括订单的查询、账单的查询、送货情况查询、附加产品信息问询、相关政策问询、查询搜索、问题升级等。

客服人员让客户等待时,首先应使用"询问"语句征得客户同意,并且告诉客户等待的原因,给客户一个等待的时限。例如,"××先生/小姐,就您所提的这个问题我要查询相关具体资料请您稍等一分钟好吗?"

客户等待过程中,客服人员要谨记客户在电话另一端持续等待,可以与客户适当地谈论相关的话题。

(4)电话转接的礼仪

客户电话需要转接情形主要有客户寻找指定人员、客户问题升级等。

电话转接时,客服人员需要向客户解释需要转接的原因,并询问客户是否介意电话被转接,如"××先生/小姐,就您所提的这个问题我会转至对此方面较了解的同事哪里由他给您作出专业的解释,您看可以吗?"。转接电话挂断之前需确定被转接电话处有人接听,被转接人接听电话后应感谢客户的等待,如"××先生/小姐,不好意思让您久等了,就您所提到的……"

（5）客户信息确认时的礼仪

结束电话前，客服人员应主动留下客户详细信息（姓名/电话/地址），如：

"××先生/小姐，方便留下您的联系方式以便以后更好地给您提供服务吗？"

"××先生/小姐，请问您的全名是……"

"××先生/小姐，请问您的联系电话是……"

"××先生/小姐，请问您有电子邮件地址吗？……"

客服人员应就留下的信息向客户确认，检查所留信息是否正确。

（6）结束电话的礼仪

1）已一次性解决客户问题时，客服人员可以依据客户需求完整准确表达出产品信息，对客户提出的相应请求给予正确回复，主动询问客户是否还有其他问题需要帮助，如"××先生/小姐，请问您还有其他的问题吗？"；感谢客户来电并欢迎客户随时致电本公司，如"××先生/小姐，谢谢您的来电，欢迎您随时来电……"

2）需要再跟踪联系给予答复的客户问题，需要向客户致歉，并告知客户回复时间，如"××先生/小姐，不好意思，麻烦您耐心等待一下，三个工作日后我们会给您答复的……"；感谢客户来电，如"××先生/小姐，谢谢您的来电"。结束电话时，客服人员应让客户先挂断电话，在系统中详细准确记录谈话内容、客户特殊需求及进一步要求。

【做一做】

　　阅读下面客服人员和王先生的对话，并结合所学知识以提升服务品质为目标重新致电客户，改写对话。

　　情境：王先生5月15日上午从深圳寄一份快件到上海，如是上午从深圳发往上海的快件，正常情况下第二天12:00前可派送到，5月17日下午客户致电客服热线查询，快件因航班延误未到上海，客户对时效不满，要求核实延误原因和准确到件时间。

　　【情境对话】

　　王先生："为何我15号寄出的快件现在都还没到，你们不是承诺第二天到达吗？"

　　客服人员："王先生，非常抱歉，正常情况下快件是第二天到达，但是此件因航班延误导致时效延误，暂时还没到上海，但请您放心，如有到上海，我司将帮您安排优先派送。"

　　王先生："那你跟我说现在快件到哪里了？配上航班没有？"

　　客服人员："因受天气影响，现在暂时还没有合适航班，但我司已安排专人帮您积极处理此件，如一有合适航班将尽快帮您配航。"

　　王先生："你现在说没有航班，那我的快件到底什么时候到达？"

　　客服人员："王先生，因航班延误，到件时间无法保证。但请您放心，如一旦到件，我司会第一时间安排优派或者联系您确认快件如何处理，您看如何？"

　　王先生："那好吧，快件到了你一定要尽快帮我派送过来。"

客服人员:"好的!没问题。那请问还有什么可以帮到您?"
王先生:"没有了,就这样吧!"
客服人员:"感谢您的反馈与支持,再见。"
改写:
___
___
___

用服务赢得竞争优势已经成为优秀企业的共识。作为典型服务行业的物流企业对服务品质的追求更应该达到精神层面令客户满意的层次,只有这样才可能实现企业的战略目标。

◎ 案例

某知名珠宝首饰公司的客户B是一位在校大学生,在网上购买了一款饰品想送给女朋友作生日礼物,但由于物流公司临近春节爆仓而延误了派件,导致礼物在他女朋友生日第二天才送到。客户B因此致电企业的客服人员,向客服人员诉说了因为他们的延迟递送而带来的各种苦恼。客服人员了解情况后,向客户建议是否可以由他们出面向其女朋友做出解释。客户接受了该建议。

该企业的客服人员放下电话就致电该客户的女朋友,下面是她们之间的对话:
客户:"喂,你好!"
客服人员:"您好,我是××官方旗舰店客服人员,请问是刘小姐吗?"
客户:"哦,是啊。"
客服人员:"刘小姐,非常抱歉,近日陈先生在我们旗舰店精心为您挑选了生日礼物,还特别叮嘱我们一定要在您生日当天送达,但是由于临近春节快递公司爆仓派件延误,陈先生的这一番心意并未能及时传达给你,真是太可惜了。"
客户:"是吗?我还以为他忘记我的生日了。"
客服人员:"我真羡慕您有这么疼爱您的男朋友。去年我的生日我男朋友就忘记了。"
客户:"啊,不会吧,那你应该很生气吧?"
客服人员:"是啊,所以我看到陈先生这么有心思地给您挑选礼物的时候,我真的特别感动和羡慕,祝您生日快乐,永远青春靓丽!"
客户:"谢谢你啊!我昨天还错怪他了,就这样啦,我要上课了,再见。"
客服人员:"感谢您的接听,祝您生活愉快!"

两天后客服人员收到客户寄来的感谢信,信中客户表达了浓浓的谢意,并表示他与女朋友如今更懂得珍惜彼此了。

2. 网络交流的基本技巧

运用公司网站和即时通信工具都可以进行网络对客服务,其便捷、廉价的特性使得网络交流逐渐成为客户经常选用的一种服务方式。

电话交流方式的基本礼仪同样适用于网络交流方式。只是网络交流的特殊之处需要给予特别的关注，比如进行网络交流首先要具备基本的网络使用技能，然后才能谈得上其他的礼仪技巧。

网络交流时不见声音，更看不见人的肢体语言，能看到的只是跳动的文字、符号或者图片。这种特殊的交流模式实现了供方和需方一对一的深层次双向沟通。这种交流方式主要是从客户的个性和需求出发，寻找物流企业的产品、服务与客户需求之间的差异和共同点，并适时改变物流企业的营销政策来满足客户的需求。只要应用得好，会产生良好的沟通效果。客服人员在网络交流服务时应掌握如下礼仪技巧。

（1）规范用语，力争做到简洁明了

1）企业可根据日常售前、售中、售后服务中的一些常见问题，形成一套就特定业务和客户沟通时的程序化文案，从而保证和客户在事先沟通中就相关可能产生纠纷的问题沟通清楚，以杜绝在执行中产生纠纷和不良影响。

2）客服人员应选择正面的词句，明确地表达意思，不要模棱两可，以免客户产生歧义，引起不必要的麻烦。

（2）推测客户的个性特征实施有针对性的服务

网络即时交流实现了一对一的深层次沟通。客服人员通过自我人生经验的不断积累和基本心理学知识对客户特征进行必要的推测和判断，有助于促成交易。

◐ 案例

不同的客户类型，不同的应对方法

A在一家货代公司从事业务销售工作，工作主要是打电话和发邮件联系一些有出口需要的工厂或者外贸公司，帮他们安排出口货运的事宜，如拖车、报关、海运等。

A一般一天打40个潜在客户的电话，并做好客户跟踪记录。去年四月中旬的一天他电话联系到一家做瓷砖的企业，有出口南美的需求并有较大的货物量。随后A和客户通过即时聊天工具，展开了积极的网上交流。A一般把出货的客户划分为三种类型：价格型、专业型和退佣型。价格型的客户最关注价格，只看价格不认业务员也不在乎船公司的船期和服务。专业型的客户看重的是业务员和其所在公司的专业能力。只有通过专业的讲解才能打动他，这类客户需要感觉到未来的交易安全、可靠才会与业务员继续交往。退佣型就是跟客户建立佣金关系，通过返佣来获得订单。

A通过和客户的网上交流，很快判断这个客户是价格型的客户，因为出货量很大所以要求价格低。A首先根据客户备货的时间和货物情况：5个20GP（20尺集装箱），去南美巴拿马的科隆自由区（Colon free zone），货重18吨/货柜。货在佛山，从深圳港口出，选择了适合集装箱运输的船务公司以及船期并提供了几家船公司供客户选择，然后按照船公司给的价格加上适当的利润谨慎地报给了客户。虽然客户对价格很关注，但 A 在接下来的交流中，着重根据船公司的载重、价格，以及截关期和船期帮助客户分析判断，哪家船公司最适合客户的情况，给客户一个信息导向，促使客户尽快做出决定。A 在积极跟进的过程中，利用自己的专业知识使客户感受到货物运输的可靠性，最终以高于客户预期的价格拿到了此客户的订单。

（3）善于使用网络表情图片和其他创意图片

图片的使用既能简洁地传情达意，又能体现客服人员的个性，恰当使用会融洽与客户间的交流氛围。

（4）做好信息的收集

客服人员在与客户的交流时，应做个有心人，留意客户重要的个人信息，了解客户的心态和需求，发掘有价值的客户。长期积累的客户资料可以作为联络双方感情的有力武器。例如，客服人员可以定期发信或节假日有促销活动时主动与客户联系，还可以在适当时候给客户送小礼品或提供其他附加服务等。

三、咨询服务中的语言沟通技巧

常言说："良言一句三冬暖，恶语伤人六月寒。"作为典型服务行业中的物流客服人员更要体会到这句话的深刻含义。客户不仅要从物流企业获得服务，更期待在获得服务的过程中不断获得良好的体验，那么物流客服人员怎样使用语言就会直接影响到客户的感受。

1. 善于表达对客户的理解

理解就是认同对方情绪或行为的表达，是人与人情感互动中最受欢迎的表达方式，在与客户的交往中也不例外。在任何情况下，客服人员对客户表达充分的理解有助于问题的解决。常用的对客户表达理解的语句如下：

"我能理解您的感受。"

"我知道您是多么的烦恼。"

"如果我是您，我也会像您一样不满意的。"

"我知道您现在很不愉快。"

"我懂您的想法。"

"您的意思是说……"

"您当时一定觉得很……"

"您现在的感觉是……"

【做一做】

比较下面物流客服人员不同的回应：

客户："你们的服务也太差了吧，我快递的东西怎么到我手上只有一半了呢？"

客服人员 A："不会吧？从来没有人说过这个问题。"

客服人员 B:"我非常理解您的心情!如果我是您也会这么想的。让我们一起来看看是什么原因,有什么办法可以补救。"

2. 真诚表达自己的歉意

物流订单的执行包括空间的移动,有些订单的执行周期也较长,意外的发生有时在所难免。当各种意外情况发生时,真诚地道歉是物流客服人员在与客户接触初期最明智的选择。常用的向客户表达歉意的语句如下:

"对于我们的错误,我向您郑重道歉。"

"实在对不起。"

"很抱歉,我们搞错了。"

"是我们的错。"

"我现在还不知道是否存在误会,但对这件事给您带来的不快,我真诚地向您表示歉意。"

3. 善于使用积极的语言

积极的语言是指从正面表达意见与看法,它传递给客户的是更多的信息和更快乐的情绪。在与客户交往过程中,物流客服人员需要养成用积极语言表达想法的沟通习惯。这样就可以给客户带去快乐,也能让自己获得一个轻松的工作环境。

下面是一组对于同一件事采用不同说法的例子,请比较哪一句更能让人感到舒适并说明理由。

例1:"对不起,让您久等了。"

"非常感谢您的耐心等待。"

例2:"我们所能做的只是……"

"你希望我们为您做些什么?"

例3:"这可真是太气人了,碰到这种事谁都会难过的。不过,我们这里也帮不了您,您看怎么办呢?"

"这可真是太气人了,碰到这种事谁都会难过的。不过您别担心,我们这里可以帮您进行一定程度的补救,您看怎么样?"

例4:"你应该把文件送来,否则我们不能给你更新。"

"为了我们及时更新您的资料,请您在明天之前把文件送来,可以吗?"

例5:"我什么也决定不了,你只能和经理谈。"

"我可以帮你更换同样价值的其他产品,你看可以吗?超过这个权限,就只能找经理了。"

例6:"我们没有那种资料,你必须给服务中心打电话。"

"服务中心专门负责这项业务的处理,他们能给你更专业的解答,您需要他们的联系方式吗?"

任务实施

参考方案：

客服人员：早上好，××官方旗舰店，请问有什么可以帮到您？

客户A："你好！我的订单明明备注了要发某速运自取，你们为什么给我发了EMS？我的订单号是53462056。"

客服人员："李先生您好，我需要1分钟为您查询具体情况，请稍等……"

客服人员："李先生，非常感谢您的耐心等待，我们的配送员发现您的目的地不在您所选速运公司的服务范围，为了争取时间就自行将物品改发了中国邮政，没有征求您的意见，我感到非常抱歉！"

客户A："这个东西我急用，所以我才要发速运自取，你们为什么自作主张啊？"

客服人员："李先生，非常抱歉是我们考虑问题不够周全，请问您什么时候需要用到这件饰品呢？我想我们有办法可以解决这个问题的。"

客户A："现在还能两天后就到目的地吗？"

客服人员："我试试通知相关同事，撤回中国邮政的包裹，同时再发送一件同样货品给您，您看行吗？"

客户A："好吧，但愿能及时到达。"

客服人员："谢谢您对我们的理解与支持，再见。"

随后客服人员通知配货同事马上联系中国邮政撤回该包裹，重新用某速运邮寄一件货品给客户，并在这个包裹里附上了道歉信以及小礼物。随后，客服人员电话通知客户他的速运邮寄单号。两天后客户果然收到了快件，客户打电话向客服人员表达了谢意。

思考与练习

一、名词解释

电话应答　电话转接　网络交流

二、思考题

1. 请简要说明怎样才能与客户建立良好的沟通氛围。
2. 请简要说明能给客户带去良好感受的语言方式有哪些。

三、技能操作题

1. 实训内容：掌握基本服务礼仪和语言。
2. 实训时间：一天。
3. 实训要求：在工作实践中运用所学服务礼仪和语言技巧，回应客户的一次咨询，记录自己的服务结果并进行反思。

任务二 接待来访客户

知识目标
1. 熟知接待来访客户的程序
2. 理解沟通过程中涉及的成功要素
3. 熟记高效率面对面交流的方法
4. 熟记积极倾听的具体行为表现

能力目标
1. 会规划客户来访的接待
2. 能训练自己拥有得体的声音、说话习惯以及肢体语言

任务引入

请参考下面的情境，为 A 制订一份简明扼要的客户接待工作安排。

背景描述

A 是一家第三方物流公司的业务员，与一位经营较大规模服装网店的潜在客户在网上已经交流了半个多月，该客户有意购买仓储配送服务。客户昨天突然说要来公司参观。A 的心情非常激动，因为客户要来参观现场就说明客户对公司产生了进一步的兴趣。A 在高兴之余，心里又打起鼓来，这可是他第一次接待客户来访，该怎么办呢？

任务分析

接待来访的客户，是物流企业前台、业务人员和客服人员都会涉及的工作内容。接待工作质量的高低将直接导致物流企业的业务是否能够进一步展开。因而，掌握与人面对面交流的技巧和基本的接待程序已然成为物流客服人员的基本功。

相关知识

一、接待客户的一般程序

1. 客户来访前

客户来访前，客服人员应做好以下工作：

模块二　物流客户服务销售

1）由衷地表达欢迎之意，并在此时定下与客户交往的平等基调。

2）与客户明确来访时间、来访人员和来访目标内容。

3）了解信息后准备好相关资料，如介绍本企业的演示文稿、宣传片、针对客户情况所做的物流服务方案等。

4）通知各相关部门做好接待的相关准备。

5）通过各种渠道尽可能多地了解客户情况，如历史和未来的发展、合作伙伴的困惑、竞争对手的优劣，判断客户的关注点，以此确定向客户展示的重点内容。

6）在接待客户前对本企业的服务内容、服务流程和服务优势要有足够的了解。专业知识是吸引客户的基础。一般来说，业务人员和客服人员最好能够在物流企业的各个功能部门都工作过，这样才能对本企业的物流服务有足够的认识，才能快速解决客户的问题。很多企业对业务和客服人员的培养采取的就是这种方式——在各个操作部门轮岗工作。

2. *客户来访中*

客户来访中，客服人员应做好以下工作：

1）确认客人具体到达的时间，并先行准备好会议室和必备的招待用品，如茶水、果品等；若在夏天，则须提前5～10分钟开好冷气，且须注意个人仪表，衣着整齐等。

2）客人到达企业时，应至门口迎接，主动握手相迎，带路时应走在客人左前方二、三步左右，带到会议室后，将客人让到离门较远的一边就座；面对客人时要抬头挺胸，面带微笑，体现自信，给客人留下好的印象。

3）与客人交换名片后，将名片放在合适的位置，谈话时不可以把玩名片。

4）主动和客户商议参观的具体安排，在得到客户认可后，即带客户前去参观相应的操作部门。在引导的过程中，客服人员应用简短的语言针对设施设备、操作规范、企业文化等内容进行一些介绍。参观过程中的交流内容除了专业内容之外，客服人员可以自然地聊聊客户的情况，以进行适当的情感交流。在接访新客户的过程中，随机应变应该是值得赞赏的行为。

⇨ 案例

张大勇是某物流公司的物流总监，国外客户DEGUSAI物流总监威尔·史密斯（Will Smith）等一行五人来深圳进行考察。

为了接待国外重要客户，物流公司做了详细、充足的准备工作。与客户确定飞机到达时间之后，张大勇总监亲率三名业务部经理（空运部、海运部、陆运部三个物流核心部门）一行前往机场接机。在回公司的途中，张大勇总监介绍深圳本地的情况，特色旅游的景点，好吃的食物和最近的天气情况，并提醒客户要注意天气情况的变化，通过简单的沟通，张大勇总监初步了解到威尔·史密斯来深圳考察供应商的时间比较充裕，可以适当安排一下旅游或者互动活动，同时也了解到客户对饮食的偏好。

到达公司之后，张大勇总监引领客户进行了参观，在会议室详细地介绍了陪同人员的职责和工作内容，交换了名片，同时表明：客户如有任何关于物流运作方面的疑问，可以得到及时的解答或者反馈。通过交换名片，张大勇总监得知，在客户的陪同人员中，有一名运输事业部经理、一名仓储部经理、一名仓库主管和一名海外事业部经理。

张大勇总监首先详细地介绍了公司的整体情况以及成功案例，并介绍了公司的优势和特色，详细讲解了与 RED TIGER 的合作运营情况，RED TIGER 与 DEGUSAI 企业类型十分相近，威尔·史密斯一行表示出浓厚的兴趣，并与各个部门经理进行了详细的沟通和探讨。

5）参观结束回到会议室，稍事休息后，采用多种方式，如演示文稿、公司宣传片、企业荣誉、成功案例、图片等，向客户集中介绍企业优势，并与客户重点探讨针对客户的具体情况所做的计划和曾经做过的相似的成功案例。

6）询问客人实地考察的感想，并认真记录客人的每一个建议，针对客人所产生的疑问逐一做出客观的解释。

7）若客人到访时间较长，应以工作餐招待客户用餐。

8）客人结束来访时，须送至门口，待客人离去后再回公司办公室。

3. **客户来访后**

客户来访后，客服人员应重点做好以下工作：

1）对客户的要求和疑问进行进一步的梳理，并及时反馈给对方，促成客户尽快做出决定。

2）有节奏、有目标地跟踪客户的进展，及时把握客户的变化，直到订单生成。

➡ **案例**（续上）

1. **了解客户目前物流运营存在的问题**

威尔·史密斯要求随行人员一一介绍了目前企业物流方面存在的问题，如运输经理提出，运输费用太高，送货不及时；仓储经理提出仓库库存数量差异较大，货物摆放凌乱；海外事业部经理反映有送错货物情况，并反映报关缓慢，货物积压港口。

2. **整理客户需求**

物流公司的三个陪同经理，分别与客户进行了深入探讨，并大致总结了客户的物流需求：

1）合理、高效的运输价格。

2）良好的仓储管理水平。

3）高效的报关处理以及及时办理提货。

3. 提供解决方案

张大勇总监根据企业自身的运作优势和相应的运作案例分析,针对客户面临的问题,提供了简单的解决方案。张大勇总监指出,目前公司拥有运输车辆 500 多台,仓库面积 2 万平方米,仓管员 100 名,以及具备良好的报关和港口运作能力。张大勇总监还亲自为客户讲解了公司自主开发、个性定制和设计的仓库管理系统、公路运输管理系统、运输管理系统等物流信息系统。

张大勇总监重点介绍了公司在运输和仓储方面的特色服务项目和优势。

通过一上午的沟通和交流,DEGUSAI 对该物流企业有了一定的了解,由于时间紧凑,张大勇总监提议针对核心的价格问题,公司会确定一个优势价格出来,并与企业约定,三天之后再详细深入探讨。

随后张大勇总监带客户参观了各个职能部门,并安排了午餐。午餐后,张大勇总监将威尔·史密斯一行送到其入住的宾馆。

二、利用双向沟通方式建立客户关系

坦率和真诚的沟通对于建立信任和发展成功的客户关系很重要。买卖双方只有通过积极的谈话以进行有效的沟通才能更好地理解对方的需求。如果沟通是成功的,物流业务人员不仅会了解到客户目前的需求,而且会找到应对措施来满足客户未满足的需求和未来的需求。

1. 沟通过程

图 2-1 表明了双向沟通的过程。该过程是由信息发送者开始,因为接收者不知道发送者的想法,发送者必须通过语言来表达这些想法。将要表述的想法转化成语言,叫作编码。然后接收者必须将信息解码并尽力去理解发送者想要表达的意思。解码是指接收者理解所收到的信息。在这个过程中只有发送信息的人在组织编码的时候,使用对方可以听得懂的表达方式,才能减少误解发生的概率。

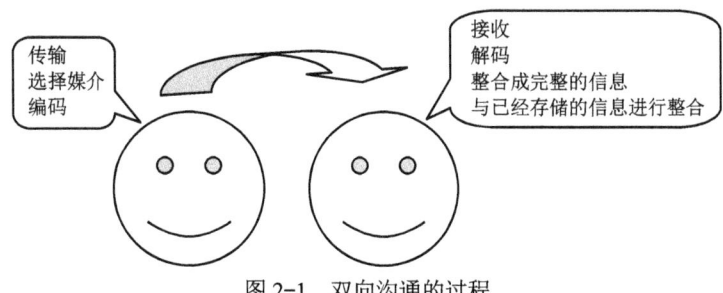

图 2-1 双向沟通的过程

下面是复印机销售人员和其潜在客户的一次对话,表明了较低的编码能力可能产生的问题。

销售人员想说的是:"我们有一套完整的三菱叉车产品线,但是我认为Model 2.5 比较理想地符合了你的要求,因为它价格低,并可以提供基本的装卸搬运功能。"

销售人员所说的是(编码):"Model 2.5 是我们卖得最好的叉车。它设计得非常经济,能满足像你们这样的小型企业的装卸搬运需求。"

客户听到的是:"Model 2.5 是适用于小型企业的低价位装卸叉车。"

客户认为(解码):"这家公司制造功能有限的低价位叉车。他们是为那些不会为买一台叉车花费太多钱的公司设计的,而我们需要具有更多功能的装卸搬运设备。我们应该购买一台会满足我们未来需求的更好的装卸设备。"

在这种情况下,销售人员主观假设价格对于潜在客户是非常重要的,造成对方(不正确地)认为销售人员的公司制造的只是低价格、低功效的装卸设备。

【想一想】
1. 在与客户的交流中,主观假设会造成怎样的后果?

2. 运用哪些方式可以增强编码能力,也更容易让客户理解并接受?

除了编码能力,沟通还会被沟通过程发生的环境所限制。比如说,噪声会打扰到交流的双方。为了提高沟通效率,物流业务人员应该尽力使环境噪声降到最小,可以关上房间的门或者把会议转移到另一个更安静的地方。当房间太热或者太冷时,物流业务人员应调整空调温度,打开或者关上窗户,或者到另一个房间去。在沟通开始前,环境问题必须被解决,因为当人们感到身体舒适的时候,沟通才会最有效。

2. 增强沟通效果的方法

(1)有效地发送语言信息

1)使用简洁的语言。语言是工具。物流业务人员可以用简洁的词语或者短语来表明力量和魄力,或者表现出吸引力(如整洁、清晰的文件和图书馆般的安静环境)。在产品介绍中,语言的表述应该具有力量和说服力,避免使用像"好的"和"优秀的"等词语以及诸如"许多""我保证你将会……""没问题"等听起来会使你像一个焦急等待的销售人员的惯用语;同样也要避免使用晦涩的语言、俚语或者污秽的语言,即使是对老客户。

2)学会使用比喻。每一个物流业务人员都应该能说出一组语言去帮助客户了解本企业物流服务的特征。比如,"备用电池就像备用轮胎""这种机器是真正的吃苦耐劳者";又如,"我们正按照您对您的供应商所期望的那样为您开绿灯"或者是"我们计算机化的服务台将是一座通向你们重要客户的坚固桥梁"。

3) 学会描述画面来展开形象化的服务介绍。物流业务人员可以用精彩或生动的语言描述去帮助客户理解产品或服务的好处或特征，帮助购买者在脑海中产生形象化的认识。为了有效地使用语言图像，业务人员需要描绘尽可能精确的、可信的画面。

【做一做】

1．请用比喻方式描述某一项物流服务的特征。

2．请描绘一幅画面，关于某一项或几项物流服务，以帮助客户理解本物流企业的优势。

（2）训练自己具备悦耳的声音和说话习惯

1）不好听的声音会影响客户的理解。声音特征包括讲话的语速、语气、语调和发音。

面对讲话比正常的每分钟 140 字的语速慢或者快的物流客服人员，客户往往会对其专业性产生怀疑。物流客服人员的讲话速率受沟通发生的环境及信息的性质所影响。简单的信息可以较快的语速传递，相对困难的观点应该以相对较慢的语速表达。

2）语气应该适合沟通的场合。物流客服人员应该学习语气的变化。语气变化可以用来强调产品或服务的某些部分，给客户以暗示：这些部分比较重要。语气变化还可以表达对客户的理解和尊重。比如，客户分享了一件快乐的事情，物流客服人员的语气也应该随之快乐。

3）语调是讲话的音调或音高。在句子的末尾，语调应该降下来，暗示一个想法说完了。当在句子末尾时语调上升了，听者往往会感到说话者的不确定。物流客服人员应该避免去模仿其他人成功的沟通特性，那样客户可能感觉更糟。

4）发音是指可辨认的声音的部分。当讲话者说话时嘴巴张开得恰如其分，而且唇舌运动没有妨碍时，发音是最清晰的。

在日常生活中，物流客服人员可以借助一些专业资料，有意识地训练自己养成更好的说话习惯，这样就会逐渐形成具有自我特色的受人欢迎的说话习惯。

（3）积极倾听

许多人认为有效的沟通是需要讲很多话的。缺乏经验的物流客服人员经常陷入一种销售情境中去，认为必须通过有力的宣讲才能赢得客户。物流客服人员对本公司的服务和公司充满热情，想要告诉客户所有他们所知道的。然而，这样会使对话变得单调，也无法发现客户的需求。权威人士建议采用 80/20 的倾听准则，即物流客服人员应该把沟通时间的 80%用来倾听，用不超过 20%的时间来讲话。

【做一做】

请参照表 2-2，完成积极倾听能力的自我检测（1 代表最低分，5 代表最高分）。

表 2-2　倾听能力自我检测表

在一个有代表性的对话中	需要极大地改进			不需要改进	
1. 我给人一种由衷地关心对方所说的话的印象	1	2	3	4	5
2. 我没有打断对方的话	1	2	3	4	5
3. 我不会过早地下结论	1	2	3	4	5
4. 我会问一些寻根究底的问题	1	2	3	4	5
5. 我会继续问一些比如"可以告诉我更多吗?"这样的问题	1	2	3	4	5
6. 我保持跟对方的眼神交流	1	2	3	4	5
7. 我点头表示我同意或理解对方的意思	1	2	3	4	5
8. 我理解对方的非语言沟通内容	1	2	3	4	5
9. 我会等待对方说完话后再对刚才所说的话进行评价	1	2	3	4	5
10. 我会问一些澄清的问题,比如"我不确定我是否明白了你的意思"	1	2	3	4	5
11. 我会重述对方已经说过或问过的话	1	2	3	4	5
12. 我会概括对方所说的话	1	2	3	4	5
13. 我会努力去理解对方的观点	1	2	3	4	5
14. 我会试图去发现一些我与对方的共同之处。	1	2	3	4	5

分数:60~70 分=突出;50~59 分=好的;40~49 分=可以进行一些提高;30~39 分=必须进行提高;30 分以下=你在听吗?

在与客户进行沟通的过程中,物流客服人员采用积极倾听的方式与客户进行沟通,效果会更好。积极倾听是指物流客服人员采用具体的行为方式参与到与客户的交流过程中,并让客户感到物流客服人员的关注。

积极倾听的行为包括:重复所听到的信息、重述或改述信息、澄清信息、对谈话进行概括、容忍沉默和全神贯注于所沟通的事情上。

1)重复所听到的信息。确定信息的一个有用的方式就是逐字地重复对方所说的话。这种技巧可以把发生误解的概率降到最低。

客户:"我要将货品于 3 月 28 日送到深圳福田区福强路 1007 号。"

客服人员:"好的,没问题,3 月 28 日,深圳福田区福强路 1007 号。"

2)重述或改述信息。为了证实客户的意图,物流客服人员应该用自己的话重述客户所说的内容,这样可以保证双方已经相互理解了。

客户:"你们的服务与我所期望的太不一样了。"

客服人员:"您是说您对我们提供的服务不满意吗?"

客户:"不是,我得到了比我想象的更好的服务,谢谢!"

3)澄清信息。物流客服人员可以通过提一些能够获得更多信息的问题,来把握客户的确切想法和真正的问题所在。

客户:"听着,我已经做了所有的尝试,但是你们的钻床还是不能正常运转。"

客服人员:"您能告诉我这台钻床不正常有什么原因吗?"

客户:"有个铆钉一直塞在机器里面。有时一颗铆钉会插进其他铆钉的上面。"

客服人员:"您能向我描述一下您如何将铆钉装进托盘里的吗?"

客户:"好吧,我先推下释放控制杆取出托盘,然后按了那个小按钮并把铆钉放进去,接下来,我再一次推释放控制杆,把托盘放进机器里并推上控制杆。"

客服人员:"当你把托盘放进去时,哪一面朝上呢?"

客户:"那有区别吗?"

这段对话表明了采用怎样的问询顺序能澄清客户的问题并帮助客服人员确定问题产生的原因,从而能够采取有针对性的解决方法,提高工作效率。

4)对谈话进行概括。简要概括是指物流客服人员对一个已经发生的事情进行快速的总结,以让客户重新关注已经讨论过的问题。简要概括还可以改变谈话的方向。请看下面这段对话。

客户:"我告诉过你们的人我不感兴趣。"

客服人员:"让我看看我是否弄清楚了。一名业务人员今天给您打了电话并问您是否有兴趣降低成本。他还说他可以每个月为您节省1%的费用。但是当您追问这件事时,发现节省的钱是通过减少服务获得的。"

客户:"是这样。"

客服人员:"很抱歉,我们的业务人员给您造成了困扰。我这里正好有您的客户记录。如果您对通过重视单位服务成本来为您的公司赚更多的钱感兴趣的话,我认为我们有一种方式可以帮助您,这种方式不用减少服务内容。"

客户:"那就说来听听。"

5)容忍沉默。在与客户交流时,客户有时会沉默。物流客服人员通常会在这种沉默中感觉不自在并且认为需要说点什么。其实这样反而会打扰到客户,因为客户不能思考了。因此容忍客户沉默是明智的选择。

客服人员:"您希望我哪天到您这里给您和您的团队做服务方案的讲解呢?"

客户:[思索]

客服人员:[沉默]

客户:"好的,我们定在22日,周一吧。"

客服人员:"好的,李经理。那什么时间最方便呢?"

客户:嗯……

客服人员:[沉默]

客户:"0点对我来说是最好的。"

6)全神贯注于所沟通的事情上。当客户使用充满情绪的语句,如"差劲的服务"或者"恶心的产品"时,物流客服人员也许会受到影响,产生消极的情绪,甚至生气。事实上,物流客服人员在此时如果能够克制自己的情绪反应,而尽力去发现客户不满意的原因。事情往往会朝好的方面发展。

3. 用非语言沟通的方式来传递信息

与客户面对面交流时,物流服务人员还可以使用身体语言、空间距离和外表去向客户传递信息。

（1）借助身体语言

在 30 分钟的对话里，大约有 800 个非语言信号会被交流。敏锐的物流服务人员会借助相关姿态（见表 2-3）传递积极信号，更有效地与客户交流。

表 2-3 面对面沟通的非语言的反映方式

积极的信号	消极的信号
没有交叉双臂和双腿	交叉双臂或双腿
探过身来	向后倾斜或把脸转向别处
微笑或者其他愉悦的表情	深锁额头、噘嘴、皱眉
点头	摇头
深思的姿势	烦躁、思想不集中
眼神交流	没有眼神交流
精力旺盛的、开心的反应	表情无变化或几乎没有变化

1）面部肌肉。非语言的沟通比较难进行，面部的反应经常是不自觉的，特别是在紧张的情况下。物流客服人员只有通过练习才能控制面部表情。

微笑被认为是最有效的与客户建立起交往的面部表情。一份对参加商贸展示的客户的研究发现，如果销售员微笑的话，则有 80%的客户会对这家公司或者是产品有一个好的感觉。因而通过一段时间的练习拥有自然的微笑表情是物流客服人员的努力方向。

2）眼神交流。客服人员在与客户谈话时，应注视对方的眼睛，用真诚的眼神交流来表达尊重和信任，以此赢得客户。

3）手势和握手。手的运动能够产生一种引人注目的效果。手势常常用来强调某一点内容，而不是频频随意地使用。就握手而言，握手应该是客户的选择而不是物流客服人员的选择。如果客户伸出了手，物流客服人员在保持良好的眼神交流的同时，回以一个坚定但力量不过大的握手是值得肯定的做法。

4）姿势和身体动作。走路脚步拖拉和弯腰驼背会给人一种缺乏自信和自律的印象。另一方面，过度地挺直身体的姿势，看起来会很死板。物流客服人员应该找到让自己感觉舒适的正确的姿势。

（2）空间距离和身体接触

面对面沟通时，双方身体的空间距离能影响客户的感受。一般令人舒服的社交距离是 0.5～1.2 米。

（3）外表

在商业环境中穿着的两个优先考虑的原则是：①让客户注意你；②让客户信任你。适当的着装与修饰，能给物流客服人员增加额外的砝码和信心。然而，如果穿着过分，可能会使客户转移对物流客服人员专业水平的关注。

任务实施

参考方案：

参观之前：

1．首先知道客户来的目的。
2．了解客户的意图后准备好相关的资料和人员安排。
3．做好一份简洁的参观计划发给客户，询问是否需要调整。
4．做好个人的接待准备，如适合工作环境的外表等。

参观过程中：

1．必要的问候和寒暄。
2．询问客户对我公司目前的了解程度。
3．试探了解客户的购买意向和购买目的。
4．引导客户实地考察。
5．针对客户的需求推荐服务模式和服务内容。
6．站在专业的角度坚定客户的购买信心。

参观后：

积极跟踪，针对客户的变化做出及时反应，促成订单生成。

思考与练习

一、名词解释

双向沟通　积极倾听　非语言沟通

二、思考题

1．接待来访客户的一般程序有哪些？
2．增强沟通效果的方法有哪些？
3．请说明下面的身体语言信号暗示了什么信息：
　　A．在桌子上轻敲手指或是铅笔　　B．抚摸下颚并且向前倾
　　C．背靠椅子，两个胳膊在胸前折叠　D．坐在长凳或者是沙发的中间
　　E．和你所交谈的对方摆出一样的姿势

三、技能操作题

1．实训内容：有效接待来访客户。
2．实训要求：运用增加沟通效果和积极倾听的技巧，模拟展示业务员 A 接待客户的情形以及向客户集中介绍公司服务情况的片段。

任务三　以客户为中心的交叉销售

知识目标
1. 理解以客户为中心服务理念与传统服务理念的区别
2. 了解客户需求的分类
3. 理解发现并满足客户需求的方法

能力目标
1. 能对比以客户为中心的服务理念与传统服务理念的差异
2. 会运用提问与倾听技巧发现客户需求
3. 能运用 FAB 模式实现服务优势与客户需求的对接
4. 能通过对客户需求的把握实现客户深度开发

任务引入

请参考下面的背景描述，理解罗德（Rod）运用以客户为中心的销售理念，通过与客户间的有效沟通，挖掘客户的需求，并实现交叉销售。

背景描述

深圳市发达国际物流有限公司（以下简称"发达物流"），注册资金 6 100 万元人民币，国家一级船运代理。拥有的代理遍及全球 80 个国家 300 多个港口，能够向海内外客商提供优质的"一条龙"物流服务。

发达物流曾经成功获得了一个贸易商客户——深圳市某科技有限公司，该公司主要从事农业薄膜贸易，其客户主要来自中南美、欧洲的一些国家，生产基地位于广东省东莞、江门、广州等地。该客户向发达物流公司购买了仓储服务。罗德为发达物流的新任客户经理，负责客户的开发和管理。罗德意欲通过不断深入的合作向该客户提供订舱、拖车、报关等货代的系列服务。

任务分析

在与客户不断接触的过程中，彼此双方会越发了解和熟悉。这为交叉销售打下了较好的基础。但在如今物流行业竞争日益激烈的市场环境中，我们只有树立"以客户为中心"的服务理念，掌握发现客户需求的服务技巧、努力以客户的需求为中心，才能不断赢得客户，实现交叉销售。

相关知识

一、交叉销售的概念

交叉销售，就是发现现有客户的多种需求，并通过满足其需求而实现销售多种相关的服务或产品的营销方式。在竞争日益激烈的物流行业，实现交叉销售是每个物流企业追求的客户目标。

实现交叉销售的条件一般包括：企业建立了客户关系管理的管理理念，企业具有高素质员工、较为完备的客户信息积累、正确导向的员工激励机制和顺畅的内外部沟通机制。

⊃ 案例

> 成立于1984年的戴尔公司，在短短十余年的时间里战胜了康柏、惠普等IT巨头，成为，全球著名的PC厂商，其在较短的时间内之所以取得了如此大的成就，据专家研究分析，其关键就在于建立了以客户需求为中心的直销模式。戴尔直销模式的精华在于"按需定制"，在明确客户需求后迅速作出回应，并向客户直接发货。同时由于减少了不必要的成本和时间，使得戴尔公司能够腾出更多的精力来理解客户需要。
>
> 戴尔销售中有个著名的"Up Sell"（向上促销）模式，这是支撑戴尔直销模式的核心所在。戴尔的向上促销模式，就是顾客来买针，最后却在销售人员的挖掘式服务下买回一大堆新东西的模式。在向上促销模式下，一是戴尔的销售人员首要目标就是挖掘客户的需求，理解与把握用户个性化价值。用户需求不管多么个性化，戴尔都可以满足；二是戴尔精简的生产、销售、物流过程使价格更有竞争力；三是用户可以享受到完善的售后服务，包括物流、配送服务以及其他售后服务。这些综合服务管理因素奠定了戴尔成功的基础。

在如今新媒体不断涌现、信息快速传播的市场环境中，客户拥有了越来越多的话语权和选择权，处于市场两端的企业和客户之间的天平已经向客户倾斜。只是依靠无孔不入的广告，就能让客户接受企业产品与服务的时代正在远去。企业若想实现交叉销售，掌握以客户为中心的服务方式不失为一个有效的方法。

二、"以客户为中心"的现代服务理念与传统服务理念的对比

1. 传统服务理念的类型

（1）以产品为中心的销售方式

以产品为中心的销售方式是指业务人员在销售过程中采取以介绍产品优越

性为主的方式进行销售。业务人员喋喋不休地介绍自己的产品使客户感到困惑和疲倦，而且缺少互动性，不利于和客户建立起信任和合作的关系。

➲ 案例

> 情景一：
> 业务人员 A 向客户推销
> 业务人员 A："我们的打印机采用的是等离子切割专利技术加工的高分辨率喷嘴，专利防水配方墨水，7μL 超小墨，智能进纸技术，适应各种纸张的打印……"
>
> 情景二：
> 业务人员 B 向客户推销
> 业务人员 B："我们的发动机功率有 275 马力（即 202.2622 千瓦），14 个汽缸，16 个阀门，并且我们还提供 30 个月的质量保证服务……"
>
> 情景三：
> 业务人员 C 向客户推销
> 业务人员 C："先生，耽误您几分钟时间。您看看我们的 MP3（拿出一只 MP3），它内置 64～128 兆（M）内存，数码录音 260～520 分钟，可做移动硬盘存储各种类型计算机文件，有 5 种音效模式……"

【想一想】
以上三个业务人员在进行推销时的共同特征有哪些？

（2）打击竞争对手的销售方式

在传统的销售中，打击竞争对手是很常用的一种方式。一些业务人员认为只有告诉客户竞争对手的缺陷，市场才不会被竞争对手抢占。但往往却事与愿违，因为没有人喜欢听消极的信息，而且这种方式让客户很难与业务人员建立起相互信任的关系。

➲ 案例

> 情景一：
> 业务人员 A："吉达公司的打印机质量根本就不如我们，他们的售后服务更是糟糕透顶。不久前，他们还出了一起很大的质量纠纷，现在连他们的老客户都转到我们公司来了。"
>
> 情景二：
> 业务人员 B："他们公司的发动机一是功率小，二是噪声特别大。产品质保期限虽然是 4 个月，可是他们总爱用各种理由推卸责任，实际上并不真的给客户保修。"
>
> 情景三：
> 业务人员 C："天音的 MP3 虽然比较出名，但是价格实在很高啊，而且这两年质量也不行了，外观设计也早已经落伍，有品位的时尚人士根本不会选择它。"

模块二 物流客户服务销售

【想一想】

以上几位业务人员的销售方式的共同点有哪些？面对这样的业务人员，你会有哪些感受？

（3）老朋友式的销售方式

老朋友式的销售方式是指采用与客户建立密切的私人关系的方法来促使客户购买产品。这种销售方式在传统社会是很有效的办法，但是随着社会的发展，商业化程度越来越高之后，很少有人单纯因为私人关系而购买。

【情境展现】

陈树在给客户王经理打电话。

陈树（亲切熟稔地）："王经理，最近身体怎么样啊？"

王经理（声音平淡）："还不错。"

陈树（故作惊喜地）："我刚知道啊，我和您的侄子居然是大学的同学，这实在太巧了。"

王经理："哦。"

陈树："最近我曾遇到他，他说起您给他教诲很多啊。"

王经理："嗯。"

陈树："什么时候我和他一起请您吃顿饭，也让我在旁边得到一点儿教诲。"

王经理（语气很冷淡）："再说吧。"

陈树（尴尬）……

王经理："我还有别的事，再见。"

陈树："再见。"

最后，陈树无奈地放下电话，心情很沮丧。

【想一想】

你认为陈树与王经理交流失败的主要原因是什么？

（4）辩论式销售方式

有些业务人员在面对客户提出的异议时，总喜欢采用"辩"和"解释"来应对客户。殊不知，即使业务人员讲的是真理，客户也不太可能从业务人员这里买东西，因为这种销售方式让客户与业务人员之间的情感产生了裂痕。

● 案例

业务人员："让我来帮您介绍一下。这是我们IBOSS最新的一款促销产品，我的几个朋友也买了，因为这款产品给人的感觉很棒的。"

客户："我觉得布艺的没有皮沙发好。"

业务人员："布艺的沙发现代感强，设计上一般都是现代的和后现代的风格多一些,您的家里摆上布艺的沙发,每个季节都可以根据您的喜好换上不同颜色的沙发套。这会令您的家庭格调又多了一个幸福的氛围,这时一个沙发等于几个沙发了。而皮沙发基本上是一种固定的没有变化的格调,装饰的效果不如布艺的沙发可以根据季节和生活的变化,进行多彩的变化和调节。皮的沙发只是给人的感觉更耐用一些。"

客户:"我没有这种需要,我还是觉得皮的好。"(客户转身离开了)

【想一想】

如果你是客户,面对上述案例中的业务人员你的感受和选择是什么?

2. "以客户为中心"的现代服务理念的内涵

与客户建立良好的关系,并赢得客户的信任,是与客户展开密切合作的前提条件。成功的销售不是销售产品和服务,而是销售帮助。物流业务人员应该用自己的专业能力和企业资源去帮助客户,让客户达成心愿、取得成功,这是以客户为中心的服务理念的核心思想。

(1)销售是帮助客户解决问题

客户真正关心的不是产品和服务本身,而是产品和服务如何能为他们解决各种实际的困难,客户只关心如何达成自己的目标。以客户为中心的销售方式把销售看成是帮助客户解决各种疑难问题,帮助客户实现自身目标的过程。

➲ 案例

业务人员陈树和客户王经理在公司的办公区走动。

王经理:"你看,我们公司的业务在使用计算机方面主要是文字处理,机器配置不需要太先进。所以,我们不会因为追求打印的速度和质量就去买你们的新一代打印机,因为那样的话,我们还要换计算机。没那个必要。"

陈树:"可是公司应该跟上时代的发展嘛。"

王经理(不以为然):"一个公司的经营目的可不是为了赶时髦。我现在需要的是和我们机器相匹配的打印机,在这个范围内,选一个性价比最理想的就是了。"

陈树(极力劝):"王经理,你再好好考虑一下,如果你今后买了更好的机器,岂不是今后还要更换打印机。"

王经理(无动于衷):"今后的事等以后再说。"

【想一想】

1. 在上述情境中,业务员采用了哪一种销售方式?这种方式有哪些不足?

2. 若你站在帮助客户解决问题的角度,你会如何处理上述情境中与王经理的互动过程?

(2) 把客户看成自己试图去帮助的新朋友

拥有"以客户为中心"理念的业务人员，会把客户当成一位自己正试图去全力帮助的新朋友，应该为客户考虑本企业的产品或服务是不是能够为客户提供最大的帮助。强调新朋友是要求业务人员在与客户交往过程中，不能很快就和客户过分亲密，这容易使客户产生排斥心理。在与客户的交往过程中，业务人员要与客户保持正式交往的方式，尤其是在交往的初期，比如拜访须预约；在逢年过节时给客户寄送精美的贺卡；在客户遇到喜事时上门祝贺并辅以适当的礼物。

(3) 站在客户的角度建立服务模式

以客户为中心的销售方式是以真诚为本，站在客户的角度考虑问题的销售方式。这就意味着业务人员需要首先去发现客户的需求，然后用专业技能和企业资源去满足不同客户的需求，为不同类型的客户提供不同的服务。

◆ 案例

招商物流因客户而变

招商物流为不同行业的客户提供的不同服务内容清晰地体现了以客户为中心的服务理念。

1. 为零售商提供的物流服务

招商物流为某大型连锁超市提供大型物流分发中心的全面运营管理和物流配送服务，通过配送中心的集中收货、统一管理、协同配送，在库存品种、处理能力和配送效率等环节均得到了全面提高，使客户在剧烈的市场竞争中保持了明显的成本优势，保障了客户在中国南方地区不断发展的需要。

2. 为快速消费品生产商提供的物流服务

招商物流为客户提供从广州生产基地至整个华南地区的物流直送服务，各销售区域的深度分销服务和二级配送中心的运营管理。为此，公司投入了20台Trailer（侧帘式成组化运输集装箱）管理输出、整合社会资源，为客户提供稳定、可靠的物流保障体系，极大提高了物流效率，降低了货损、货差，同时在合理降低物流总成本的服务情况下，为双方在全国范围进一步扩大合作，形成一体化服务的战略合作伙伴打下了良好基础。

3. 为耐用消费品生产商提供的物流服务

招商物流为客户提供从上海销售平台至全国各地的整体物流服务，包括短程深度分销，跨省进行公路、铁路、水路的多式联运，零担门到门快送等一体化服务。招商物流重点管理输出，充分发挥其在各地配送网络和一类货代等相关资源和资质的优势，为客户提供了一个强大的物流服务网络平台，将客户分散在全国的货物加以统筹运营管理，实现公共物流、协同物流服务模式，提高了客户的送货准时率、准确率，同时使货损货差率大幅下降，双方结成了紧密的物流合同伙伴关系。

4. 为客户提供危险品物流服务

招商物流为客户提供危险品采购、运输、仓储的操作及管理，通过运作流程再造以及接管客户运输车辆、仓储等手段，使总体费用下降30%，其中仓储费用降低了20%；同时大大降低油品运输和储存所带来的消防安全隐患，使客户可专注于主营业务的发展，提高了市场竞争力。

以客户为中心的销售方式并不代表能够帮助业务人员在任何时间、任何地点都能成功推销产品或服务。能够发现客户的需求是实现以客户为中心的交叉销售的关键。

三、客户需求概述

1. 马斯洛需要层次理论

马斯洛需要层次理论把人的需要分成生理需要、安全需要、社交需要、尊重的需要和自我实现的需要五个层次。该理论认为，上述五种需要是按次序逐级上升的。当下一级需要获得满足之后，追求上一级的需要就成为行动的动力。

第一层生理需要是人类维持自身生存的最基本要求。马斯洛认为只有这些最基本的需要满足到维持生存所必需的程度后，其他的需要才能成为新的激励因素；第二层安全需要是人类要求保障自身安全、摆脱威胁等方面的需要；第三层社交需要包括友爱和归属的需要，人人都需要融洽、忠诚的关系，都希望归属一个群体的感情；第四层尊重的需要是人人都希望自己有稳定的社会地位，能够得到社会的承认；第五层是实现理想、抱负，发挥能力到最大程度的需要，这是人类最高层次的需要。

2. 马斯洛需要层次理论在物流客户服务领域的应用

（1）理解客户所处的需要层次

处于不同需求层次上的客户对产品与服务的要求是不一样的，客服人员应依据客户所处的需要层次，有区别地对待他们。比如处于生理需要层次上的客户对更高层次的需要较弱，这些客户更关注价格而不是其他的物流增值服务。

 案例

某市政府图书馆针对图书仓储业务进行招标。当时竞标的公司有三家，华强物流是最有实力的一家，前期做了大量的调研工作，公司优质的服务也得到了肯定。但是最后竞标却失败了，输给了一家很小的公司，公司上下都觉得很诧异。后来通过分析发现：在本次竞标前未能把握客户的重点需求，该市图书馆对物流服务内容和效率没有过高要求，而对价格的控制非常严格。当时对方公司项目竞标价格较低，最后竞标成功。

（2）追求满足客户更高层次的需要

生理需要和安全需要是客户的基本需求，突破了基本需求的客户对社交、尊重和自我价值的实现的需要更加强烈。物流企业若能满足这类客户的较高层次需要，就会给客户带去一种所谓的"高峰体验"的情感，在这种情绪中客户会产生欣喜的感觉，这种喜悦感往往引发客户对物流企业的忠诚。许多品牌企业在尝试满足客户此类需要上做出了不俗的表现。

⊃ 案例

南航货运通过满足客户较高层次的需要度过经营危机

2011年由于国内出口环境恶化，制造业内迁，国内外同行的比拼使得上海航空货运的竞争达到了白热化的程度。南方航空公司（以下简称"南航"）上海基地货运部面对如此严峻的形势开始重点培育客户的忠诚度。

1）创新销售思路满足客户的第一层面的需求。南航针对现有直达航线不足，利用自身的网络优势，扩充中转渠道，开展空空转运、陆空联运、SPA联运等业务，满足客户的航线需求；在舱位紧张的航班上，坚持业绩舱位管理办法，对长期支持的客户给予信心；根据市场变化，制定贴近市场需求的销售政策。同时，南航针对客户的不同特点设计个性化的产品，灵活运用提前销售、大票促销、指定商品、一票一议等销售方式，通过提高自身的营销能力和政策的灵活性来吸引客户；根据客户的不同需求、不同货源的要求，开发和推广货运产品，如小件、快件、特殊保障等，在服务保障上满足客户需求。

2）提升服务保障水平满足客户的第二层面的需求。确保货物的正常性运输，避免货物丢失、破损、错运和延误等问题是客户的安全需求，也是南航上海货运部科学发展上水平的关键环节。首先，南航从内部人员的服务意识和服务技能上，加强培训和教育，改变服务意识，提高服务技能，实现货运部各个岗位每个员工有统一的服务标准。其次，重新理顺工作流程，对关键的环节成立班组，强化班组建设，堵住服务漏洞。再次，与地面代理建立沟通机制以及强化监督和考核机制，改变以往被动接受服务的格局，实现"我们需要什么样的服务，地面客户提供什么样的服务"的要求。最后，推进货运信息化建设，充分挖掘和发挥收益管理和客户服务新功能，启用新统计系统、加强数据录入复核、完善唐翼系统应用监控、定位好客户服务功能、提高为客户服务的积极性和主动性，确保信息查询流畅有效，确保客户满意度，结合货运部开展的"货运专项治理回头看""货运正常性运输整治"等活动，不断突破服务瓶颈，确保每一票货物走得顺畅及时，满足客户安全层面的需求。

3）建立定期客户走访机制满足客户的第三层面需求。每周营销和服务保障人员共同完成2~3家客户走访活动，带着诚意并求实效，除了深入了解市场，同时主动征求客户的意见和建议，聆听客户的心声，解决客户的困难；陪同客户深入走访终端客户，给客户树立信心，与客户一起挖掘市场货源。

4）创新核心客户联席会议制度，满足核心客户的第四、第五方面的需求。在2009年经济危机严重冲击下，上海货运市场持续疲软，市场份额下降近60%，

> 为了扭转局面，南航上海基地货运部建立了"腹舱核心代理人联席会议制度"，为代理人与南航搭建了沟通平台，在充分交流信息的同时，还会提出在销售与运行保障的需求和建议，目的是让客户"心有所属"和"物有所值"。联席会议采用了轮值主席的形式，由核心客户派代表轮流担任，每个会员都是一家之主，促成每个会员携手共渡难关。

3. 直接需求与间接需求

从营销的角度来理解客户需求，可以把客户需求分为直接需求与间接需求（潜在需求）。服务的突破来自于对客户需求的一种本能的判断。显然，这里的客户需求不仅指直接需求还必须包含对客户潜在需求的把握。

作为个体，客户一般表达的是自己的直接需求，也就是可以直接告诉服务人员的需要。而客户在表达的需要背后往往还有隐藏的需要，客户由于这样那样的原因不便直接说出或者客户由于信息的欠缺而无法清晰描述，但此需求真实地存在于客户的内心，这类需求被称之为间接需求（潜在需求）。满足了客户表达出的需要的服务被称之为"合格的服务"，只有能够快速捕捉并满足了客户潜在需求的服务才能实现突破，达到"卓越的服务"层次。

【做一做】

回答如下情境中客户的直接需求和间接需求分别是什么？

1. 圣诞节前夕，某玩具公司向 B 船运公司预定了一个从深圳蛇口港到德国汉堡港的 40 尺集装箱（40GP）舱位。

2. 经营冷冻食品的某超市由于中秋节备货，向 C 仓储公司租用了 200 平方米的冷冻仓库存货。

客户购买过程是一种体验过程。愉悦兴奋满足的购物体验会引导客户再次到能产生这种体验的企业重复消费，发现并满足客户的深层次潜在需求是带给客户此种感受的重要方法，这对于物流企业来说，也是培养忠实客户的必要途径。

四、发现客户需求的方法

发现客户需求的方法分为两类：一是间接了解，通过客户的周边关系进行了解；二是直接了解，通过与客户的沟通了解。本任务重点阐述直接了解的解决途径。

1. 积极倾听

积极倾听是良好的与客户交流的习惯，本模块任务二已详细说明了积极倾听的必要性和方法，请完成下面的练习并认真体会积极倾听在准确把握客户需求方面的作用。

○ 案例

> 某客户办公室，客户和业务人员。
> 业务人员（自然微笑）：“李主管，见您一面可真不容易啊。”
> 客户（和蔼地）：“我确实很忙，我们现在就开始吧。”
> 业务人员（迫切地）：“好的。我带来了一些产品资料，您看看。（从公文包内拿出产品说明书）您看，这是我们的打印样品。”
> （客户李主管不太感兴趣地看着业务人员）
> 业务人员：“您看，输出效果多么精美！多么生动清晰的照片，肯定能为您赢得更多的客户。这是目前打印机中最高档的尖端产品了，不仅效果好，而且打印速度快，耗材成本也相当低，可以说是十分完美的产品。当然，如果您不需要这么尖端的产品，我们也有中低档的其他产品可以配合您的需求，例如……”
> 客户（打断业务人员）：“你们的产品确实不错，但我在电话里也说过，我们已经有固定的供应商了。”
> 业务人员：“对，我知道，但我们的产品有这么多的优点……”
> 客户：“您的产品很好，但我们不需要，因为我们供应商的产品就已很让我们满意了。我比较忙，咱们今天先到这儿，你看好吗？”

【想一想】

你认为这位业务人员交谈失败的原因是什么？

---

2. 善于提问

除了积极倾听，善于提问会帮助物流服务人员获得更重要准确的信息，从而确定客户的直接需求和发现客户的深层次需求。

（1）综合运用开放式问题和封闭式问题

封闭式问题是相对于开放式问题而言的，带有明确指向，一般只需回答"是""不是"或"有""没有"等类似词语，一般只需一两个词汇或者选择、填空式的回答即可。开放式问题没有明确指向，通常使用"什么""如何""为什么""能不能""愿不愿意"等词来发问，让客户就有关问题、思想或情感给予详细的说明。封闭式问题和开放式问题各有优缺点，封闭式问题简单明了，便于我们了解客户的基本信息；开放式问题便于我们了解客户的背景信息和深层次的信息。

在与客户沟通时，只有结合使用这两类问题进行提问，才能帮助服务人员快速确定客户需求。下面以某银行业务人员为促成客户在本行开设支票账户为例，说明综合使用封闭式和开放式问题与客户进行交流，最终确定客户需求的过程（见表2-4）。在该段谈话过程中，业务人员的提问遵循了一个逻辑流程。在提问结束时，业务人员应对客户的需求和愿望进行总结。

表 2-4　银行业务人员与潜在客户间的一段对话

业务人员的提问	潜在客户的回答
① 您以前同我们的银行做过这项业务吗	没有,我们之前使用的都是美国花旗银行的
② 我想您当前的支票账户是花旗银行的吧	是的
③ 您理想中的企业支票账户是什么样的	我想应该是为所有账上闲置资金支付利息,没有服务费,并能提供明晰报告
④ 您所说的"明晰的报告"具体指什么	应该是按月提交给我们,易于管理,有助于快速打理我们的支票簿
⑤ 好的,您还有什么要补充的	我想没有了
⑥ 您对您过去的支票账户有什么不满意的?	为账户支付了太多的钱,而且,有时我们对此有疑问,但银行不能马上答复,因为计算机出了问题。真让人失望
⑦ 我知道了,您还有什么不满	我实在不喜欢现在的月报表的这种安排,没有按支票的顺序列出,而是按照银行结账的日期列
⑧ 一般情况下,您账户上的余额是多少?您账户上保留的最小余额是多少	现在大概是 10 000 元。我们的最小余额大概是 5 000 元左右
⑨ 您收到您账上的利息吗	是的,如果我们保证每月平均余额在 5 000 元以上,利息是 2%
⑩ 您现在正在使用哪种付费服务	每月 250 元,查询账户是每次 0.25 元
⑪ 在我开始向您介绍我们的账户之前,您觉得还有什么需要我了解的吗	没有了,我想我刚才都说了

【做一做】

1. 表 2-4 问题中哪些是开放式问题,哪些是封闭式问题?

封闭式问题:

开放式问题:

2. 请指出服务人员的提问遵循了怎样的逻辑?

(2) 利用 SPIN 技术产生系列问题发现需求

SPIN 方法是国际研究和培训组织——荷士卫(Huthwaite)公司对数以千计的销售访问进行分析后,开发出的一种发现需求的方法。具体是指一个符合逻辑的客户需求辨识顺序,即按背景问题(Situation question)、难点问题(Problem question)、暗示性问题(Implication question)和需求—效益性问题(Need—Pay off question)的逻辑顺序设计系列问题,以引导客户说出情况,发现客户的需求。

下面以某物流企业销售一个自动仓储设备系统为例,说明这四类问题的不同作用(见表 2-5)。

模块二　物流客户服务销售

表 2-5　SPIN 技术在某物流企业销售中的应用

问题类型	说　明	举　例
背景问题	用来了解有关客户组织与现状的背景信息。注意：过多的背景问题会让客户生厌，因而有经验的服务人员会在访前做好信息收集	现在货物仓储采用什么作业方式 共存储多少不同种类的货物 高峰期最多有多少产品需要仓储
难点问题	用来发现和理解客户的问题、困难和不满	目前的仓储能力您是否满意 货物存储品种太多，差错率高吗 高峰期的仓储服务跟得上吗
暗示问题	用来发掘问题不解决将给客户带来的不利后果	仓储能力有限对成本控制和业务增长有何影响 仓储差错会不会影响到营运效率和客户满意度 高峰时货物不能及时处置会有什么不利
需求—效益问题	取得客户对于解决问题后的回报与效益的看法，将讨论推进到行动和承诺阶段	如果仓储能力得以充分利用，可增加多少收入 您考虑过用更先进的自动仓储系统来消除差错吗 高峰时的及时服务能为您带来什么正面影响

下面的案例描述了某印刷设备企业的服务人员在销售一个小型出版系统时运用 SPIN 技术展开的一段与客户的对话，包括了 SPIN 技术的所有构成部分，具体说明了 SPIN 技术在发现客户需求时的应用。

○ 案例

　　销售人员："您是否从来都把活送出去排版？"（背景问题）
　　潜在客户："是的，大约每个月我们必须送一次，因为我们忙得不可开交。"
　　销售人员："送活出去排版的费用是否产生负担？"（背景问题）
　　潜在客户："实际来说没有，这只占了费用的 5% 左右，而且我们把它转移给客户负担了。"
　　销售人员："你们能快速周转吗？"（难点问题）
　　潜在客户："既然你提到了它，那就告诉你。有时周转是挺慢的，你知道，我们对印刷商来说不是大客户，所以没有优先权。"
　　销售人员："如果因为周转缓慢而延误了客户的交货期，会发生什么？"（暗示性问题）
　　潜在客户："这种情况只发生过一次，但十分糟糕。我们的客户对我很失望，我们失掉了信誉。虽然只发生过一次，但我不希望它再次发生到我的任何客户身上。"
　　销售人员："如果我向您介绍一种不用增加员工，又减少到外面排版的方法，您是否感兴趣？"（需求回应性问题）
　　潜在客户："当然，如果有这么方便的事情，我当然愿意听听。"

　　客户需求的认知与发掘在于这样一个过程：用 S 提问和 P 提问发现隐含需求（客户初步意识到的问题、困难和不满），用 I 提问和 N 提问把隐含需求扩大为明显需求（客户提出要解决这些问题、困难和不满），然后定位自己的产品利益，与客户的明显需求实现对接。SPIN 技术的重要优势在于引导客户去定义自己的需求，在这个过程中物流业务人员关注的是客户利益而不是推销自己的服务，更容易获得客户的好感。但当客户只是关注某个具体问题时，业务人员采用 SPIN 技术就不太适合，而应采用专业能力进行具体说明。

五、满足客户需求的方法

1. 突出解决方案的利益点

明确了客户的需求之后，物流业务人员一般就很乐意同客户谈到自己的产品或服务是如何满足客户需求的。物流业务人员的工作就是采用 FAB（Feature-Advantage-Benefit）模式进行产品描述，促成客户购买。FAB 模式是指进行产品描述时遵循产品特点—优点—利益的步骤，将产品的特点转化为满足买方需求的利益点的模式。

比如某物流业务人员在说明本企业服务特点时这样说：

"我们公司的 3 种时效产品，即当日达、次日达、隔日达，在当今快递市场中具有很强的竞争性，它能在 1～2 天内为贵司将货物送达，对于这点许多客户都表示非常满意，这正符合贵司的快捷性要求。"

"COD 服务系统，通过优化流程，减少操作环节，从而提高时效，××公司使用后提高了效率，能够满足您的时效要求。"

"我司专营贵重物品的物流服务，遍布全国二十几个省市的服务网点，使配送的效率得到很大的提高，能够帮助贵公司在短时间内降低物流成本，这一点在我们的客户——至尊那里已得到了充分的验证，我们能为贵司带来最值得信赖的物流服务保证。"

2. 有效地发送语言信息

服务人员应该用简洁的词语来表明力量和说服力，避免使用像"优秀的""非常好的""我保证你将会……"等让人感觉服务人员过分渴望得到客户的惯用语。每一个服务人员都应该善于使用形象、生动的语言来描绘自己的产品及服务的特征。比如"像丝绸一样滑、像钢一样结实""这种机器是真正的吃苦耐劳者"，或者引领客户想象日常经历的一些情境，比如，"当你戴着眼镜吃一碗热情腾腾的面条时，你感受如何；当你戴着眼镜打球时，你感受如何？"。

3. 提供满足客户需求的服务方案

物流服务方案是物流企业向客户展示自身服务能力和服务内容的重要文件，是与客户进行沟通的桥梁，编写一份符合客户需求的服务方案有助于推动交叉销售的实现。如何编写一份满足客户需求的服务方案已在模块一任务五中进行了详细阐述。

任务实施

参考方案：

罗德："你好！西西，很高兴今天能够见到你，王经理已经告诉我您是一个非常专业的经理人。"

西西："哪里哪里，见笑了，这边坐。"

罗德："这个是我的名片，请您多指教。"

西西："我也早就听说你的到来，希望我们今后的合作更加顺畅。"

罗德："是的，我今天来拜访也是想和你们有更进一步的认识，了解更多的情况，以便我今后给贵公司提供更好的服务。"

西西："贵公司的实力比较强，我们前期的合作还算愉快。"

罗德："谢谢您对我们的支持。贵公司的产品目前主要出口哪些国家？"

西西："现在以中南美洲的国家为主，外加小量的欧洲市场。"

罗德："都是出口农用薄膜吗？"

西西："是的，在南美那边我们的这种产品被广泛地运用在农业上，比较环保。"

罗德："做南美的外贸一般都是TT30%吗？"

西西："是的，南美那边一般都是TT30%，见提单复印件支付余款。"

罗德："你们现在的工厂主要在什么地方？"

西西："一直合作开的工厂主要在广州、东莞、江门。"

罗德："现在一个月能出几个柜子？"

西西："一般情况下一个月大概是十几条高柜。"

罗德："你们现在拖车、报关这些也是自己找的供应商吗？"

西西："都是自己找的。"

罗德："你们曾经用过几家代理商，您觉得最满意他们的事情有哪些，最不满意的事情有哪些？可以给我举举例子吗？"

西西："我们曾经更换过三家代理商。最满意和最不满意的都只有'保质按时履行合同'这八个字，对方做到了就满意，没做到就不满意。"

罗德："说得真好，你们现在选择供应商的主要指标是什么？"

西西："运价，毕竟老板看重的是最终的利润，所以在运价这块压得比较多。"

罗德："非常能够理解这一点，使客户增值也是我们努力做到的。除了运价，如果代理商不能'保质按时履行合同'，会给你们带来什么样的影响？"

西西："给你说说我印象中最深的两次事故，一次是一家报关公司对我们的报关资料审核不严格，海关不予接受，因而错过了预订的船期，增加了许多额外的费用，我们也无法向客户按期交货，我们为此付出了货款5%的罚金。还有一次拖车公司忽略了集装箱上层的防雨设施，导致70%的货物被水浸湿，目前客户的索赔还在进行中。"

罗德："这确实挺麻烦的，不仅让你们在客户面前没有信誉，增加了费用不说，还要花费许多精力去处理这些麻烦。不知你们是否想找一家综合实力比较强的货代公司长期合作呢，这样会最大限度地避免这类事的发生。"

西西："是啊。我们最近在考虑与一家大型的货代公司长期合作，这样就不用自己去管理代理商了，就会有更多的精力去开发海外客户，带来更多的销售收入了。"

罗德："看来我来得正是时候啊。我们是深圳报关协会指定的报关行，中南美也是我们推广的优势航线之一，客户很多，各大船东对我们公司的业务都会优先处理。去年7月，此航线的每条船都爆仓，由于我们和船务公司的深厚关系，保证了我们的客户货物都能按时装船，及时发运。更主要的是我们的运价也相当具有竞争力。××公司和我们签有一年的代理合同，你应该知道去年船务公司的调价风波，在这次风波中我们和船务公司积极交涉，保证了××公司的运价没有调整。不知经理是否愿意近期尝试与我们做一单业务，我们在此领域的专业高效，能够帮助贵公司增加收入、降低费用，实现您说的'保质按时履行合同'的目标。"

西西："好吧，明天我会向你询价。"

罗德："太感谢了。那今天就不再过多地打扰你，我们随时保持联系。"

西西："好的，保持联系。"

思考与练习

一、名词解释

交叉销售　SPIN技术　FAB模式　潜在需求

二、思考题

1. 请简要说明以客户为中心的现代服务理念包含的内容具体有哪些。
2. 请简要说明对客户需求的理解。

三、技能操作题

1. 实训内容：掌握发现并满足客户需求的方法。
2. 实训要求：假设你们是某第三方物流公司的业务员，以小组为单位，运用本任务所学的服务知识模拟引导客户展开谈话，最终发现客户需求、实现销售的过程。在这个模拟展示的过程中，你们需要：

（1）充分运用提问和倾听技巧，体现较强的"以客户为中心"的服务意识；

（2）运用"FAB"模式说明服务的优势；

（3）能够运用具体、形象的语言说明服务的特点。

任务四　处理客户异议

知识目标
1. 理解客户异议产生的原因和必然性
2. 明晰存在不同性质的客户异议
3. 理解客户异议的处理方法
4. 熟记客户异议的处理原则

能力目标
1. 能够拥有面对客户异议的平和心态
2. 能够通过经验积累快速判断客户异议的性质
3. 会妥善处理客户异议

任务引入

请阅读下面的情境描述，并说明你会怎样处理该客户的两个异议，促成这笔交易呢？

背景描述

你作为某快运有限公司的物流客服人员，现在有一个客户（你毕业院校的学生处老师）意欲把这样一项业务交给你完成：为一批已经走上工作岗位的毕业生邮寄毕业证书。你在与此客户交流的时候，他提出了两个疑问：①毕业证书是重要文件，怎样保证毕业证书的安全？②本单业务数量较大，价格是否可以打折？

任务分析

俗话说，"物流销售是从客户拒绝开始的"。客户异议在交易前、交易中和交易后三个阶段都常产生。交易前的客户异议处理直接关系到客户是否会购买企业的服务；交易中客户异议处理关系到客户的交易能否顺利进行和客户是否会在交易过程中收获良好的感受；交易后客户异议处理关系到客户是否会持续购买企业的服务。由此可以看出，处理客户异议是客户服务工作的一项重要工作技能。因此，很多客户经理的岗位说明书中都明确提出：客户经理需要具有有效处理客户异议的能力。

有效处理客户异议需要具备对客户异议的正确认识，反复应用处理客户异议的基本方法和原则。

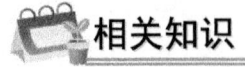

一、客户异议的内涵和产生的原因

客户异议是指在物流服务过程中的任何一个环节，客户表达的不赞同、质疑或者拒绝。例如，物流业务人员去拜访客户时，客户说没时间；物流业务人员询问客户需求时，客户隐藏了真正的动机，回之以拒绝；在介绍物流服务时，客户带着不以为然的表情等，这些都称为异议。

客户异议产生的原因比较复杂。总的来说，异议产生来自于三个方面：客户自身、服务人员和物流企业本身的瑕疵。

1. 原因出在客户的情况

（1）客户拒绝改变

大多数物流企业的客户对待改变物流服务提供商最初都会产生抵触情绪，因为可能会影响到他们已经习惯的物流业务活动的操作模式。物流业务人员在向客户介绍新的技术、新的服务标准与运营模式时不可避免地会遭遇来自客户的疑问。

（2）客户情绪处于低潮

当客户企业的决策者的情绪处于低潮时，如果没有心情与物流业务人员进行商谈，往往就会提出各种异议，希望物流业务人员知难而退。

（3）客户没有意愿

物流业务人员的介绍没有充分满足客户的需要，未能激发出客户的意愿，客户往往就不会认同物流企业提供的服务，而提出各种异议。

（4）客户预算不足

即使物流企业提供的服务是客户所需要的，有时由于客户的预算不足也会产生价格上的异议。

（5）客户的托词

客户由于内心存在着一些隐藏的异议而不便一开始明说时，客户往往也会提出各式各样的异议。

2. 原因出在物流业务人员的情况

1）物流业务人员无法赢得客户企业决策人的好感。

2）物流业务人员的举止态度让客户产生反感。

3）物流业务人员对物流服务做了夸大不实的陈述。

4）物流业务人员使用过多的物流专业术语。

5）物流业务人员对客户的物流现状调查不正确。

6）物流业务人员姿态过高，处处让客户企业决策人词穷。

3. 原因出在物流企业的情况

1) 物流企业目前的服务内容和服务模式有待创新。
2) 物流企业服务流程不适合客户企业。
3) 物流企业的品牌形象饱受诟病。

只有认识到异议产生的各种可能原因,才能冷静地判断出客户异议出现的真正原因,从而对症下药,有效地化解异议。

二、客户异议的性质

从性质上来说,常见的三种异议类型包括真异议、假异议和隐藏的异议。

1. 真异议

真异议是指客户表达的异议是真实的,客户认为目前没有需要,或对产品不满意,或对产品持有偏见。对于此类"真异议",物流服务人员必须视情形考虑是立刻处理还是延后处理。如果此异议直接影响服务进程就要立刻处理。如果异议超出了权限或不确定时,就只能延后处理。物流服务人员应先承认自己无法立刻回答,但保证会尽快找到答案。

这类异议的出现往往出于客户的理性原因。我国的物流行业仍处于不断完善的阶段,目前电子商务的快速发展促成了物流企业如雨后春笋般成立起来。然而行业硬伤如配送延迟、货物安全等问题还没有得到很好地解决。诸如"物流公司把客户价值 2 000 元的家具弄丢了,快递的计算机变成砖头了"此类的报道时有见诸报端。如果这类事件发生,事件中客户提出的异议就是真实的异议,需要得到当事物流公司客服经理的妥善对待。

物流行业的客户通常会基于自身的经济状况、使用情况和对同类技术的了解而表达对物流服务的不认可,如不合适、价格过高、技术落后等,但很多时候客户也会因为信息不充分或缺乏经验而对物流服务产生错误的理解。对于这类异议,物流服务人员需要提供真实有说服力的解释。

2. 假异议

假异议是指客户用借口、敷衍的方式应付物流服务人员,目的是不想和物流服务人员会谈,不想真心介入销售活动。客户一般不会直接表达原因和拒绝,更多的时候,客户会给出类似的借口"我没有钱"或"我已经有合作的企业了"加以拒绝。

这类异议的产生很多时候是出于客户的感性因素。客户在购买和使用物流企业服务过程中,由于某种原因引起客户情感和心理上出现不满和恐惧的情绪,有时即使没有原因,也可能由于客户自身对某些事物的消极态度和错误的看法,促使客户利用提出异议的方式排解情绪。对于这类异议,物流服务人员最好通过探询的方式与客户进一步交流，了解异议产生的背景，给予客户足够的关怀以化解其消极情绪。

3. 隐藏的异议

隐藏的异议是指客户并不直接表达真异议，而是提出各种异议，但这些异议并不是他们真正在意的地方，目的是借此假为实现隐藏异议创造有利的环境。例如客户内心希望降价，但却提出其他如品质、外观、颜色等方面的异议，以降低产品的价值，从而期望达成降价的目的。

这类异议的产生往往出自客户的战术性考虑。客户在购买和使用企业的产品和服务过程中，会寻找一些不存在的缺陷或扩大微小不足来进行策略性的试探，增加自己手中的砝码，最常见的就是为了寻求价格上的减让和提高自己在谈判中的有利地位。

物流服务人员必须在回答异议之前判断客户异议的性质。现在没有一个现成的、精确的模式来区别真异议和假异议。物流服务人员只能通过经验的积累培养判断异议性质的能力。请看以下举例。

客户："我希望有红色的就好了。"

服务人员："我们外地的卖场有红色的，如果您现在订的话，我们免费帮您调货。"

如果客户回答"是"，就说明客户提出的异议是真异议；如果客户回答"否"，那么客户提出的异议就是假异议。

再比如，物流服务人员在进行销售拜访时，还未进行销售介绍，客户就说"对不起，我没有钱"，那么可以基本判断这是客户不想进行交易的借口。而如果客户在听完了整个销售介绍并且通过观察和探询收集客户的相关信息之后，提出同样的异议，那么客户的异议可能就是真异议。因而，对客户异议性质的判断必须通过观察、提问和所掌握的客户信息以及个人经验来确定。

隐藏的异议是比较常见的一种客户表达。物流服务人员在听到客户的异议后，不要急于就客户异议的本身做出解释，而是要尽量探询客户更为详细、具体的反对意见，由于客户往往不会对异议的原因做出解释，这就需要物流服务人员运用本模块任务三的提问技巧去了解客户异议的原因。

三、处理客户异议的方法

一般客户异议可以具体表现为疑虑、误解、缺点和投诉四种。在对客户异议的性质有了初步判断之后，物流服务人员掌握了必要的处理技巧才能更有效地解决客户异议。客户投诉的处理将在模块三任务六中进行详细的说明。这里重点关注对于客户疑惑、客户误解、客户质疑服务缺点方面异议的七种常见处理方法（见图2-2）。

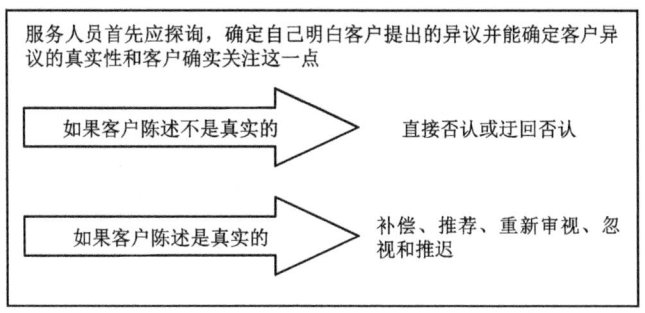

图 2-2　客户异议处理方法

1. **直接否认法**

当客户对物流企业的服务、诚信有所怀疑或当客户引用的资料不正确时，物流服务人员就必须直接否认，因为客户若对物流企业的服务、诚信有所怀疑，物流服务人员拿到客户订单的机会几乎是零。具体举例如下。

客户1："我没兴趣听你介绍你的服务，你们公司最近被媒体曝光了吧，你们丢了客户的货还威胁客户，我不想同这样的公司做生意。"

服务人员1："这绝不是真实的，我们的记录是清白的。这件事我也知道，我们两家企业的名字很像，所以造成了不少人的误解，我们为此蒙冤。"

客户2："我听行业的朋友讲贵品牌的挖掘机的臂很脆弱，经常断臂。"

服务人员2："我能理解这种说法，很早以前我们的挖掘机出现过一些裂臂问题，但2005年推出A型机时就已经针对中国市场把臂加厚了5毫米，目前的B型机又在A型机的基础上进一步强化了大小臂。"

没有客户喜欢被告知他是错的，所以服务人员使用直接反驳技巧时必须谨慎。只有当质疑显而易见不准确并可能破坏销售介绍时，物流服务人员采用直接否认才是合适的。即使采用这种方式，在遣词造句方面也要特别留意，态度要诚恳，用事实依据说话，切勿伤害客户的自尊心。

【做一做】

客户在聆听物流服务人员介绍服务方案时，提出这样的异议：你们的公司是不是前不久被物流协会通报了，请用直接否认的方式回应客户的异议。

2. **迂回否认法**

迂回否认的最重要特征之一，就是物流服务人员要首先尊重提出异议的客户的立场，然后再引入一些潜在的证据说明客户表达的异议并不完全正确。认同客户的感受，不等同于赞同对方的看法。理解对方的感受，有利于和谐交流气氛的建立，有助于客户接受物流服务人员接下来抛出的证据。

客户："你们的配送出差错的次数要比××公司多一些。"

服务人员："我明白您为什么会有那种感觉。三年前您那么认为完全正确，不过,自从我们采用了新的质量保障体系,情况就变了。去年本行业最权威的统计数据显示,我们公司的差错率远远低于行业平均标准。"

在表达不同意见时,物流服务人员应尽量利用"是的……如果"的句法,物流服务人员可以尝试采用如下类似的方式迂回表达意见:

"在今天的市场环境中,我完全理解您所担心的问题。"

"是的,我所拜访的90%的人都会提出类似的问题。"

"这的确是个好问题,您给了我澄清误解的机会。"

"平心而论,在一般的状况下,您说的都非常正确,如果状况变成这样,您看我们是不是应该……"

"您有这样的想法,我完全理解,当我第一次听到时,我的想法和您完全一样,可是如果我们做进一步的了解后……"

如果潜在客户提出了一个证据确凿的观点,物流服务人员绝不能采用迂回否认的方式进行辩解,那只会造成客户更大的反感,这个时候勇于承担责任应该是最明智的选择。

【做一做】

客户在聆听物流服务人员介绍服务方案时,提出这样的异议:"你们的货物破损率并没有控制到理想的水平。"请用迂回否认的方式回应客户的异议。

3. 忽视法

采用"忽视法"就是当客户提出一些反对意见,并不是真的想要获得解决或讨论时,而且这些意见和眼前的交易扯不上直接的关系,物流服务人员只要面带笑容同意客户就好了。对于这些"为反对而反对"或"只是想表现自己的看法高人一等"的客户意见,物流服务人员如果认真地处理,不但费时,还有节外生枝的可能。特别是在一些大型的销售中,客户的内部关系错综复杂代表了不同的利益团体,物流服务人员说话稍有不慎,就会节外生枝。

因此,物流服务人员只要满足了客户表达的欲望,然后采用忽视法迅速引开话题即可。常用的"忽视法"有微笑点头、"你真幽默""嗯!高见!"等。具体举例如下。

客户:"你们在广告的代言人是××,对吗?我要告诉你,我不喜欢她这种风格和她所代言的东西。现在的孩子喜欢的偶像和我们不同的,我们过去喜欢的那种偶像有什么不好呢?"

服务人员:"我绝对理解您的感受,我记得我父亲和我也说过一些他的偶像和他当初怎么喜欢他们的。(停顿)我们刚才说到哪里了?哦,对,我们刚才说到正在推广的优惠折扣。"

【做一做】

客户在聆听物流服务人员介绍服务方案时,提出这样的异议:"你们的物流速度要是能像'神十'上天那么快就好了。"请用忽视方法回应客户的异议。

模块二 物流客户服务销售

4. 补偿法

绝对完美的服务是不存在的。每个物流企业的服务都有一些长处和短处。补偿法就是当客户对物流服务的劣势提出质疑时，用成本—收益分析法，让客户感受到一种属性带来的优势会超过另一种不重要的属性带来的劣势。例如，美国艾维斯汽车出租公司一句有名的广告语："我们是第二位，因此我们更努力！"就采用了补偿法的方式。买汽车的客户嫌车身过短时，汽车销售人员告诉客户"车身短有助于你方便地停车"也是补偿法较好的运用。

客户："这个机器只有 4 个喷口，而你的竞争对手的产品有 6 个喷口。"

服务人员："您说得完全正确，它只有 4 个喷口，但它比竞争对手的产品要便宜 4 000 元。关键是我们设计的喷嘴易于维护。您只需移去 4 个螺钉，就可以拆掉过滤网。大多数其他的样式至少要拆开 10 个螺钉。螺钉少会减少相当多的停工的时间。"

客户："这款手机功能真是强大，设计也非常棒，可惜体积大了一点。"

服务人员："您说得很有道理，确实大了一点。但强大的功能肯定需要更多的硬件配置，至少屏幕就需要大一倍，如果太小，您使用就不方便了。"

一位物流服务人员应对客户的高价异议时做出这样的反应："这正是我认为你要购买的理由。"客户的注意力被拉了回来："你的意思是？""你只要多付出 10%的价格，物流效率就可以提高 20%，这不正是贵公司所需要的吗？"

如果这样仍不能有效淡化物流服务的缺陷，这时就应该通过询问去探寻客户更多的需求，去判断其异议背后的需要，再运用补偿法的技巧。补偿法运用范围非常广泛，效果也不错。当客户说"我再想想，稍后再联系你"时，也可以采用补偿法。服务人员可以向客户解释推迟决策的隐性成本，表明今天做出购买决策比日后做出购买决策更加合适。比如，"我们的产品无现货，订货期需要三个月""今天签单可以申请 5%的折扣给您""夏季是安装新系统的最好时间等"。

【做一做】

客户听完物流服务人员的服务方案介绍后，提出这样的异议："你们的服务价格太高了。"请用补偿法回应客户的异议。

5. 推荐法

当客户的疑虑和误解真实地反映其观点和态度时，物流服务人员告诉客户其他人在试图选择这种服务之前也会有类似的想法，这种方法被称为推荐法。

客户（经销商）："我想我的客户不会买这种花哨的 MP4 播放器的。"

服务人员："我非常理解您的感觉。电子市场 305 的李华，当我第一次建议他采购这些产品时，他也有相同的感觉。然而，当他同意试着在那些普通播放器旁边展示这些产品时，他发现他的客户很感兴趣，4 天前，他打电话给我说要多订一些。"

运用推荐法必须意识到内容出现顺序的重要性。物流服务人员可以尝试按以下步骤展开意见："我能理解你的这种感觉……别的人也会这么想……不久，他们就发现……"。如果能用证明信的形式,如国家权威机构的检测报告、已使用公司产品的客户名单和联系方法或邀其考察等,那么就会增强物流业务人员言论的效力。

客户:"大家都是电喷发动机,我不相信你的会比别的品牌更省油。"

服务人员:"我原来也不相信会省那么多,半年前买了我们这款机型的某老板,他同时拥有某品牌的X200-8和Y200-7两台发动机,我们的设备比它们每小时分别省油3升和5升,前几天这个老板又订了一台,这个老板你也认识,你可以向他求证。"

【做一做】

物流服务人员介绍物流设备时,客户提出这样的异议:"我们现在使用的拖车还不错,我为什么要更换呢?"请用推荐法回应客户的异议。

6. 重新审视法

物流服务人员将客户的反对意见,直接转换成客户为什么必须购买的理由。这种方法被称为重新审视法。这种方法取自太极拳中的借力使力。具体举例如下。

客户1(经销商):"贵企业把太多的钱花在做广告上,为什么不把钱省下来,作为进货的折扣,让我们的利润多一些?"

服务人员1:"就是因为我们投入了大量的广告费用,客户才会被吸引到指定地点购买指定品牌,不但能节省您销售的时间,同时还能顺便销售其他的产品,您的总利润还是最大的吧!"

客户2:"收入少,没有钱买保险。"

服务人员2:"就是收入少,才更需要购买保险,以获得保障。"

客户3:"我这种身材,穿什么都不好看。"

服务人员3:"就是身材不完美,才需要稍加设计,以修饰不好的地方。"

重新审视法的关键是帮助客户认识到投资这些资源所带来的利益。

【做一做】

物流服务人员介绍物流服务时,客户提出这样的异议:"你们给货物用这么好的包装,不是增加我们的成本吗?"请用重新审视法回应客户的异议。

7. 推迟法

物流服务人员获得许可——稍后再回答客户提出的问题。这种方法被称为推迟法。例如:

客户(在交流的早期):"你们的运输、配送方案报价是多少?"

服务人员:"如果您不介意的话,我一会儿再回答您这个问题行吗?我们有多种价格组合,我需要先了解您的需求情况,关键是方案要适合您的需要。"

只要物流服务人员表现得真诚,客户很少会拒绝这种请求。对于大部分异议最好出现时就解决它,还有一些异议,如早期出现的价格质疑,对质量保障、运送时间表和服务独特特点的讨论,稍后再做回答可能效果会更好。但是当客户强烈要求立刻回答问题时,那么物流服务人员选择简明回答客户问题可能比让客户等待效果更好。

【做一做】

客户在采用了物流企业的服务后,提出这样的异议:"你们给我们提供的物流服务远没有你们承诺的那么好。"请用推迟法回应客户的异议。

四、处理客户异议的基本技巧

1. 事前做好准备

"不打无准备之仗"是物流服务人员战胜客户异议应遵循的一个基本原则。有些物流企业将客户在交易前、交易中和交易后可能会提出的各种疑问列出来,并分别设计一个完善的答复。有些物流企业也经常组织一些专家收集客户的异议,并制定标准应答用语,并要求物流服务人员牢记。这样,物流一线的服务人员面对客户的疑问就可以做到胸中有数,从容应付。事前无准备,就可能不知所措,或是不能给客户一个圆满的答复,说服客户。

在企业实践中,编制客户异议标准应答用语是一种较有效的方法,具体程序如下。

步骤1:把物流业务人员和客服人员每天遇到的客户异议记录下来。

步骤2:作分类统计,依照出现的频率排序,出现频率最高的异议排在最前面。

步骤3:以集体讨论方式编制适当的应答用语,并编写、整理成文。

步骤4:请物流业务人员和客服人员熟记在心。

步骤5:进行角色扮演,由有经验的物流业务人员和客服人员扮演客户,其他人轮流练习标准应答用语。

步骤6:对在练习过程中发现的不足,通过讨论进行修改和完善。

步骤7:对修改过的应答用语进行再练习,最后定稿、印成小册子发给一线服务人员,以供随时翻阅,达到运用自如的程度。

2. 平和地面对客户的异议

受到他人的质疑和拒绝是每个人都不喜欢的。但在物流服务销售中,没有客户异议的过程是不存在的。刚入行的物流服务人员面对客户的异议往往会感到紧张、失望,甚至沮丧,而老练的物流服务人员面对客户的异议会像猎手看到猎物般兴奋,因为"嫌货才是买货人"。

客户的异议为物流服务人员提供了与客户建立互动的契机。因为"客户不开口,神仙难下手",客户说出异议,就是开口宣泄客户内心想法,这就给物流服务人员提供了同客户沟通、了解需求、建立联系的机会。因而面对客户的异议,物流服务人员应保持平和的心态,在倾听中捕捉契机。

3. 选择适当时机回应异议

通过对几千名销售人员的研究发现,好的销售人员所遇到的客户严重反对的机会只是差的销售人员的1/10。这是因为，优秀的销售人员对客户提出的异议不仅能给予一个比较圆满的答复，而且能选择恰当的时机进行答复。懂得在何时回答客户异议的销售人员会取得更大的成绩，懂得把握时机回复客户异议的客服人员也会更快地解决客户的异议。一般来说，物流服务人员对客户异议答复的时机选择有以下三种情况。

（1）在客户异议尚未提出时解答

有经验的物流服务人员经过一段时间的培训和实践后就会知道，在本物流企业的产品或服务中，哪些方面是有弱点、容易被误解的，或与竞争对手的产品有实质上的不同的，他们会主动提出来这些特别的方面并给予客户解释。这样可使物流业务人员争取主动，先发制人，从而避免因纠正客户看法，或反驳客户的意见而引起的不快。有经验的物流服务人员常常先发制人地去了解客户关心的事，以阻止客户的疑惑，比如："我知道您会考虑货物在仓库的安全问题，我们对于货物的安全，做到了以下几点……"。

再比如，当物流服务人员预料到可能会遇到价格方面的潜在质疑时，物流业务人员可能会说："您知道，有的客户曾担心这套服务方案的价格贵了点，但让我给您介绍一下，您就会知道，您实际上花了不多的钱，就会收到最好的效果。"

（2）在异议提出后立即回答

绝大多数异议需要立即回答，这样，既可以促使客户购买，又可以对客户表示尊重。

（3）过一段时间再回答

当异议显得模棱两可、含糊其辞、让人费解时；当异议不是可以简短回答时；当异议超过了物流服务人员的能力水平时；当异议涉及较深的专业知识，不易为客户马上理解时；当异议推迟回答比马上回答效果好时……在这些情形中急于回答客户此类异议是不明智的。物流服务人员需要多一点的时间找到更完善的答案。经验表明：与其仓促错答十题，不如从容地答对一题。

4. 给客户留"面子"

物流服务人员要尊重客户的意见。客户的意见无论是对还是错、深刻还是幼稚，物流服务人员都不能表现出轻视的样子（如不耐烦、轻蔑、走神、东张西望、绷着脸、耷拉着头等）。物流服务人员应双眼正视客户，面部略带微笑，表现出全神贯注的样子。物流服务人员还应避免使用不留"面子"的语言，如"你错了""连这你也不懂""让我给你解释一下……""你没搞懂我说的意思，我是说……"。这些说法明显地抬高了自己，贬低了客户，会挫伤客户的自尊心。

与客户争辩，失败的永远是服务人员。正如一句行话所说："占争论的便宜越多，失去客户的可能就越大。"

5. 价格异议的处理

客户对价格提出异议是交易前最常见的一种情况，客户嫌"太贵"的原因有多种可能，有的是已经向别的企业询过价，相比较觉得价格过高；有的是自身负担不起相应的价格；有的是怀疑服务的实际价值；有的是怕购买之后后悔；有的是想获得更多优惠或占点便宜；有的甚至只是口头禅……所以物流服务人员首先要判断客户提出价格异议的真正原因。最常见的方法是询问法，比如"你怎么认为价格高了呢？"如果其他物流企业对客户报过价，客户就会说出其他物流企业的报价，这样物流业务人员就可以找到切入点，顺势介绍产品的差异和价值所在。总之，只有找到客户异议的真实原因，才能找到最有效的解决方法。

（1）如果是对产品价值有怀疑或与其他物流企业价格比较后觉得贵

在这种情况下通常用逐项对比法，物流服务人员不断强调物流服务其中的一个显著的优势（比如安全性）来体现价值。物流服务人员可以说："一年省下来的处理投诉、退货的费用一定会抵消你现在多付的价钱，所以从长远来看，与我们合作会让你更省钱。"需要注意的是与其他物流企业对比时，不要攻击其他企业，而要借用 FAB 利益说明法使客户确信物流服务能给他带来利益。

（2）对于想得到更多优惠或者想多占点便宜的客户

面对这一类型的客户，物流服务人员需要具体情况具体分析。如果物流业务人员已经把底价报给了客户，就应该果断拒绝客户的要求，不要与客户在价格方面纠缠，物流服务人员可以说"对不起，因为你是老客户，我已经把底价报给你了，我们谈点别的好吗？"如果报价还有让价空间，就用先大后小法策略性地让价，即先让出一大块价格以示诚意，接着让价比例逐步减少。

（3）把握好用户购买行为的心理递进过程

价格异议虽然最常见，但问题却常常不是价格本身，因为客户的购买行为是一个心理递进过程，如图 2-3 所示，表明客户购买首先是因为信任物流服务人员和物流企业的品牌；其次是考虑物流服务是否适合客户企业运作的情况以及性能如何，最后才是价格的比较。以上很多因素都会直接表现为价格异议，因为人们的心理因素往往可以用金钱来衡量。比如，客

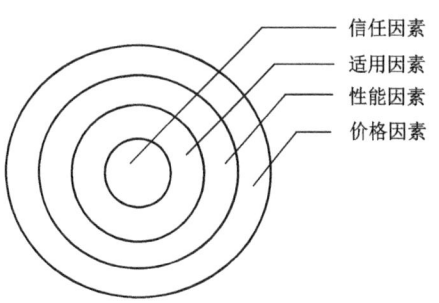

图 2-3　客户购买行为的心理渐进过程

户对物流服务人员不信任或者对服务还有疑惑，有时不会直接表达，而是用压价来取得心理补偿，物流服务人员如果愿意将价格降到一半，客户即便不信任也可能会购买。所以一定要找出问题的根源，从根本上打消客户的顾虑，从而间接、彻底地解决客户的价格异议。

任务实施

参考方案：

1. 关于安全性的问题，可以从以下几方面进行说明：

企业品牌价值；公司的运输、配送流程保障体系；特别防水包装。

2. 增值服务内容：

（1）安排专门小组配送，确保万无一失。

（2）帮助老师完成学生签领表的工作。

3. 关于价格：

由于企业的信息化建设超前、设备设施完善，保证了运送客户物品的快捷和安全性，企业投资大，而收费却只和其他企业一样；学生分布在不同的区域，完成本单配送耗时较长，责任重大。希望老师能够理解价格的可比性。

4. 感谢老师对于自己的信任和关照。

思考与练习

一、名词解释

真异议　假异议　隐藏的异议

二、思考题

1. 请详细说明处理客户异议的基本方法。

2. 请说明编制客户异议应答标准用语的工作步骤。

三、技能操作题

1. 实训内容：妥善处理客户异议。

2. 实训要求：针对物流服务过程中的某个客户异议，模拟展示运用所学服务知识，处理此异议的过程。

模块三 物流客户服务提供

任务一 运输、配送业务优质客户服务

知识目标
1. 熟记运输、配送业务内容及要求
2. 了解客户个性化服务内容及要求
3. 理解运输、配送优质服务的人员培训及考核方式

能力目标
1. 会结合客户业务特点制订优质服务工作方案
2. 能结合工作标准对工作人员进行培训

任务引入

请结合下面合同中的基本服务条款规定，说明作为客服人员应如何组织企业工作人员结合客户特点制订运输、配送优质服务方案以及实施路径？

背景描述

某物流企业（简称"乙方"）与广东省某小家电企业（简称"甲方"）签订物流合作协议，合同中主要服务内容描述如下：

（1）运输货物为小家电，主要有空调、炉灶、抽油烟机、热水器四大类商品。

（2）运输、配送服务要求：乙方按照甲方下达的提货单，到顺德工厂将货物运输到深圳配送中心，同时能够根据终端客户下达的订单完成深圳市内配送任务。

（3）运输质量及安全要求：乙方必须提供符合甲方要求的运输车辆（厢式货车），确保干线运输质量，并按照终端客户下达的订单，为甲方实行优质、快捷、安全的 B2B 配送服务。终端客户主要有深圳国美、苏宁、人人乐、华润万家、岁宝百货等终端门店，在配送中需保证甲方的货物按规定、要求、时间保质保量地配送至目的地。

（4）顺德工厂提货运输要求：必须能够确认提货车辆的身份，保证货物提取的安全性和有效性。同时，要求车辆安排与货量相匹配，避免浪费运力，增加运输成本。

（5）配送时间要求：从下达订单开始的 36 小时内完成配送。

（6）配送质量要求：包装不得破损、湿损，规格型号必须与订单相一致等。完成配送任务时必须配合终端客户完成验收及签单返单回收工作。

任务分析

运输、配送优质服务的内容较多，首先要结合业务特点确定服务内容、明确服务要求，同时还要能够结合客户的业务特点提供针对性的特别服务，提供增值服务，使客户满意。作为客户服务工作人员，能够制订运输配送的客户服务方案、组织操作部门人员进行培训学习、制订相应的服务质量考核体系显得尤为重要。

相关知识

一、物流运输、配送客户服务的内容及要求

1. 运输客户服务的内容及要求

（1）根据客户要求，制订运输计划服务

无论是选用公共承运人，还是私营承运人，运输服务的一项主要任务就是制订运输计划。运输作业中难免出现因承运人的设备正在装卸或在途，或天气原因，或出现故障等原因而无法使用等，导致设备不可用。因此，物流服务人员需要仔细地根据客户要求制订装载计划、设备选用计划以及驾驶员工作时间表等；此外，还必须计划、协调和监督设备进行必要的维修和保养工作，以确保客户服务质量。

运输服务应根据客户的运输时间要求、运输价格承担能力、服务质量要求等综合选择最适合的运输方式及承运人，完成运输设备使用计划安排。在运输方式选择时，物流服务人员也应充分考虑影响物流运输合理化的"五要素"，即运输距离、运输环节、运输工具、运输时间和运输费用，以确保运输服务的可靠性和可得性，从而达成客户满意。

【做一做】

请写出各种运输方式的优缺点填写在表 3-1 中，从客户服务角度出发，在每种运输方式中选择 1～2 家较好的承运人并说明理由。

表 3-1 运输方式选择分析表

运输方式	优点	缺点	选择的承运商	选择原因
公路				
铁路				
水路				
航空				

（2）根据客户要求，尽可能降低客户的运输成本

对于任何托运货物来说，运输服务部门都有责任在服务要求一致的前提下获得尽可能低的费率。物流服务人员对于铁路、航空、公路、水路等各种运输方式的价格变化都应仔细研究，结合业务特点与承运人进行价格谈判，最终寻求达成双赢，获得优惠费率，从而使合作持续开展，形成战略合作伙伴，共同获益。

物流服务人员进行承运人选择时，首先要选择三家以上的承运人进行服务及价格等合作条件的谈判，可以通过货量的规模经济或利用淡季的买方市场等有利条件来争取相对较低的运价；还可以联合几家合作伙伴共同找承运人谈判，争取更低的运输费率，争取到优质的服务质量。

【做一做】

如某企业长期有运输业务，主要是完成从深圳发往全国各地的运输服务，运输物资为小型电器，上一年度的具体业务分布大体见表 3-2。

表 3-2 某企业业务分布表

序 号	区 域	销售数量/台	体积/立方米
1	广东	399 310	47 917
2	京津	202 241	24 269
3	东三	90 776	10 893
4	西南	81 207	9 745
5	川渝	78 491	9 419
6	湖北	77 328	9 279
7	浙江	68 922	8 271
8	西北	67 241	8 069
9	湖南	58 060	6 967
10	山东	55 345	6 641
11	福建	52 888	6 347
12	河南	52 500	6 300

(续)

序　号	区　域	销售数量/台	体积/立方米
13	冀晋	45 284	5 434
14	安徽	43 448	5 214
15	江苏	43 138	5 177
16	江西	39 336	4 720
17	上海	23 276	2 793
18	新疆	21 207	2 545
合计		1 499 998	180 000

现要求选择三家运输服务企业进行对比分析，并写出对比结果。

1. 依次对三家企业进行评分，每项最高分为 10 分，将评价分数记录在表 3-3 中。

表 3-3　运输服务企业对比表

运输企业＼对比项目	A 企业	B 企业	C 企业	…
资质、信誉				
企业规模				
服务质量				
运输网点分布				
价格				
结算条款				
其他服务				
综合评分				

2. 根据业务特点，设置不同的权重，计算加权平均值，得出综合评分，选出最合适的合作伙伴并说明理由。

3. 与承运人谈判之前，还需要预先得到哪些数据和信息呢？

（3）从客户利益出发，保证运输服务质量

对于承运人的绩效考核，是运输服务质量提高的一项重要工作。对承运人的评估与考核可以从承运人的业务一体化能力、承运人的服务指标考核情况、承运人的服务成本等方面进行优化评估与选择，也可以通过长期积累的索赔、责任承担等方面的积累数据进行分析对比。站在客户角度全方位衡量承运人是否能够提供满足合同所规定的优质服务。

物流服务人员可以结合实际企业完成的运输任务情况，统计业务数据，进行对比评分填入到表 3-4 中，实施综合考核承运人的服务质量。

表 3-4　承运人服务质量考核表

对比项目＼运输企业	A 企业	B 企业	C 企业	…
运输速度				
运输服务可靠性				
服务频率				
服务可得性				
服务能力				
运输服务成本				
货损与货差				
客户评价				
…				
综合评分				

（4）为客户提供跟踪反馈服务

跟踪是对货物损失或延迟递送进行定位的重要程序。承运人必须积极配合完成货物的跟踪活动，实时进行信息反馈，当然可以通过条码、GPS 等先进的信息技术手段完成货物跟踪工作，以便于能够及时与客户或托运人联系，及时处理异常，确保运输服务质量。

2. 配送业务客户服务的内容及要求

（1）为客户提供配送计划服务

给客户制订配送计划的主要目的是让客户了解在充分利用有限资源的前提下，客户所能得到的服务水平。物流服务人员可以通过 GPS 实时掌握车辆的位置，通过优化线路，提供可预见的配送方案，解决客户的后顾之忧。在制订初步的配送计划后，物流服务人员一定要与客户进行沟通，请客户充分参与意见，共同完善配送计划，并且应该让客户了解其现有的各项作业环节在未来操作时可能出现的各种变化情况，以免客户的期望与具体操作产生重大落差。配送计划的制订步骤如图 3-1 所示。

配送计划的内容为：

1. 分配地点、数量与配送任务
2. 确定车辆数量
3. 确定车队构成以及车辆组合
4. 控制车辆最长行驶里程
5. 车辆容积、载重限制
6. 路网结构的选择
7. 时间范围的确定
8. 与客户作业层面的衔接
9. 达到最佳化目标

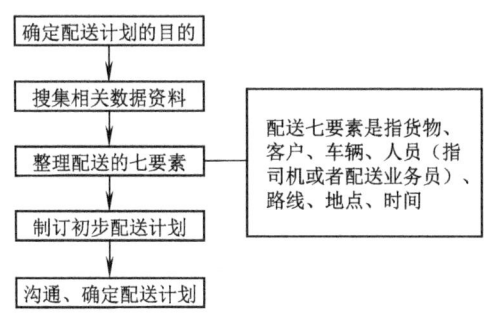

图 3-1　配送计划的制订步骤

【做一做】

根据客户提供的送货单,制订配送计划。

配送要求:所有送货任务只要在要求日期内送达即可,可以根据配送七要素制订配送计划。

公司现有车辆信息如下:
- 东风厢式货车3吨型(5800毫米×2100毫米×2200毫米)
- 东风厢式货车5吨型(7400毫米×2200毫米×2200毫米)
- 东风厢式货车8吨型(9800毫米×2380毫米×2400毫米)

请根据配送任务情况(见表3-5~表3-7)进行选择,并制订配送计划。

表3-5 送货单1

客户编码:CM001　　　客户名称:沃尔玛(华侨城店)　　　出库日期:2015-06-11
客户地址:深圳市的华侨城中旅广场裙楼

序号	商品名称	商品长、宽、高	重量/(千克/件)	数量/件	备注
1	计算机	870毫米×650毫米×260毫米	80千克	30	
2	洗衣机	680毫米×500毫米×480毫米	20千克	20	
3	微波炉	461毫米×330毫米×280毫米	18千克	40	
总计				90	

表3-6 送货单2

客户编码:CM002　　　客户名称:沃尔玛(西乡前进路店)　　　出库日期:2015-06-11
客户地址:深圳市宝安区35区前进路安华工业区

序号	商品名称	商品长、宽、高	重量/(千克/件)	数量/件	备注
1	计算机	870毫米×650毫米×260毫米	25千克	20	
2	洗衣机	680毫米×500毫米×480毫米	80千克	80	
3	微波炉	461毫米×330毫米×280毫米	18千克	200	
总计				300	

表3-7 送货单3

客户编码:CM002　　　客户名称:沃尔玛(中山店)　　　出库日期:2015-06-11
客户地址:深南大道与南新路交界处鸿洲文鼎家园1-2F

序号	商品名称	商品长、宽、高	重量/(千克/件)	数量/件	备注
1	计算机	680毫米×500毫米×480毫米	20千克	50	
2	微波炉	461毫米×330毫米×280毫米	18千克	260	
总计				310	

(2)为客户提供货物的送达服务

将货物完好无损地送达目的地与配送人员的品质有很大关系,其关键在于装卸货物的细心程度，运送过程对货品的保护，对客户地点及作业环境的了解，配送人员的职业道德，如果配送人员能够时刻注意以上几个原则，货品将会以最好的品质送达到客户手中。

⊃ 案例

> 赣州某矿产公司将5吨铁矿交由L物流公司托运。托运单上的货物名称填写正确，但货物编码填写错误，L物流公司没有发现，连夜同其他客户货物一起运到了目的地。运至目的地后，其分公司的工作人员立即通知两家矿产品深加工企业提货。在先后提货的过程中，甲、乙两家公司互相装错货物，而司机没有进行核对、检验就在运单上签字。两家公司的矿产品运回公司没有任何入库检验手续，就混同其他矿产品进行深加工。待加工完成时抽样检查，发现加工出来的产品全部成为废品，造成经济损失共计20万元。

【想一想】

对于此笔运输业务的操作过程中，送达服务出现了哪些问题？L物流公司是否应承担责任？

（3）为客户提供应急处理服务

配送主要是让客户觉得方便，因而对客户的送货计划，应采用较为弹性的系统，具备较强的应急处理能力，如紧急送货、信息传达、顺路退货、辅助资源回收等。作为服务型企业，配送企业必须具备一定的应急处理能力，能够对突发事件、临时任务有应急应对措施，也就是配送企业的灵活操作能力。

（4）为客户降低配送成本

满足客户的服务需求，不仅品质要好，价格也是客户重视的要素之一。因而如果配送中心本身运作有效率，成本控制得当，便能从经济性角度来提高客户的满意度。这就要求配送客服人员能够在分拣、配货等一系列流程操作方面，规范操作，利用规模优势取得较低的送货成本。

（5）在服务过程中始终保持与客户有效顺畅的沟通，确保服务质量

由于配送人员是将货品交到客户手中的负责人，也是客户最直接接触的人员，而且其表现出的工作态度、反应、素质会给客户留下深刻的印象，是配送企业形象的重要代表，因而要求配送人员能与客户进行良好的沟通，具备良好的服务态度，接受客户提出的建议或意见，维护企业形象，保持和客户的良好关系。

⊃ 案例

电子商务物流配送的思考

首先，我们先来了解下淘宝网对外公布的配送服务标准。

其服务时间为：配送操作时间：周一至周日 8:30—19:30；客户服务时间：周一至周五 8:30—20:00；周六周日（法定假日）10:00—17:30；*国家法定节日根据实际情况提前 7 天在淘宝网上公示。

服务反馈方面：配送中心接到服务信息后，2 小时内反馈，24 小时内解决。

发货时限：从配送中心接收到订单的时间计算，当天 16:00 前订单，当天发货，16:00 以后订单次日 24:00 前发货。

以下为另外一家电子商务企业的配送服务情况：

易迅网在上海、深圳、北京以及周边省份自建物流配送体系，其他省市地区采用普通快递的方式配送。长期以来易讯网以快捷可靠的物流配送获得了用户的一致称赞。易迅网上海站的配送范围包括上海市、南京市、苏州市、无锡市、扬州市、南通市、常州市、杭州市、嘉兴市、宁波市和合肥市。深圳站的配送范围包括：深圳市和广州市。北京站的配送范围为北京市。

2012 年 12 月 10 日，北京地区实现"一日三送"，进入 12 月，北京五环以内的市民在易迅网购物，早上订单将在 14:00 之前送达，中午订单在 18:00 之前送达，晚间订单在 22:00 之前送达。截至 2014 年 10 月，易迅快递已经可以为全国 460 座城市，1700 多个区县提供隔日送、一日一送、一日两送的选择性物流服务。

【想一想】

对比两家电子商务物流配送服务标准的不同，并请描述你认为理想的物流配送的服务标准应该是怎样的？

二、运输、配送服务中的个性化服务

1. 运输服务中的个性化服务

（1）合作关系契约化

运输服务过程中，配送企业可以通过契约形式来和客户达成合作关系，根据契约规定的个性化要求，提供货物全程的运输服务，能按时、按地、按量地完成任务，且根据客户的需求购买相对应的保险服务等。

（2）服务内容、功能个性化

服务过程中，配送企业可以根据客户货物性质、特点提供个性化服务，如能够提供超大、超长、超宽、超重的物品运输服务；给客户提供多种选择，能够根据客户的货物需求而为客户设计最优化的运输解决方案。这样不仅提高了运输质量，而且为客户节省物流成本。超长、超重个性化运输服务设备如图 3-2 所示。

图 3-2 超长、超重个性化运输服务设备

a）超长运输服务设备　b）超重运输服务设备

（3）运输服务信息化、网络化

信息技术网络化是运输有效服务的基础。在运输服务过程中，配送企业可以利用信息技术发展实现信息实时共享，促进了专线运输管理的科学化，提高运输速度及效率；还可以通过网络化的服务，专门在企业网站为需要的客户提供疑问咨询和在线订购合作服务。这样不仅帮助客户解决了顾虑问题，而且有助于促进配送企业和客户达成合作关系，真正实现双赢模式。

2. 配送服务中的个性化服务

作为"末端运输"的配送服务，所面对的市场需求是"多品种、少批量、多批次、短周期"的，小规模的频繁配送将导致配送企业的成本增加，这就必须寻求新的利润增长点，而个性化配送正是这样一个开采不尽的"利润源泉"，从而增加产品的附加价值。"送"的个性化主要是指依据客户的配送习惯、喜好的配送方式等为每一位客户制订量体裁衣式的配送方案。

（1）提供个性化的配送加工服务

提供个性化的配送加工服务主要是指配送企业通过在流通节点（配送中心）根据客户的指令对配送对象进行个性化的流通加工。在物流过程中，始终存在着商品的保护问题。配送过程中把商品配送给客户，其中会经历运输、储存、装卸、搬运等诸多环节，所以需要进行配送加工以保护商品不受损失。有一些产品本身的形态使之难以进行物流操作，如鲜鱼的装卸、储存操作困难，过大设备搬运、装卸困难，气态物质运输、装卸困难，对于此类产品，配送企业就有必要提供个性化的配送加工服务。

（2）提供个性化的配送时间服务

配送时间往往是客户最关心的服务内容之一，如果能够按照客户的具体配送时间要求完成相关业务操作，将对客户的运营管理及使用带来诸多便利。所以在个性化服务过程中，配送企业可以从配送时间角度出发，达成客户满意。

● 案例

1号店早已将物流配送服务打造成自身核心竞争力之一。随着"半日达""次日达""准时达""社区 O2O"和"便利店自提点""纸箱回收"等一系列物流创新举措的不断推出，1号店让众多顾客再一次体验到"1号速度"的便捷。

1号店的物流体系涉及三个方面：一是库存管理；二是供应链系统；三是供应链运营。1号店凭借七大运营中心，40个城市与200个自配送点优势，再次提升物流速度，升级快递服务，完善自建物流体系。2014年4月，1号店仓储与配送服务管理正式通过ISO 9001质量管理体系认证，成为中国首家获得ISO认证的电商企业。

2014年9月，1号店开启全国物流服务升级服务，北京、上海、广州全面实现"半日达"和"一日两送"。除大家电和生鲜外，上海市外环内、北京市五环内、广州市区用户在上午12:00前下单，下午即可送达（13:00—21:00）；晚间22:00前下单，第二天送达。天津市主城区当日22:00前下单的顾客，订单次日可送达。

同时，1号店早在2013年就推出了进口牛奶准时达的个性化服务方式。"准时达"顾名思义，是由消费者自由选择收货时间，用户可选择下单当日起7天内的指定时段进行收货。在2013年11月，1号店将"准时达"升级成"准点达"，收货时间最短可以精准到1个小时的时间段之内，1号店将保证在此时间段内为顾客送货上门。极大地方便了用户对时间的把控。

【想一想】

你觉得1号店物流配送的优势在哪里？这种个性化配送的成本应如何控制，说说你的好点子。

（3）提供个性化的配送距离服务

物流配送的最大特点就是用户多、批量小，且客户分散，距离远近不同，配送企业面对庞大和分散的客户，如何根据客户的网点分布及远近情况，在配送举例服务方面提供差异化的个性化服务也可以成为企业制胜的重要手段。

◆ 案例

随着中国物流业的快速发展，物流企业的竞争也日益激烈，在小微企业生存不易、发展更难的当下，福建飞远城市配送有限责任公司却逆势扩张，在竞争惨烈的物流行业里站稳了脚跟。

"对飞远配送来说，错位竞争是企业能够存活下来的关键。"该公司总经理宋松茂告诉记者，眼下很多物流企业的配送终端仅止于县区，甚至只到地市，乡镇村一级的服务网络根本没有。而这样的服务"盲区"恰好为飞远配送的生存和发展预留了空间。因此，成立伊始，飞远配送就将企业发展的重点放在"村村通"的打造上，只做"专注于最后一公里的物流解决商"。

【想一想】
这种个性化配送的优势在哪里？成本如何控制？

（4）提供配送终端多样化服务

在商品配送到消费者的环节中，实施代收货款服务、产品免费试用和上门退货等一系列多样化服务，一方面有助于维护购销双方的权益，另一方面一系列贴心的创新服务，也可以成为企业的竞争优势，实现优质的客户服务。

（5）提供个性化的配送信息化服务

信息化是配送企业提高营运效率、降低成本、提升客户服务质量的核心因素之一，是现代物流的重要支撑和保障。随着信息技术的快速发展，国际、国内各种商业物流配送中心利用信息技术提升服务水平的企业已经越来越多。目前，采用较多的信息管理技术包括产品识别条码（Barcode）、企业资源计划系统（Enterprise Resource Planning，ERP）、管理信息系统（Management Information System，MIS）、电子数据交换系统（Electronic Data Interchange，EDI）、地理信息系统（Geographic Information System，GIS）、自动分拣系统（Automated Sorting System，ASS）、柔性物流系统（Automated Guided Vehicle，AGV）、全球定位系统（Global Positioning System，GPS）、仓库管理系统（Warehouse Management System，WMS）等。配送企业可以充分利用信息技术及信息化管理模式来提高企业运作的高效性，为客户提供满意的配送服务。

➲ 案例

成立于20世纪90年代初的一家纯水饮料公司，在深圳市拥有长期客户近1万家，送水站40多个，日销水量3 000多桶。公司在经营发展中遇到诸多问题。首先，由于目前客户服务中心的工作流程全部是手工操作，企业要直接与近万家客户开展业务，工作人员的劳动量大、工作效率低，同时管理者也无法及时掌握企业的生产、销售状况。其次，纯净水的配送成本太高，由于不能充分掌握客户的需求信息，经常为了某个客户的两三桶水而单独运送，加大了运费。最后，接线员每次接听客户电话，都需要了解客户的位置，记录客户的信息。每个客户的基本资料都记录在卡片上，但由于客户太多，要找出指定客户的卡片，耗时耗力。此外，由于水站和客户的数量众多，要将客户的订单合理分配到相应的水站，工作量很大，常常发生错误，而且客户的满意度还不高。

【想一想】
如果你帮助此饮料企业设计配送方案，你将如何管理与运作？

（6）提供完全定制化服务

提供完全定制化服务即客户提出具体的个性化的服务要求，配送企业完全按照客户的要求量身定做运输、配送服务方案，为客户提供优质服务，实现客户满意的目标。

➲ 案例

> DHL 最早推出全球货件跟踪系统用于客户查询服务。通过该系统，在 DHL 中文网站储存着每张编码运单上记录的数据，无论快件走到哪里，货件在运送途中的各主要阶段都可以被及时跟踪，客户每天 24 小时均可以通过跟踪查询，取得对国际货件的完全控制，同时推出以下配送服务内容：
> 1）提供国内包裹快递。
> 2）定时特派。
> 3）"进口到付"服务。
> 4）推出"定时特派进口到付"产品。

【想一想】

DHL 是如何提供运输配送服务的？其成功的要素有哪些？

三、运输配送业务服务质量考核

运输服务质量考核，可以通过以下指标（见表 3-8）进行考核。

表 3-8　运输服务质量考核

序号	考核项目	考核内容说明
1	计划执行率	在规定计划响应时间内承运方当月计划执行台数与当月实际发运总台数的比率。计划响应时间是指从客户下达发货计划之日至承运方将货物发出之日（以送货清单上发货时间为准，铁运为车皮发出之日）承运方走货时应遵循先急后缓的原则
2	准点交货率	当月准点交货台数与当月发运总台数比率，由于不可抗力因素造成的逾期不纳入考核（或称为"送货及时率"）
3	完好交货率	完好交货台数与发运总台数的比率，或者采用货损率来表示
4	回单回收率	考核承运方每月回单是否能按时完好的回收
5	单证及时准确率	考核各种单证、报表等运作信息是否按照客户的要求及时、准确地传递给客户的相关人员
6	信息录入及时准确率	考核对信息系统相关操作的及时准确性
7	客户满意度	主要是从客户的有效投诉次数进行考评，另外还从总体运作质量、服务意识和服务态度等方面进行综合考虑

配送服务质量可以通过以下服务指标（见表 3-9）进行统计分析。

表3-9 配送服务质量考核

序 号	考核项目	考核内容说明
1	配送及时率	在合同约定的时限内完成的配送单数占所有下达的配送单数总量的比率。送货清单上客户签收时间与配送方接收配送单据的时间间隔,不得大于合同约定时限(或称为"送货及时率")
2	完好交货率	完好无损交付货物数量和配送货物总量的比率。由于不可抗力造成的事故不纳入考核。或产品破损率:产品运输过程中的破损数量占总运输量的百分比
3	回单回收率	客户收货后在规定的时间内将货物签收单回收数量,承运方每月回单是否能按时完好的回收
4	信息及时准确率	包括回单回收、信息系统维护和单据报表传递的及时准确程度,综合衡量配送方在信息传递方面的服务质量
5	客户满意度	主要是从客户的有效投诉次数进行考评,另外还从总体运作质量、服务意识和服务态度等方面进行综合考虑
6	客户投诉次数	客户对由于运输质量或服务态度等原因而引起的投诉次数)

业务实施过程中,客服人员要定期进行业务运营情况统计、考核,对不合格内容进行整改。

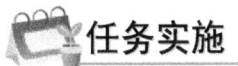任务实施

参考方案:

一、根据客户要求确认运输、配送服务内容及标准

1. **运输客户服务内容及标准**

运输任务:根据客户下达的提货单到武汉工厂提货,运至深圳。

客服人员具体工作内容为:

1)结合客户下达的提货单,计算货物体积、重量,选择合适的车辆提货。

2)为确保提货工作顺利执行,应在提货前下达派车单,告知客户何时何地将派何车辆,联系人联系电话及提货凭证等,以便客户备货,且确保货物不被误提。

3)做好车辆的跟踪及信息反馈工作,使客户可以动态了解运输情况。

4)运输服务KPI指标的统计与分析工作。

5)异常情况的协调处理。

2. **配送客户服务内容及标准**

配送任务:根据客户下达的送货单完成深圳市内配送。

客户服务工作内容:

1)根据送货单单号做好跟踪与信息反馈工作。

2)做好回单管理,定期与客户进行核对。

3)做好配送服务考核指标的统计与反馈工作。

4)做好异常情况的协调处理工作。

二、结合客户特点提供针对性服务

针对客户要求及特点,提供定制化、个性化服务,此项服务一定是进行充分调研、与客户充分沟通之后确立的。物流服务人员在与客户沟通时,客户提出以下配送要求。

在配送到己方,要求配送员提供以下服务:

1)一定要领取三张单证:①提货联;②黄色的配送单;③红色的配送单。
2)配送前必须要给顾客打电话联系后再进行配送。
3)一定要在配送单黄联和提货联写上车号和司机的姓名,然后给己方仓管员,配送单红联是司机送货的单证。
4)从仓库中取到货时,先查看外观,外观无损直接配送;若外观有缺陷,则一定要打电话与厂家确认是否允许开箱查看,然后按照顾客的意愿行事。
5)货送到顾客家中后,一定要与顾客所持的红色的销售单核对。
6)一定要核对机器的型号、数量、种类,若出现不符则直接运回去,符合则进行下一步工作。
7)一定要叫顾客签名并写上:"外观无损,附件齐全。"
8)若顾客不在则一定要贴留言条在顾客家门的显眼处,留下司机电话和己方的调度室电话,回去入正品库,收取待保管条。

三、完成运输、配送优质服务培训

(1)对运输业务服务人员进行岗前培训:
1)业务流程及单据流转、签收等事宜培训。
2)客户下达提货单时,24小时内发车完成提货任务。
3)运输工作人员的接洽礼仪及工作内容培训。
4)运输工作人员的信息反馈业务培训。
5)对运输途中的异常处理培训。
6)做好运输业务服务考核,定期与客户进行汇报、沟通,监督持续改进。

(2)对配送业务服务人员进行培训:
1)结合送货单的内容分拣、备货及配送加工等工作的培训。
2)结合送货地点及送货量进行路线优化,选择最佳配送路线的工作培训。
3)业务流程及单据流转、签收等事宜培训。
4)配送工作人员到达终端客户的接洽礼仪及工作内容培训。
5)送货单据的配送服务的信息反馈业务培训。
6)配送过程中的异常情况处理培训。
7)做好配送业务服务考核,定期与客户进行汇报、沟通,监督持续改进。

四、考核评价、保持改进

根据客户最关心、最重视的几项服务指标进行服务质量考核(见表3-10),定期反馈,分析原因,持续改进。

表3-10 服务质量考核表

序 号	KPI考核指标	权 重	目 标 值	考 核 值	差距原因分析
1	运输准确率	15%	100%		
2	运输任务完成率	10%	100%		
3	运输货差货损率	10%	<5%		
4	配送计划完成率	10%	100%		
5	配送及时率	10%	>98%		
6	配送准确率	10%	100%		
7	回单回收率	10%	100%		
8	客户投诉率	10%	<2%		
9	客户满意率	15%	>98%		
10	其他				

同时,可以提供作业照片(见图3-3),反馈实施情况,让客户放心。

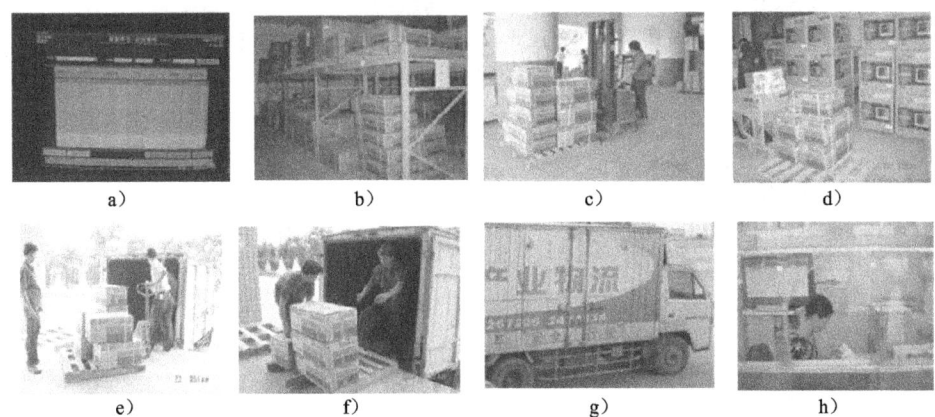

图3-3 作业照片

a)系统录入 b)到达仓库 c)分拣、出货 d)放置出货暂存区
e)运至装载处 f)装车、配送 g)出车 h)返单

思考与练习

一、名词解释

运输 配送 运输可靠性 配送及时率

二、思考题
1. 运输服务中的个性化服务包括哪些？
2. 配送服务中的个性化服务包括哪些？

三、技能操作题
1. 实训内容：运输、配送服务质量考核。
2. 实训要求：请你依据某物流企业的运输、配送业务特点，设计一套运输、配送服务的 KPI 考核指标。

任务二　仓储业务优质客户服务

知识目标
1. 熟记仓储业务客户服务内容及要求
2. 了解客户个性化仓储服务内容及要求
3. 理解仓储优质服务的人员培训及考核方式

能力目标
1. 会结合客户业务特点提供优质仓储服务
2. 能结合工作标准对工作人员进行培训
3. 能进行仓储服务质量考核

任务引入

请阅读下面的背景描述，若你是 L 公司客户服务人员，结合该企业产品特点及服务要求，说明你会如何提供高质量的仓储服务。

背景描述

某知名公司，生产和销售果冻布丁、海苔、奶茶三大系列产品，该公司在全国设立 40 多个分公司、办事处，拥有 1 000 多个经销商，上万个分销商，建立了健全的遍布全国的销售网络，产品同时远销欧洲、北美以及东南亚等海外市场。该企业产品多以散装方式储存，运输途中容易造成个别破损从而导致整箱污损，且产品品种口味繁多，共计 12 大类，每个大类约 8 个口味的小类，有些品种需要在订单下达后进行将散装改为销售包装的流通加工，包装形式包括袋装、小书包装、小旅行装等，现该企业将果冻布丁的某一区域的仓储业务外包给 L 物流公司。

任务分析

优质的仓储服务需要根据该委托企业的业务特点及产品特性,以及客户的服务要求提供适合的仓储服务,包括仓库及服务设施设备的配置,库区面积的确定及库区规划,库存量的设定,出入库作业,在库保管保养以及流通加工等各项仓储作业流程设计及业务操作等方面的全方位服务。此外,作为客服人员还要能够根据仓储服务要求对相关工作人员进行培训,并根据客户要求进行跟踪考核,确保仓储服务质量,维护企业优质仓储服务形象。

相关知识

一、仓储业务服务的内容及要求

仓储服务是指保管人接受存货人委托,能完成货物存储服务、订单处理服务、货物接收服务、退换货管理(逆向流程)服务、实时盘点服务、绩效考核服务、库存分析与采购服务、订单配送服务等一系列服务任务。仓储服务的内容主要包括:为客户提供仓储规划与设计服务,为客户提供库存最优控制服务,为客户提供仓储作业服务以及为客户提供仓储信息服务四方面内容。仓储企业通过为客户提供不同层面的服务,满足不同客户不同层次的需求。

1. **为客户提供仓储规划与设计服务**

为客户提供仓储规划与设计服务是指仓储企业在为客户提供仓储服务活动之前,对于仓储平面布置、保管场所分配及货位管理方式方法、设施设备配置等进行决策及设计,以保证仓储服务工作的顺利进行。

(1)仓储平面布置

仓储平面布置是指仓储企业对仓库的各个组成部分——存货区、入库检验区、理货区、配送备货区、通道以及辅助作业区在规定范围内进行全面合理的安排,具体布局应根据企业服务功能及内容,以及客户的具体要求不同进行特殊设置。以下为两个仓库平面布置图(图3-4、图3-5)供参考使用。

仓库总体布置的基本要求:适应仓储作业过程的要求,有利于仓储业务的顺利进行。仓储作业过程是指仓库从接收货物开始直到把这些货物完好地发放出去的全部活动过程,由入库、储存、出库三个阶段构成,包括了实物流和信息流两个方面。合理的仓库总体布置既有利于节省投资,又有利于保证安全和职工的健康。

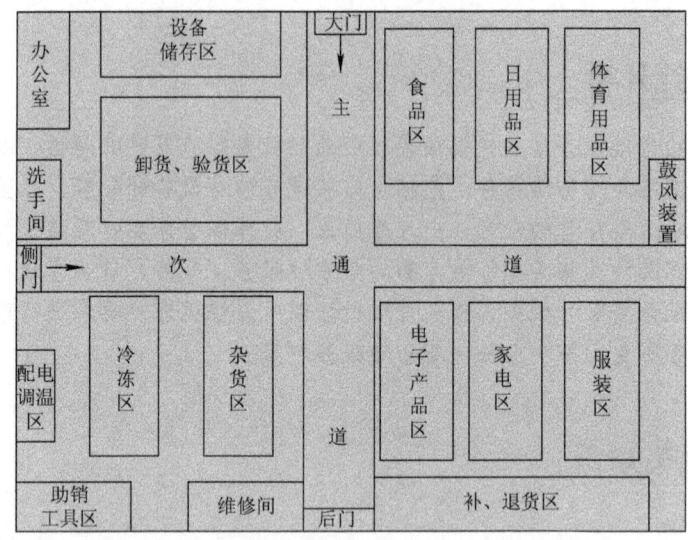

图 3-4 某综合型仓储企业平面布局图

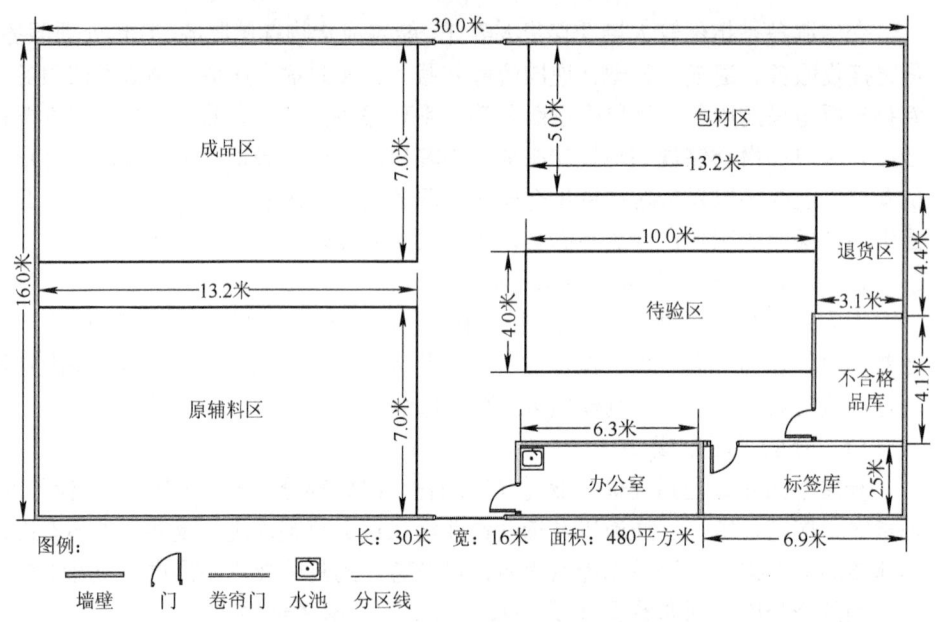

图 3-5 某生产型企业仓库平面布局图

（2）物资保管场所的分配

物资保管区的划分必须做到保管任务与仓库设施统一，主要涉及库房、物料棚和货场的选择，楼库各层的使用分配，确定存入同一库房的物品种等几个方面。

保管场所的分配布置，是指在库房使用面积内，对各布局要素的统一安排。

所考虑的要素包括通道、收发货区、墙间距和垛间距的宽度（一般为0.5米）等。分区分类保管可以按理化性质对货物进行分区分类保管，也可以按使用方向或按客户对货物进行分区分类保管。分区分类保管的基本原则主要包括：货物性质互有影响和相互抵触的不能同库保存；货物保管要求温湿度条件不同的不能存放在一起；灭火方法不同的货物必须分开保管；作业手段不同的也不宜存在一起。

（3）货位存放布置的思路和方式

1）货位存放布置的思路。货位存放布置一方面要提高仓库平面和空间利用率；另一方面要提高货物保管质量，方便进出库作业，从而降低货物的仓储处理成本。货位存放布置的基本思路主要包括：根据货物特性分区分类储存，将特性相近的货物集中存放；将单位体积大、单位重量大的货物存放在货架底层，并且靠近出库区和通道；将周转率高的货物存放在进出库装卸搬运最便捷的位置；将同一供应商或者同一客户的货物集中存放，以便于进行分拣配货作业。

2）仓库货位存放的方式及布置方式（见表3-11）。

表3-11 仓库货位存放的方式及布置方式

方 式	说 明
不固定货物的货位	不固定货物的货位是指货物任意存放在有空的货位，不加分类。不固定货物的货位虽然能提高货位使用率，但是仓库内显得混乱，不利于管理和货物查找。周转极快的专业流通仓库，货物保管时间极短，大都采用不固定方式。计算机管理能弥补仓库管理和货物查找方面的不足。采用不固定货物的方式，必须遵循仓储的分类安全原则
固定货物的货位	把确定的货物存放在这类货位中，严格地区分使用，决不混用、串用。一般长期货源的计划库存、配送中心等大都采用这种方式。固定货位是专门用来存储固定货物的，便于拣选、查找货物，但是仓容利用率较低。由于是固定货物，可有针对性地对货位进行装备，便于提高货物保管质量

（4）仓储设施设备配置

仓储企业应根据仓库的功能、存储对象、环境要求等确定主要设施、设备的配置，同时要考虑资金、人力、仓库现有条件等情况综合完成设施设备的选用与配套建设。仓储设施设备配置参照表3-12。

表3-12 仓储设施设备配置参照表

功 能 要 求	设 备 配 置
存货、取货	货架、叉车、堆垛机械、起重运输机械等
分拣、配货	分拣机、托盘、搬运车、传输机械等
验货、养护	检验仪表、工具、养护设备等
防火、防盗	温度监视器、防火报警器、监视器、防盗报警设备等
流通加工	加工作业机械、工具等
控制、管理	计算机及辅助设备等
配套设施	站台（货台）、轨道、道路、场地等

【做一做】

请在各种仓储设备中选取几种典型设备,分析特点及适用条件并列入表3-13中。

表3-13 设备选择分析表

序号	仓储设备	典型设备	特点	适用条件	价格等其他
1	货架				
2	叉车				
3	托盘				
4	分拣机				

2. 为客户提供库存最优控制服务

库存最优控制服务是指企业在物流过程中采用最优方式方法对商品数量进行的管理与控制。过去认为仓库里的商品多,表明企业发达、兴隆,现在则认为零库存是最好的库存管理。库存多,占用资金多,利息负担加重。但是如果过分降低库存,则会出现断档,如何平衡库存问题,是库存控制的关键。

库存控制应该在保证企业生产、经营需求的前提下,使库存量经常保持在合理的水平上;掌握库存量动态,适时,适量提出订货,避免超储或缺货;减少库存空间占用,降低库存总费用;控制库存资金占用,加速资金周转。生产企业应该根据供应和需求规律确定生产和流通过程中经济合理的物资存储量的管理工作。库存管理应起缓冲作用,使物流均衡通畅,既保证正常生产和供应,又能合理压缩库存资金,以得到较好的经济效益。

库存控制模型的主要有以下几种,可以在实践中根据具体情况,选择使用。

(1) 按订货方式分类

按订货方式分类,库存控制模型可分为以下五种订货模型。不同的生产和供应情况采用不同的库存控制模型。

1) 定期定量模型:订货的数量和时间都固定不变。

2) 定期不定量模型:订货时间固定不变,而订货的数量依实际库存量和最高库存量的差别而定。

3) 定量不定期模型:当库存量低于订货点时就补充订货,订货量固定不变。

4）不定量不定期模型：订货数量和时间都不固定。

以上四种模型属于货源充足、随时都能按需求量补充订货的情况。

5）有限进货率定期定量模型：货源有限制，需要陆续进货。

（2）按供需情况分类

库存控制模型按供需情况分类可分为确定型和概率型两类。确定型模型的主要参数都已确切知道；概率型模型的主要参数有些是随机的。

（3）按库存控制的目的分类

库存控制模型按库存控制的目的分类，可分为经济型和安全型两类。经济型模型的主要目的是节约资金，提高经济效益；安全型模型的主要目的则是保障正常的供应，不惜加大安全库存量和安全储备期，使缺货的可能性降到最小限度。

库存控制的模型虽然很多，但综合考虑各个相互矛盾的因素求得较好的经济效益则是库存控制的共同原则。

3. *为客户提供仓储作业服务*

仓储作业是仓储服务最基础、最主要的服务构成，核心业务包括出入库及盘点作业、账目处理等，总体操作流程基本如图3-6所示。

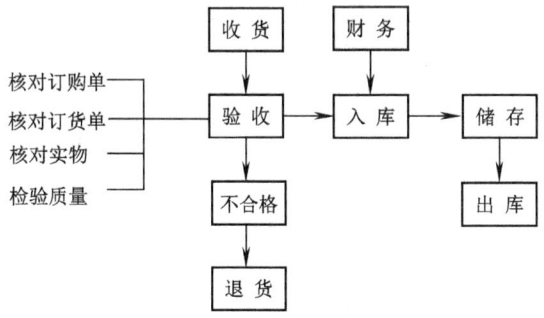

图3-6　仓储总体操作流程图

其中关键环节的具体操作流程如下。

（1）入库作业服务流程

入库作业服务流程主要是：接单审单—检查车辆—卸货—验收货品—系统指导上架—贴标签/扫描—单据处理—入库确认—记账。

（2）出库作业服务流程

出库作业服务流程主要是：接单审单—系统分配—分拣备货—发货—复核—交接—单据处理—出库确认—销账。

（3）盘点作业服务流程

盘点作业服务流程主要是：制订盘点计划—盘点实物—实物与标签核对—盘点表与系统账务进行复核—盘点盈亏处理—盘点总结。

各仓储作业环节的工作内容，见表 3-14。

表 3-14　各仓储作业环节的工作内容

作业环节	内容说明
进货	进货预约、进货检验、进货接单等
出货	分拣、理货、审单、出货检验等
库存管理	温湿度、日照、鼠虫害管理、堆码、货物分区等
鲜度管理	先进先出、指定批次、保质期报警等功能
退货	正品退货、次品退货等
流通加工	组装、贴标签与条码等
盘点	涉及盘点方式、盘点时间等
回单	审单、整理

此外，在仓储作业中还要注意以下事项：

1）库存商品要进行定位管理，即将不同的商品分类，按分区管理的原则来存放，并用货架放置。

2）储存商品必须分区分类存放，且应做到定量、整齐，便于出入库作业，确保先进先出。商品储存货架应设置存货卡，也可采取色彩管理法，如每周或每月不同颜色的标签，以明显识别进货的日期。

3）要注意仓储区的温湿度管理，保持通风良好。

4）仓库内要设有防水、防火、防盗等设施，仓库要注意门禁管理，不得随便入内，以保证商品安全。

5）对仓库应实施 5S 管理，维持仓库管理的正常秩序、操作规范，提高运作效率。

6）仓库管理人员要与订货人员及时进行沟通，保持合理的库存数量，既不会造成库存积压，又能适时提出存货不足的预警通知，防止缺货。

7）商品进出库要做好登记记录工作，既有利于明确保管责任，又可以及时地与客户对账、盘点、做好库存管理工作。但有些商品（如冷冻、冷藏商品）为讲究时效，也采取卖场存货与库房存货合一的做法。

【做一做】

对于不同类型的货品，因特点不同，在仓储管理中应注意不同的问题，请试着在表 3-15 中填写仓储服务注意事项。

表 3-15　仓储服务注意事项分析表

序号	货物品类	仓储服务注意事项
1	日用品类	
2	食品类	
3	化工品类	
4	电器/IT 类	
5	医药用品类	

4. 为客户提供仓储信息化服务

运用信息化手段实行仓储服务，从而实现更精细化的过程管理和企业信息化管理，实现对商品库存、物流业务活动的仓储全过程可视化跟踪，提高客户服务能力，是现代物流服务中必不可少的核心环节。仓储企业具体可运用的信息化手段如下：

1）通过条码、无线射频识别技术实现货物的信息化管理，可以让客户实时查询，了解货物的仓储操作状态，便于管理。

2）通过信息系统，完成货物的进出仓管理，自动增减库存，定期按要求完成货物盘点，实时了解库存信息，便于完成库存管理与控制工作，降低风险和成本，实现科学化管理。

3）通过相关软件的管理，完成仓位预排、仓位管理，自动补货、安全库存警报等仓储服务功能，从而确保储存质量，且使客户能够了解货物实际存储情况，真正放心。

⊃ 案例

春兰电器与原物流企业合作期间，该物流企业存在操作机制不灵活、服务项目单一、各项功能设施不完善、缺乏电器物流操作经验、物流操作服务质量和灵活性较差等诸多问题。后与悦盛物流合作，其主要为春兰电器重构信息系统如下：采用了先进的仓储管理软件（WMS）；精确的物流条码技术；系统、完整的仓储管理制度；标准仓库及先进的仓储设备；包装及流通加工；分拣理货；整进零出的分拣、理货、贴标签和条码服务。

1）入库管理。悦盛物流仓储管理系统提供给春兰电器多种方式的入库操作，包括采购入库、生产入库、销售退货入库、配送退货入库和调拨入库等。入库管理支持批次管理，当入库单确认完成时，系统将自动生成各种商品的入库批次，从而实现春兰商品的先入先出，减少旧品滞压的现象。

2）出库管理。悦盛物流仓储管理系统同样提供给春兰电器多种方式的出库操作，如销售出库、采购退货出库、领料出库、配送出库和调拨出库等，备货出库。该系统可以根据出库指示生成相应的出库单，注明出库原因，完成出库操作。

3）账务管理。悦盛物流仓储管理系统为春兰电器提供的账务管理服务，具体包括：设置专人负责单据的查询、打印、修改和存档工作；出库单、入库单有双方当事人的当场签字并注明日期；所有单据按类型、日期和顺序装订成册，放于安全地方以备查看。

悦盛物流本着为春兰电器降低物流成本、提高效益、提升春兰企业核心竞争力为目的，以专业化的运作方式，为其提供个性化的物流服务，建立了完善的管理指标衡量体系，以最低的差错率赢得春兰电器的信赖，并用现代化信息管理系统、仓储管理系统、ERP系统，为春兰电器提供一套完善、快速、准时、高效率、全面和优质的服务。

【想一想】
1. 请说明悦盛物流为春兰电器提供的仓储服务其成功之处是什么。

2. 谈谈你认为仓储信息系统应该具备的基本功能及特色功能有哪些。

二、仓储业务服务过程中的个性化服务

仓储服务在物流领域具有一定的独立性，但其业务也具有连贯性，对其他物流环节具有重要影响。因为仓储服务具备重复性、复杂性、灵活性、多变性等特点，不同的客户因业务特点、货品性质、作业内容等存在差异，所需要的仓储服务也不尽相同，所以仓储企业需要向客户提供个性化服务。

面对客户提出的个性化需求，仓储企业首先要确定每个需求所属的任务，并建立需求和任务与服务的对应关系，根据需求和任务发现可用的候选服务。个性化服务主要包括以下类别：

1. 灵活多样的仓储服务合作方式

仓储服务可以从传统的货物仓储保管，向动产质押、价值评估和货物权益拍卖等方式拓展，为客户提供灵活多样的仓储服务。

2. 基于仓储服务功能的个性化服务

在基本仓储服务功能的基础上，仓储企业可以提供按照客户的要求进行原材料、成品及所有商品的保管、存储、包装、配送、回收和退换，保证维修等一系列服务，满足客户对于物品进、出、存、退、换和完税的所有管理需求；对于自主管理的保税仓储业务，满足不同客户对其保税物品仓储、保管、包装、配送、退货和回收的相异的物流管理要求；能够提供适应多组织架构物流公司的管理和多仓库统一管理的要求；客户随时可以查询订单执行情况、库存和物流费用结算情况；系统支持仓库使用无线射频识别技术和条码设备，对仓库的库位、货品实现条码管理，在仓库中使用无线射频识别技术进行在线作业，提高效率、降低出错率、降低物流成本；对物品可实现全程跟踪查询；按客户要求产生客户需要的各类报表，提供报表分析服务，给管理提供数据依据，不断改进，提高服务质量，提高客户满意度。

3. 提供仓储的增值服务

（1）数据挖掘服务

仓储企业可以针对系统仓储信息数据，进行数据存储、数据分析挖掘等工作。

（2）智能预警服务

仓储企业可以通过对数据的分析挖掘，及时发现到期物资，通过短信、邮件等方式通知客户该到期未处理物资，以促进到期物资的快速处理。

（3）决策支持服务

仓储企业可以通过各物资相关度分析，自动推荐闲置物资，提高闲置物资利用率和节省仓储空间，减少物资采购，符合物资"先进先出"原则；还可以通过计算机、手机等方式进行查询，为客户提供决策支持数据。

⊃ 案例

友储为联合利华提供的优质仓储服务

上海友谊集团储运公司（以下简称"友储"）与上海联合利华有限公司（以下简称"联合利华"）的仓储物流合作颇具代表性。

1）作业时间。由于联合利华采用及时生产方式，要求实现零库存管理，如生产力士香皂的各种香精和化学原料需要从上海市内外及世界各地采购而来，运到友储仓库储存起来，然后根据每天各班次的生产安排所需的原料配送到车间，不能提前也不能推迟，如果按照传统储运公司的白天8小时上班，双休及节假日休息制，就跟不上联合利华的生产节奏，因此，友储改为实施24小时作业和双休日轮休制。

2）商品入库。在商品入库这一环节上，除了做好验收货物有无损坏，数量、品名、规格是否正确等之外，友储还针对联合利华内部无仓库的特点，采取了两点措施来确保商品迅速、及时入库，一是将托盘实行厂库对流，产品从工厂流水线下来直接放在托盘上，通过卡车运输进入友储的仓库。二是对流水线上下来的香皂，因为工艺上没有冷却这一环节，工厂又没有仓库，每班生产出来的产品都必须立即运到仓库，进仓的香皂箱内温度为60～70℃，为确保这样高温的产品不发生质量问题，香皂到库后要立即进行翻板，摆置成蜂窝状以利散热、散潮。

3）商品出库。在出货过程中，友储为了提高车辆的满载率，将几十种品种首先进行合理的组配，送往上海市内商店的商品，采用面包车；送往江浙等华东地区则采用厢式货车，按照商品为单位组合装车；发往中转仓的商品，则采用集装箱运输，每箱的装运清单出仓库审核后一联粘在集装箱门的内侧，使开箱后对该箱所装货物一目了然。

4）退货整理。友储设立专仓，将全国各地的退货全部集中起来，组织人员进行整理、分类，对分拣出来无质量问题的商品重新打包成箱，将坏货进行选拣，以便集中处理。

5）流通加工。根据市场需要和购销企业的要求，联合利华需要及时对储存保管的一些商品进行再包装，为此，友储专门辟出1000平方米的加工场地进行贴标签、热塑、封包装、促销赠品搭配等作业，以达到从运输包装改为销售包装、礼品包装或促销包装，从而使商品出库能直接在超市和商店上柜。

6）信息服务。友储除了每天记账、销账、制作各类业务报表外，还按单价、品类、颜色、销售包装分门别类做出商品统计，每天的进出货动态输入计算机，及时将库存信息转送给联合利华，使联合利华公司能随时了解销售情况及库存动态。

【想一想】

1. 友储为联合利华提供的仓储服务好在哪里？

2. 你还有哪些优质仓储服务的好点子？

三、仓储业务服务质量考核

第三方物流企业仓储管理的主要指标有库存准确率（数量/状态）、盘点按时完成率、进出仓操作、报表制作情况和单证、输单/记账等。其中库存准确率（数量/状态）是最核心、最基本的指标。另外，衡量第三物流企业仓储管理的指标还包括装卸速度、备货与分拣效率和准确率等。某仓储企业服务考核见表3-16。

表3-16 某仓储企业服务考核表

序 号	作业类别	评估要素	评估指标
1	进出货作业	空间利用	月台面积利用率
		人员负担	每人时处理进货量
			每人时处理出货量
		设备稼动	每台进货设备每天的装卸货量
			每台进货设备每小时的装卸货量
		时间耗费	进货时间率
			出货时间率
2	储存作业	设施空间利用度	地产利用率
			可供保管面积率
			储位容积使用率
			单位面积保管量
		存货效益	库存周转率
		成本花费	存货管理费率
3	盘点作业	盘点品质	盘点数量的误差率
			盘点品项的误差率
			平均盘差品金额
4	订单处理	订单处理效率	立即缴交率
			订单延迟率
			订单货件延迟率
		订单处理质量	客户抱怨率
			短缺率
5	拣货作业	人员效率	人时平均拣取能力
			每人时拣取货项数
			每人时取货次数
			拣取能量使用率
			拣货责任品项数
		设备稼动	拣货人员装备率
			拣货设备成本产出
		拣货策略	批量拣货时间
			每批量包含订单数

(续)

序号	作业类别	评估要素	评估指标
5	拣货作业	拣货策略	每批量取次数
			每批量拣取材积数
		时间效率	拣货时间率
			单位时间处理订单数
			单位时间拣取品项数
			单位时间取次数
			单位时间拣取材积数
		成本消耗	每订单投入拣货成本
			每订单笔数投入拣货成本
			每取次数投入拣货成本
			单位体积积投入拣货成本
		拣货品质	拣误率

【想一想】
结合该企业的考核统计表，应如何制作企业员工考核方案？

仓储服务质量保障中有一项重点工作是对仓储作业人员进行培训，一般的培训大纲内容如下：

1）客户业务特点培训包括仓储保管合同内容、销售网点、货品品类及特性、仓储标识、储存要求、维护保养方法、有效期要求等。

2）仓储操作培训包括进出库流程、操作要求及注意事项、账务处理及盘点时间及相关要求、安全管理知识等。

3）库存控制培训包括库存量的控制方法及相关库存报表格式及提交时间等。

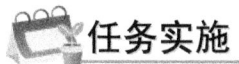

任务实施

参考方案：

一、根据客户业务特点及产品特性，明确仓储服务内容

1. 保管场所、货区布置及货位选择

保管场所选择应具备以下条件：

1）因为是食品，所以不能与化工产品等同库储存。

2）温湿度应能达到果冻布丁的储存要求。

3）由于产品外包装尺寸偏小，且堆码过高容易造成货损，所以应利用货架储存，以便提高仓库高度利用率。

货区布置方面，由于该企业货量较大，结合企业各类货物的业务量、包装尺寸、托盘尺寸、货架大小及层高限制等条件计算各类货物的储存面积，将同一种类不同口味的果冻布丁产品放在同一区域储存,且在储存区附近设置验收区、入库暂存区、退货处理区、流通加工区、出库暂存区以及包装材料储存区等。

货位应满足分区分类存放、通风、卫生、安全、温湿度控制等多方面的储存要求,以便保证储存货物的质量。

2. 设施设备配备

1)周转箱。此业务储存和配送环节都需要使用周转箱,以便提高对货物的保护性,减少破损率。选择周转箱时应选择比货物外包装尺寸略大一些的,周转箱的配备量为出库最大箱数,以便可以快速转换。

2)出入库作业叉车。由于果冻布丁的出入库频率高,出库量偏大,原有搬运设备若不能满足要求,可以加大搬运设备的投入量。

3)流通加工设备——点数、封口一体机。在流通加工作业中,需要按照要求将进行点数、装袋、封口包装等一系列流通加工作业,所以需要购买相应的机械设备,以满足客户要求。

4)其他辅助设备,如包装台、温湿度计等。

3. 库存量设计

目前企业采用的库存量设计的方法有很多,主要的管理策略有经济订货批量库存管理、定期库存管理、ABC分类管理、JIT库存管理(Just In Time)、多品种联合采购法、供应商管理库存策略等。根据该企业产品品种多的特点,必须进行ABC分类管理。这种方法可以做到明确分类,突出重点,使后续的管理轻重得当。ABC库存控制法是根据库存物品的价格来划分物品的重要程度,分别采取不同的管理措施。ABC的分类参见表3-17。

表3-17 ABC的分类

类 别	占库存资金	占库存品种
A	大约80%	大约20%
B	大约15%	大约30%
C	大约5%	大约50%

A类物品属于重点库存控制对象,要求库存记录准确,严格按照物品的盘点周期进行盘点,检查其数量与质量状况,并要制定不定期检查制度,密切监控该类物品的使用与保管情况。它属于非常重要的资源,增加或减少一件对库存物资总金额影响较大。在库存管理中,一般采取出多少进多少,加大A类物品的周转效率的策略对其进行管理。另外,A类物品还应尽量降低库存量,采取合理的订货周期量。由于C类物品对物资总金额影响很小,一般对这类物资可以采取粗放管理,但是同时要防止因数量和质量而影响计划的执行。对介乎A类和C类的B类物品主要采取一般日常管理,可以按规格存放,在存取产品时,能最快速地找到,当货物库存量超出标准,能在最短的时间找出原因,及时处理。对B类物品进行月末或临时盘点可以提高工作效率。

4. 仓储作业流程设计

按照客户的业务特点设计流程图（见图3-7），并确定各类单据的流转顺序及操作要求，保证仓储作业有序进行。

5. 仓储操作

仓储实际业务操作在以下几个环节把好质量关，从而实现优质仓储服务。

1）入库验收：严把质量关，确保入库产品无破损，无过期（严格按照客户提出的不超过保质期的1/3的要求执行）、无差错，为后续的储存保管打好基础。

2）入库储存：产品储存时做到分区分类，准确按照品类、口味、条码进行无差错入库储存，在信息系统中及时完成入库作业，保证库存数量实时更新。

3）在库保管保养：保管保养以安全、卫生、保质保量为基本原则展开，结合产品特点，采取针对性的保管保养措施，如温湿度控制、防止挤压等。

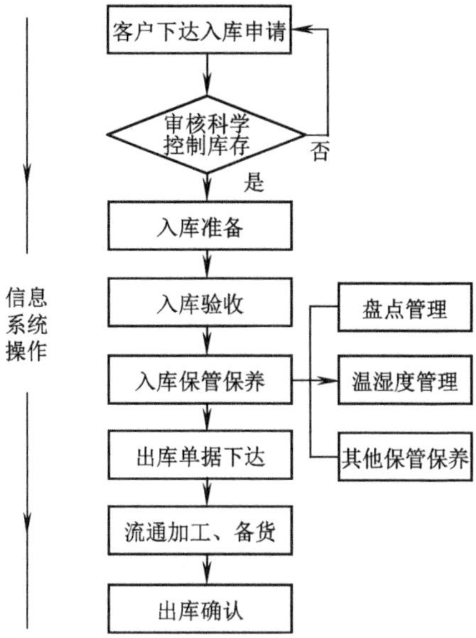

图 3-7 仓储流程图

4）定期盘点：定期盘点产品品种、规格、数量，做到账实相符。

5）分拣备货：按照送货单进行分拣备货，严格核对，分拣员及配送员双重核对，确保单据处理的准确性。

6）流通加工：按照流通加工作业单的要求，进行定制化流通加工作业，提供增值服务。

二、结合客户特点提供个性化仓储服务

1）由于产品在运输途中容易造成破损，所以在入库验收环节严把质量关，确保入库商品的质量。如途中出现破损，可以提供清洗服务，将破损商品剔除后，对其他商品进行污损清洗，挑选整理后入库储存。

2）根据产品类别进行分区分类存放，做好标识，以确保存储、分拣的准确率。

3）在库保管保养时注意温湿度符合果冻布丁的温湿度要求，同时注意堆码高度，防止货品存储时被挤压破损。

4）提供信息服务，将客户货物出库情况及库存现状实时反馈，以便客户做好生产计划，保证一定的安全库存数量，使库存合理化。

5）按照客户订单要求提供流通加工服务，将散装果冻布丁进行计数、装袋、封口包装、贴条码、促销包装组合等一系列服务，以实现优化产品结构、与市场

充分接轨,并灵活满足终端消费需求的一系列要求。

三、提供仓储服务前对操作人员进行业务培训

结合业务特点,对相关操作人员展开仓库管理制度、安全营运制度、出入库操作流程及注意事项、该业务主要接触各类单据等,流通加工设备使用方法、堆码保管保养知识、信息系统操作、考核方式方法等全方位培训,包括操作中的细节培训,如:

1)收货时先审核采购订单是否在有效期以内,若超过保质期 1/3 不可收货。

2)根据送货单与采购订单共同验收实物,核对数量、规格、金额、条码,发现不符的不可收。

3)验收后,在送货单上签名,仓库留两联送货单,给供应商留一联。

4)将采购订单、二联送货单给信息员,仓管员不留单据,只负责实物的保管。

5)配送指示单一联,主要用于备货,将准备好放在出库待发区。

四、仓储服务质量考核

结合客户最关心的问题,设计仓储服务考核指标,如与客户沟通中发现,产品破损率一直较高,是客户认为比较棘手的问题,通过数据考核的形式,让客户放心,控制破损率<2%。同时单据处理准确率要确保达到 100%,不出现错误,避免给终端商铺销售带来不便,也可以有效减少该企业的销售损失,提高其客户满意度。单据处理的速度也是客户最关心的因素之一,由于高峰期作业以及配送途中的不确定性,故设置及时率达到 98%。通过若干考核指标,将考核数据实时与客户进行汇报,达到物流可控、可靠的效果,提高客户满意度。

思考与练习

一、名词解释

仓储管理

二、思考题

1. 结合仓储服务内容,制作仓储工作人员考核方案。
2. 写出盘点作业的流程及操作方法。

三、技能训练题

1. 实训内容:优化仓储服务方案。
2. 实训要求:根据实训情景中的内容,制订仓储服务方案。
3. 实训情景:①针对某茶叶企业的仓储业务,请阐述你会如何满足温湿度以及其他要求来实施优质的仓储服务;②某仓储企业主要负责便利店仓储配送服务,经营一段时间后,发现仓库内总是丢东西,主要以香烟等单价高、体积小的商品为主,请优化仓储服务方案以减少此类现象的发生。

任务三　国际货代业务优质客户服务

知识目标
1. 熟记货代优质客户服务的内容及流程
2. 熟记货代优质客户服务注意事项
3. 理解货代优质服务的人员培训及考核方式

能力目标
1. 会结合客户业务特点提供优质货代服务
2. 能进行货代服务质量考核

任务引入

请阅读下面的背景描述，并说明作为客服工作人员，你会如何提供服务。

背景描述

深圳某贸易公司将于某日运三个 40 尺高柜的集装箱货物从深圳盐田（YANTIAN）港到达德国汉堡（HAMBURG）港。客户打来咨询电话，询问船期安排等相关业务内容。

任务分析

国际货代客户服务是指为满足客户需求和管理客户群所提供的各种服务，本任务为海运货代客户服务内容。作为海运客服主要工作任务就是为客户提供订舱服务，所以应能够指导客户看船期表、正确填写托运单并掌握订舱服务的工作流程及注意事项，根据客户委托完成派拖车、协助报关等相关工作，最后将工作转交给操作部工作人员，对整个海运服务实施质量考核等一系列工作。

相关知识

一、国际货代业务服务内容及标准

国际货运代理协会联合会对"货运代理"下的定义是：货运代理是根据客户的指示，并为客户的利益而揽取货物运输的人，其本人并不是承运人。货运代理也可以依据这些条件,从事与运送合同有关的活动,如储存货物(也含寄存)、报关、验收、收款。美国《布莱克法律词典》称"货运代理"是:其业务为接收货物,以仓储、包装、整车货装运、交货等方式,把不够整箱的船货集中成整车船货,由此从低运费中取利的货运代理人、公司或个人,其业务是为他人接收并海运商品。

一方面它与货物托运人订立运输合同,同时它又与运输部门签订合同,对货物托运人来说,它又是货物的承运人。目前,相当部分的货物代理人掌握各种运输工具和储存货物的库场,在经营其业务时办理包括海陆空在内的货物运输。国际货代的主要业务见表3-18。

表3-18 国际货代主要服务业务表

序 号	服务类别	服务说明
1	为发货人服务	货代代替发货人,提供服务内容: 以最快最省的运输方式,安排合适的货物包装,选择货物的运输路线; 向客户建议仓储与分拨; 选择可靠、效率高的承运人,并负责缔结运输合同; 安排货物的计重和计量; 办理货物保险; 货物的拼装; 装运前或在目的地分拨货物之前把货物存仓; 安排货物到港口的运输,办理海关和有关单证的手续,并把货物交给承运人; 代表托运人/进口商承付运费、关税税收; 办理有关货物运输的任何外汇交易; 从承运那里取得各种签署的提单,并把他们交给发货人; 通过与承运人于货运代理在国外的代理联系,监督货物运输进程,并使托运人知道货物去向
2	为海关服务	当货代理作为海关代理办理有关进出口商品的海关手续时,它不仅代表它的客户,而且代表海关当局,负责申报货物确切的金额、数量、品名,以使政府在这些方面不受损失
3	为承运人服务	货运代理向承运人及时定舱,议定对发货人、承运人都公平合理的费用,安排适当时间交货,以及以发货人的名义解决与承运人的运费账目问题
4	为航空公司服务	货运代理在空运业上,充当航空公司的代理。在这种关系上,它利用航空公司的货运手段为货主服务,并由航空公司付给佣金。同时,作为一个货运代理,它通过提供适于空运程度的服务方式,继续为发货人或收货人服务
5	为班轮公司服务	货运代理与班轮公司的关系,随业务的不同而不同,近几年来由货代提供的拼箱服务,即拼箱货的集运业已建立了他们与班轮公司及其他承运人(如铁路)之间的较为密切的联系,然而一些国家却拒绝给货运代理支付佣金,所以他们在世界范围内争取对佣金的要求
6	提供拼箱服务	随着国际贸易中集装箱运输的增长,引进了集运和拼箱的服务,在提供这种服务中,货代担负起委托人的作用。集运和拼箱的基本含义是:把一个出运地若干发货人发往另一个目的地的若干收货人的小件货物集中起来,作为一个整件运输的货物发往目的地的货代,并通过目的地货代把货票货物交给各个收货人。拼箱的收、发货人不直接与承运人联系。对承运人来说,货代是发货人,而货代在目的港的代理是收货人。因此,承运人给货代签发的是全程提单或货运单。如果发货人或收货人有特殊要求的话,货代也可以在出运地和目的地从事发货和交付的服务,提供门到门的服务
7	提供多式联运服务	货代作为多时联运经营人时,通常需要提供包括所有运输和分拨过程的一个全面的"一揽子"服务,并对它的客户承担一个更高水平的责任

国际货代包括海运货代服务、空运货代服务等，相对而言，海运货代的操作更为复杂，且服务内容更多，所以本部分知识学习以海运货代服务为例。常见的客服工作主要有解答客户的咨询问题、为客户提供订舱服务、后续跟踪查询工作等。

1. 咨询服务

国际货代行业常见咨询问题是价格、航线、运输方式、交货时间、在途状况及仓储、报关报检、拖车服务情况。在此方面的服务，货代企业可以把常见问题和答案归纳放在服务网络上，供客户随时查看，既可以方便客户，提高服务质量，又可以减少客服人员的工作量，而特殊的问题则通过电话和网上在线或离线方式进行解答来提供服务。

查询货物步骤是指货代服务人员根据客户来电提供信息查询，未提到货物的正常出运货物查目的地，请目的地代理传真不正常情况报告，将事故鉴定及相关材料递交办公室，答复货物在途状况。

2. 订舱服务

（1）指导客户填写托运单

货代服务人员应指导客户如实填写以下信息：托运人/发货人；船公司/船名/航次或船期；起运港；目的港/中转港；货名；柜型、柜量；运价；托运人的签字、盖章。

发货人一般应在装运前 10 天制好出口货物托运单，办理托运手续。其主要内容及缮制要求如下：

1）经营单位或发货人（SHIPPER）：一般为出口商。

2）收货人（CONSIGNEE）：以信用证或合同的要求为准，可以填"TO ORDER""TO ORDER OF ××""××CO."和"TO BEABER"等，一般以前两种使用较多。

3）通知人（NOTIFY）：以信用证要求为准，必须有公司名称和详细地址。

4）分批装运（PARTIAL SHIPMENT）和转运（TRANSHIPMENT）：要明确表示是否可以分批和转运。

5）运费（FREIGHT）：应注明是"运费预付（FREIGHT PREPAID）"还是"运费到付（FREIGHT COLLECT）"。

6）装运日期（SHIPPING DATE）：按信用证或合同规定的装运期填写。

7）货物描述及包装（DESCRIPTION OF GOODS；NO.S OF PACKAGES）：填写商品的大类名称及外包装的种类和数量。

8）总毛重、总净重及总体积（TOTAL GROSS WEIGHT、NET WEIGHT、MEASUREMENT）：按实际填写。

同时，托运单填写应注意以下事项：

1）目的港。目的港名称须明确具体，并与信用证描述一致，如有同名港时，须在港口名称后注明国家、地区或州、城市。如信用证规定目的港为选择港（OPTIONAL PORTS），则应是同一航线上的，同一航次挂靠的基本港。

2）运输编号，即委托书的编号。每个具有进出口权的托运人都有一个托运代号（通常也是商业发票号），以便查核和财务结算。

3）货物名称应根据货物的实际名称，用中英文两种文字填写，更重要的是要与信用证所列货名相符。

4）标记及号码又称唛头（SHIPPING MARK），是为了便于识别货物，防止错发货，通常由型号、图形或收货单位简称、目的港、件数或批号等组成。

5）重量尺码重量的单位为千克（kg），尺码为立方米（m^3）。

6）货物的具体描述托盘货要分别注明：盘的重量、尺码和货物本身的重量、尺码，对超长、超重、超高货物，应提供每一件货物的详细的体积（长、宽、高）以及每一件的重量，以便货运公司计算货物积载因素，安排特殊的装货设备。

7）运费付款方式一般有运费预付（FREIGHT PREPAID）和运费到付（FREIGHT COLLECT）两种方式。有的转运货物，一程运输费预付，二程运费到付，要分别注明。

8）可否转船分批，以及装期、效期等均应按信用证或合同要求一一注明。

9）通知人、收货人按需要决定是否填。

10）有关运输条款订舱、配载信用证或客户有特殊要求的也要一一列明。

（2）与客户核实订舱信息，提供订舱确认服务

客服人员收到订舱单后，必须与销售人员核对运价是否正确，并由销售人员在订舱单上签字确认，然后再向相应船公司订舱。客服人员向船公司确认舱位后，并将船公司传回的订舱确认单第一时间传给客户，与客户核对订舱确认单上面的订舱号与船名、航次等信息，要求详细、准确，以免造成错误。

（3）订舱完毕后，资料录入与核对

客服人员应及时将资料输入计算机，并认真、完整填写操作台账，应注意以下几点：

1）托运人应与订舱单上的托运人一致，并写清电话、传真及联系人。

2）费用明细应仔细填写，"应收"为向客户收取费用；"应付"为由本公司支付的费用；运费到付的需填写在"到付"栏，各种费用应分项列明；向客户收取的费用为ALL IN时，须注明包含哪些费用；免文件、电放费用的需由公司领导在台账上签字确认。

3）需由本公司目的港代理代收运费的，需在台账上注明使用哪家代理。

4）客户需倒签、顺签、预借提单的，须由销售人员在台账上"特殊事项"一栏注明申请，由操作部经理或公司主管领导签字确认。

5）订舱号、订舱日期、船名、开船日期要完整填写。

6）客服人员确认相应操作后，在台账上相应位置签字确认。客服人员按业务员设立登记台账，客服人员需在订舱当日内将客户名称、订舱号、船名、航次、目的港、箱量及业务编号登记在台账上，以便统计查询。

（4）代为安排拖车、报关服务

客户如果需要代为安排拖车、报关的，客服人员应以书面形式提出申请，公司批准后方能安排；且安排拖车前，需与工厂或销售人员联系确认装柜时间及地点；同时向拖车行发出书面委托，写明装柜时间、装柜地点、协议价格、S/O号、工厂联系人及联系电话等，并在拖车登记台账上登记以使订舱确认后，根据客户的要求安排拖车与报关。客服人员需严格按照公司公布的拖车行、报关行列表及相应价格进行安排，对个别重要客户有特殊要求的，需提供以下资料：客户名称、拖车行、柜型柜量、起止地点及费用等。客服人员应至少提前半天时间向拖车行下委托，以便拖车行有时间打单、安排。委托后，客服人员应要求拖车行提供司机姓名及其手机号码、柜号，并报给工厂。客服人员应叮嘱车行按要求时间抵达装货地点，否则由此引起的押车费等损失由拖车行承担。

安排报关时，客服人员需将退税联等重要报关文件在报关台账上作登记，由报关行签收，在收到由报关行退回的退税联后，应立即通知客户，并以客户许可的方式将退税联等资料退给客户，并做好交接记录。

（5）其他服务内容及要求

客户因各种原因取消订舱的，客服人员需要求其书面确认，在确认所有发生费用已结清的情况下方可在计算机中删除资料。

客服人员收到财务打印出来的 DEBIT NOTE，与计算机资料核对无误后，立即传真给客户。客户需开税务发票的，须由客户发书面传真，写明发票抬头及金额、币种；

对由客户自拖自报的，客服人员须至少结关前一天与客户确认是否已做柜。如已做柜，将箱号登记在台账上，即可将台账立即交文件组。

➲ 案例

广州某国际货代企业主要经营国际海运、散货拼箱海运、国际空运报关、拖车服务和其他国际运输服务。

海运货代业务提供广州、深圳、香港散货或整柜海运进出口报价及运输业务，提供门到港、门到门服务，签约船货代公司有中远集团（COSCO）、法国达飞轮船有限公司（CMA）、东方海外（国际）有限公司（OOCL）、万海航运股份有限公司（WANHAI）、韩进海运有限公司（HANJIN）等十余家船公司。

与国际快件巨头 EMS、DHL、UPS、FedEx、TNT 等紧密合作，可提供折扣价并可做进口到付，可以接电池货，进出口货物。在国际空运方面优势非常明显，该公司拥有多家航空包板包仓。在国际快递方面，该公司有着 UPS、FedEx、DHL 国际三大速递巨头的代理权，目前提供到全球各国的国际空运、快递、物流、货运等优质服务。

优势海运航线：中东、东南亚、欧美、日韩。

优势空运航线：欧美、非洲、日本。

可双清的国家：美国、加拿大、以色列、新加坡等。

专业散货拼箱业务在全球各个港口均有拼箱代理。国内各个港口直接签单，各地平台共享，空运、海运、拼箱的进出口都有专门操作人员。公司致力于疑难问题的处理解决。

【想一想】

你觉得这家货代公司怎么样？在选择货代公司的时候，你会考虑哪些因素？

⊃ 案例

F 国际运输代理有限公司是一家国际货运代理及现代物流服务提供商，迄今已在世界 40 个国家设立了 100 多个分支机构，其中国内地及香港有 20 多个，远东地区有 45 个，欧美有 44 个，员工总人数超过 1 700 名。F 公司主要经营中国内地、香港至世界各地的进出口班轮货运，以欧洲、北美洲、南美洲、中东及大洋洲航线称强；同时经营中国内地、香港至世界各大机场的空运业务，善于处理挂衣运输及特大货物承运，并从事国际海空联运业务、度身定做拼箱服务等。

以下为 A 客户提供国际货运代理服务中发生的一个真实业务：以往 F 公司在提供货代散货拼箱服务时都会提前放仓给客户，让客户在每周四的中午将货物送进仓库（笋岗监管仓），客户需要统一将报关资料送到仓库报关，星期六将拼箱柜运到码头报关，以便赶上每周固定的船期。本次，A 客户将一票全部托盘打包好的货物送进仓库，仓库方开具进仓核实单与客户进行了确认，单上注明了货物数量、体积、重量等信息，截至周四，共收了 27 立方米左右。一般，F 公司会将装柜的体积控制在 28 立方米/20GP，56 立方米/40GP，66 立方米/40HQ，因此批货物只有 27 立方米，故 F 公司将出仓资料做给仓库，安排拖车公司拖了 20GP 空柜，于周六上午到仓库装货。不料，装柜当天中午被告知仓库体积核实有误，其中一票货少算了约 5 立方米，这样下来柜子就超出了 31 立方米，根本无法装下。

模块三 物流客户服务提供

【想一想】

作为国际货代服务方,在不能推迟客户货物的前提下,你会如何处理?

⊃ 案例

某出口商有一个美国的订单,货分两次出去,第一批空运,第二批海运。货代公司是美国那边的客人指定的。货代公司第二批货物空运前曾经与出口商进行过单据确认,但由于双方疏忽,没有及时发现问题,导致货代误将第二批货也空运到了美国,作为货代公司你会如何处理?

【想一想】

遇到这类问题你会怎么做?

二、国际货代业务服务过程中的个性化服务

1. 整合资源,以低成本、高服务质量提供服务

目前,我国货代企业多是散、乱、弱、小,如何对两家或多家业务相同、职能相似、机构重叠等货代企业的资源进行优化整合、重组再建,以实现规模化运营,提供低成本、高服务质量的服务成为货代企业个性化服务的一条重要途径。

⊃ 案例

中远集团、川崎汽船、阳明海运、韩进海运和胜利航运新组成的联盟体进一步加强合作,其中三家航运公司分别签订泛太平洋航线、欧亚至地中海航线的互租舱位协议。除了较早前川崎汽船和韩进海运拟在泛太平洋的西北航线互租舱位外,阳明海运亦会与川崎汽船合并旗下20艘可配载5 500标箱的船队,航行泛太平洋和欧亚至地中海航线。2014年川崎汽船与阳明海运签订互租舱位协议会于明年年初生效,互租舱位协议内容包括两家公司的太平洋西南航线、太平洋西北航线和欧亚航线。而20艘可配载5 500标箱的船只当中,有13艘船只是川崎汽船新造船只,每艘船只速度高达25海里(1海里=1 852米),属同类船只中船速最快的船只。两家公司联合声明表示互租舱位和合并船队,是为了减少运输时间和增加中国至地中海航线挂序港口的数目。另外,上周川崎汽船与韩进海运亦签订互租舱位协议,协议会在12月中旬生效,两家公司将会调整原来的泛太平西北航线的港口挂序,即其中一艘船只可以停泊在中国香港、中国大陆、中国台湾和韩国等港口,而另一艘船只则可以停泊在中国香港、日本,并直接航行至美国西岸。换言之,韩进海运可以增加泛太平洋西北服务整体航线数目至七条航线,但韩进

海运所采用的船只,则可由原来的六艘可配载 4 000 标箱的船只减至五艘,不但可以减少船只,更可以节省航程时间,由原来的 11 天减至 8 天。而川崎汽船泛太平洋西北服务航线则会采用 5 艘可配载 2 800 标箱的船只,停泊中国香港和日本的 3 个港口。川崎汽船将会租赁韩进海运的 PNX 航线的舱位,而韩进海运则会租赁川崎汽船 PNW 航线的舱位。

【想一想】

你觉得以上案例中描述的做法,带来了哪些好处?

_____

2. 扩大服务范围,提供一站式的优质服务

长期以来,我国的国际货代企业一直处于船货之间,业务范围局限于订舱、报关、转运等简单环节性服务,缺乏创新。货代企业可以开展为客户提供一站式服务的新模式,同时做到零缺陷、零抱怨服务。

三、国际货代服务质量考核内容

货代服务考核可以从时效性、安全性、服务规范性、可靠性等多方面考核,如可以通过表3-19中相关指标进行考核。

表3-19 国际货代服务质量考核

序号	考核项目	考核项目说明
1	服务时效	通过对每笔货代业务服务设置标准时效,进行考核。比如从上海至香港,从提货到送货要求 36 小时之内运抵,那么可以用这个时效标准进行考核
2	货物安全性	货损客户可能是可以接受的,但客户不会接受无限制的货损,因此低货损率是体现优质服务的重要指标。一般货代的货损率会控制在 2‰ 以内
3	操作规范性	每笔货物的处理都有一个明确的要求,如何接货,如何包装,如何放标签等,这方面考核我们可以通过收货方的反馈来考核,要求做到服务 100%规范,才能令客户放心、满意
4	客户满意率及投诉率	货代服务内容繁杂且服务范围广泛,要定期对客户进行满意度调查,并进行投诉率统计,实时了解客户对服务的意见反馈,不断提高和改善

服务质量的考核还可以通过很多指标加以考核,具体可以结合客户的具体要求与实际需求进行考核贯彻,不断发现服务中存在的问题与不足,持续改进,提供令客户满意的优质货代服务。

参考方案:

作为客服人员:

第一,将船期表(见表 3-20)发给客户,建议选择船名为 HANJIN

NETHERLANDS，航次 0010W，请客户进行选择。

表 3-20　船期表

2015 Asia/North Europe Weekly Express Serviec 6(NE6)

盐田周六 08:00 载重/12:00 载关

船名	航次	盐田		新加坡		阿尔赫西拉斯		汉堡		鹿特丹		勒哈佛尔	
VESSEL		YTN		SLN		ALG		HAM		RTM		LEH	
	VOY	ETA	ETD	ETA	ETD	ETA	ETD	ETA	ETD	ETA	ETD	ETA	ETD
航程	天数		0	3		20		24		28		30	
HANJIN UNITED KINGDOM	0008W	06-01	07-01	10-01	11-01	27-01	27-01	07-02	09-02	18-02	19-02	06-02	07-02
HANJIN KOREA	0014W	13-01	14-01	17-01	18-01	03-02	03-02	15-02	17-02	27-02	28-02	13-02	14-02
HANJIN AFRICA	0003W	20-01	21-01	24-01	25-01	10-02	10-02	23-02	25-02	08-03	09-03	20-02	21-02
HANJIN NETHERLANDS	0010W	27-01	28-01	31-01	01-02	17-02	17-02	03-03	05-03	17-03	18-03	27-02	28-02

第二，客户确认选择船名航次后，指导客户填写托运单（见图 3-8），并盖章签字确认后传真或电子邮件。

D/R NO:

华南中远国际货运有限公司

O SOUTH CHINAINTERNATIONALGREIGHT CO.LTD.

CONTAINER BOOKING NOTE

Shipper
TAISHAN CITY XINHONGJI TRADE.CO.LTD
O/B EVER SHINE LED LIGHTING LTD
NO.1 DONGMEI STREET SIJIU INDUSTRIAL ZONE.
TAISHAN CITY.GUANGDONG, CHINA

联系人:
TEL NO.:
FAX NO.:　FREIGHT & CHARGES
EMAIL:　OF:　☐PERPAID　☐COLLECT
DOC:　☐PERPAID　☐COLLECT
BAF:　☐PERPAID　☐COLLECT

Consignee
GLOBALTRONICS. GMBH&CO.KG
DOMSTR.19, 20095 HAMBURG, GERMANY

Notify party
SAME AS CONSIGNEE

Pre-Carriage By	Place Of Receipt
Ocean Vessel　Voy No. HANJIN NETHERLANDS 0010W	Port Of Loading YANTIAN
Port Of Discharge	Place Of Delivery

container No.	seal No. Marks & Nos.	No. of containers Or P'Kgs	Kind of Packages, Description of Goods	Gross weight	Measurement
	N/M	4044 CTNS	50 LEDSPARTY LIGHT CHAIN WHITE LANTERNLIGHT CHAIN COL OREDLANTERN LIGHT CHAIN LANTERN WITH, PATTERN (MOON AND STAR) TOTAL; 6*4'HQ SHIPMENT IN FCL/FACL FREIGHT COLLECT SI CUT OFF: 23-JAN-2013 ETD YT: 28-JAN-2013 ETA HAM: 03-MAR-2013 ORDER NO: SCR248E 45383(LOT1)	32473.32	394.8

TOTAL MUMBER OF CONTAINERS OR PACKAGES (IN WORDS)

图 3-8　托运单

第三，客户填写好托运单后，发订舱确认书（见图 3-9）给客户，强调相关时间，如截重时间、截放行条时间等。

物流客户服务与管理

COSCO SOUTH-CHINA INTERNATIONAL FREIGHT CO., LTD
深圳中远国际货运有限公司
订舱确认书

TO:	Taishan City Xinhongji Trade Company Limited	日期:	2015-01-10
FROM:	李梅		
TEL:	0755-26545711		
EMAIL:	lm@163.com		

订舱单号: COSU1234567810　　　(SZX)
FORWARDER REFERENCE:

预配头程船名航次:	HANJIN NETHERLANDS 0010W(船编94088	航线:	COS-NE6(盐田)
预配二程船名航次:		航线:	
收货地:	YANTIAN,GD	装港:	YANTIAN
卸港:	HAMBURG	最终卸港:	HAMBURG
箱量:	6×40HQ	交货地:	HAMBURG,HH
货物:	LIGHT CHAIN, LANTERN WITH RATTERN	条款:	CY-CY
货类:	普通货	合约号:	HAV5
备注:			

敬请留意:

预计开舱时间:	2015-01-20 00:00
预计截重时间:	2015-01-26 08:00
预计截放行条时间:	2015-01-26 12:00
预计开航时间:	2015-01-28 04:00
预计截文件时间:	2015-01-25 12:00
在预计到目的港时间:	2015-02-22 07:00

*以上时间如有变动,以另行通知为准.

*如贵司自行安排拖车报关,请仔细阅读下列事项.

打单提箱地点:	盐田区进港三路盐田国际大厦1001室 TEL:25542521/25542522
七联单编号地点:	盐田区进港三路盐田国际大厦1001室 TEL:252244527
放行条交接地点:	深圳市盐田区进港二路YICT综合服务大楼一楼
空箱提取地点:	YTN01
重箱返回地点:	YTN01
注意事项:	1.请立即去码头打单,如因爆舱原因造成无法打单,此单自动失效。
	2.请务必提供详细、真实的货物名称;开船后我司不接受对货物性质更改。
	3.出口空箱免用箱天和超期费率具体请登陆http://www.coscon.com查询, 其中普通箱免用箱天数为7个日历天(从提柜当天起算, 至船开当天), 个别航线特殊政策以我司另行通知为准。
	4.装货时请勿超重, 否则自行承担由此引起的责任、风险和费用。货物限重(货物毛重)参考:
	* 美国:17.2吨/20GP,19.9吨/40GP/40HQ; 其他地区:21.5吨/20GP,26.75吨/40GP,26.56吨/40HQ。注意:大部分地区在上述限重范围内还会根据不同的重量分段收取超重附加费。
	* 各地区超重附加费请向我司操作人员另行咨询或确认。
	◆ 特别声明:
	因航行易受海上风险、港口操作限制及其他船舶安全航行因素之影响, 以上船期信息不应作为承载船舶和船期的最终确认, 承运人不承担货物未按预定船期装载的责任和后果, 但承运人将竭尽所能安排替代船舶和航次执行本票货物的运输任务。

图3-9　订舱确认书

最后,如果客户需要安排拖车和报关等业务,货代客服人员则应与拖车、报关部门或相关代理联系，将客户相关要求告知，做好协调工作；然后将相关业务转移给操作部同事，跟踪客户业务实施情况，进行适当反馈。

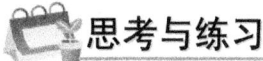

思考与练习

一、名词解释

唛头　拼箱

二、思考题

1．写出 5 家主要的船公司，并大体描述该公司的整体情况。

2．请说明订舱服务包括哪些服务内容。

三、技能训练题

1．如果客户提单遗失，作为客服人员，你需要做哪些工作？

2．以下是一封客户发来的邮件，请试着翻译。

Hi Jacky，

Enclosed please find 1 set of LCL booking under s/o#RAY-29292 and confirm by return. We need your help to arrange trucking from Dongguan factory to Yantian YPH1 warehouse on 01/04 (0900).

Please refer to the below factory address with contact details and remind vendor to prepare all of the relevant customs document. Per Spectrum Brands instruction，this vendor is under "Ex Work" terms. So, we will issue an invoice to debit consignee for all of local charges of this shipment. Please help to send us the invoice with trucking cost and other surcharges upon job completion.

任务四　跟踪与反馈客户订单

知识目标

1．熟记邮件撰写的基本格式及注意事项

2．熟记订单跟踪的几个关键环节

3．理解与客户反馈信息的沟通技巧

能力目标

1．会与相关工作人员沟通，跟踪订单完成情况

2．能及时将订单跟踪信息反馈给上下游客户

任务引入

若作为淘宝的客服人员，你认为订单跟踪工作应抓住哪几个关键环节，如何更好地完成跟踪反馈工作？

背景描述

某买家在淘宝网上购买了商品，卖家承诺用某速递公司进行快递，三天内能到货，可是客户到了第四天还没有收到货物，此时有些担忧：卖家是不是没有发货？物流环节出了问题？怀着忧虑的心情，客户发来信息："我想问下订单号为718144978497的货物为什么还没有到？"

任务分析

此案例中的物流服务工作主要是客户订单跟踪与反馈。订单跟踪与反馈工作主要是利用各种信息化手段跟踪物流各关键环节作业情况，收集客户订单信息，然后通过电话、邮件或查询网络的形式反馈给客户，并能够在物流作业环节出现问题时，及时与客户沟通反馈，协助解决问题。要想做好跟踪与反馈客户订单工作，物流客服人员既要了解客户关心的物流关键环节有哪些，又要及时收集各环节的订单信息内容，并能够利用信息化手段收集获取相关信息，同时掌握电话服务的基本技巧，掌握中英文邮件撰写的基本格式，通过适当的形式将信息成功反馈给客户。

相关知识

一、跟踪客户订单的技术手段

在跟踪客户订单服务过程中，物流企业应选用技术手段，尽可能实现全程、全时段的跟踪服务。例如，在运输货物和车辆追踪方面，物流企业可以应用无线射频识别技术及条码技术实现货物追踪，同时通过GPS、GIS完成车辆追踪。而在仓储和生产物流中，物流企业可通过条码的仓储货物识别和生产物流中的货物识别技术完成跟踪服务。如今，物流追踪技术应用已经可以深入到物流与供应链的多个环节中，包括仓储、运输、配送和生产物流等作业中，呈现出追踪全程化、可视化的发展趋势，实现整个作业过程的实时追踪和可视化，从而满足客户的全程跟踪与反馈服务。

【想一想】

请举个例子，说明技术手段在物流跟踪领域的优势？

二、跟踪客户订单的关键物流环节

物流订单跟踪是属于物流系统中非常重要的一项，关系着是否正常发货、货物安全、在途运输、信息交流、安全到货、客户回执等诸多环节的掌控及操作，要想成功完成跟踪订单工作，物流客服人员需要首先了解订单跟踪流程。

一般物流订单跟踪关键环节如图 3-10 所示，每个关键环节的服务内容描述见表 3-21。

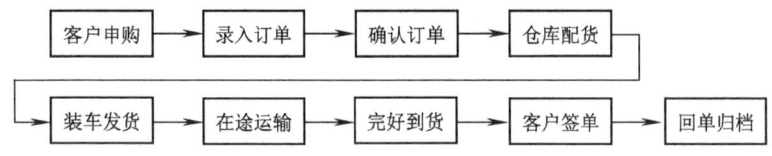

图 3-10　一般物流订单跟踪关键环节

表 3-21　物流订单跟踪关键环节内容描述

序号	关键环节	服务内容描述
1	客户申购	客户通过申请，明确订单信息，包括货物明细、订发货时间、支付货款等来实现订单生成
2	录入订单	确认相关订单信息后，在物流系统录入，转换为发货单
3	确认订单	发货单生成后，需进行复核及审查，如货物品种、规格、数量等是否能够完全满足客户要求，如有疑问及时与客户沟通修改订单，确认后正式下单，进入仓储实施环节
4	仓库配货	统计处打印单据，传至仓库，由仓库管理员拣货配货，准备装货
5	装车发货	发货时，要复核货品，保证订单与实物相符，保证货物完整无缺，货品、规格、包装等符合客户要求，同时完成司机签收及注意事项培训，正确装车发货
6	在途运输	客服人员要与司机保持密切联系，或者通过信息化手段，如 GPS 跟踪技术、条码管理系统等，分时分段掌握货物在途信息，在发现情况后，能够及时处理及汇报
7	完好到货	客服人员要及时协助司机疏导解决路况及地址等方面问题，跟踪货物，确保能够准确、按时到达货运目的地
8	客户签单	司机及跟车人员应与客户的核对卸货等环节，确保客户满意、完好地签收货物并取得回单
9	回单归档	通过跟踪，保证回单安全完整地返回物流部，合理保存归档

三、反馈订单的沟通方式

1. 与客户电话沟通

物流客服人员与客户进行电话沟通是与客户连接的一座桥梁,关系着企业形象、服务态度、工作水平及客户满意度等。所以如何做好、做优这项工作是至关重要的。

物流客服人员与客户进行电话沟通的基本要求:说话要尊称,态度平稳;说话要文雅、简练、明确;态度要婉转热情,用词要讲究语言艺术,力求优美。本部分内容已经在模块二任务一中详细讲解,此处不再赘述。下面以订货运输为例介绍几种典型的跟单反馈情景。

(1)货物申购

例题1:客户所定货物库存不够,导致缺货。

答:××先生,您好!很抱歉给您带来不便。因为厂商发货不足,导致这次货品缺少×××货物,我们会在最短的时间内安排补货,以最快的速度,第一时间将缺少的货物发出。请您保持联系。谢谢!

(2)修改订单

例题1:已经与客户达成申购协议,但是客户要求补货。

答:××小姐,您好!对于您提出的补货要求,很高兴已经通过公司批准。现和您核对货品明细,以便准确发货。谢谢!

例题2:统计发现订单数量单位存在问题。

答:××会计,下午好!我这边录入时发现订单数量及单位数据存在问题,请予以修改。感谢你配合我部的工作,谢谢!

例题3:因客户未及时支付货款,××部要求物流部取消订单。

答:××经理,您好!根据您反馈的情况,我们这里是无法单方面取消订单的。请您联系××部将订单取消,我们这里才可以予以确认。感谢您的配合,再见!

(3)确认订单

例题1:订单确认后××客户要求补货并修改订单明细。

答:××店长,您好!非常抱歉,根据公司规定对于系统确认的订单是无法实现修改的,您可以联系××部门,申请次日或当日补货。以便达到您的订货需求。谢谢!

例题2:客户要求提前日期发货。

答:××店长,您好!根据您的要求,我们会将您的要求反馈至××部门,请保持联系,我们会第一时间将处理意见及进程告知您。感谢您的来电,再见!

(4) 仓库配货

例题1：配货环节正在进行，客户致电×××要求订单之外的附加品增加发货。

答：××先生，您好！对于您提出的要求，我这边是无法帮您处理的，按照公司规定，您可以先联系××部门，将要求告知。如果公司通知安排发货，我们会按时处理的。谢谢！

(5) 装车发货

例题1：客户致电物流部要求按照自己提出的堆码方式堆码。

答：×××小姐，您好！根据您提出的提议，我们会协调装货员尽量按照您的要求来装货以及堆码。谢谢！

例题2：×××部门要求货物加多层外包装，旨在确保货物的安全。

答：×××部门××经理，您好！根据您的提议，请联系物流部×××经理进行提议，我这里会根据上级领导的指示，完成操作，谢谢！

(6) 在途运输

例题1：客户来电想了解即时车辆运行地点。

答：×××先生/女士，您好！很高兴接到您的来电，我们会即时索取信息并将信息反馈给您，请留意接听我们的电话。谢谢！

例题2：在途车辆发生车祸等原因，可能导致货物无法按时到达。

答：您好！是×××先生/女士吗？非常抱歉，现告知您××车辆因××××在京杭高速上滞留，可能引起货物无法到达的情况，请您及时做好安排和准备，我们会及时跟踪并将信息第一时间反馈给您。可能对您带来的不便，请谅解，谢谢！

例题3：司机在途发生车辆损坏故障等情况无法继续送达，并求助于物流部。

答：师傅，你好！现将离您方位最近的维修公司联系方式告知您，请及时联系沟通解决。避免出车货滞留情况，及时地将货品送达。我们会一直和您保持联系。谢谢！

(7) 完好到货

例题1：加盟商所需物品在到货时发现丢失现象。

答：×××先生/女士，您好！非常抱歉因为物流公司的疏忽造成您所需要的货物丢失。我们会马上联系物流公司确定，并给您第一时间补货，请您保持手机通畅。谢谢！

例题2：司机跟到货单位门卫或者当事发生争吵及矛盾。向我们反馈请求协助解决。

答：师傅，你好！请您保持克制冷静，我们帮您协调处理，请描述下你现在遇到的具体情况及当事人单位和名称。请您保持联系，留意我们的来电。谢谢！

(8) 客户签单

例题1：货物存在少货、残损等情况。客户拒签，并向我们反馈。

答：×××先生/女士，您好！首先我代表公司对给您带来的不便向您表示诚挚的歉意。我们将和司机核实情况，给您一个满意的答复。请您保持好手中的单据完好无损，保持手机畅通，并留意我们的来电，谢谢！

例题2：如遇单据破损无法辨别，导致无法收货，客户向我们反馈。

答：×××先生/女士，您好！如果单据破损并无法辨别，请您将原始单据保存，我们会通知相关人员传真一份发货单给您，以便您按时收货入库。以此给您带来的不便，请谅解，谢谢！

(9) 回单归档

例题1：回单未按时回归物流部。

答：×××先生，您好！根据我们这边查询的情况，您2015年1月8日的订单号为20141201的回单未按时交予我司物流部，请您及时提交。感谢您对我们工作的支持与配合。再次感谢！

2. 邮件跟踪与反馈

(1) 中文邮件撰写要求

1) 邮件主题。主题是接收者了解邮件的第一信息，因此要提纲挈领，使用有意义的主题行，这样可以让收件人迅速了解邮件内容并判断其重要性。标题要能反映文章的内容和重要性，切忌使用含义不清的标题；且一封信尽可能只针对一个主题，不在一封信内谈及多件事情，以便于日后整理。

2) 邮件称呼。邮件的开头要称呼收件人。如果对方有职务，应按职务尊称对方，如"×经理"；如果不清楚职务，则应按通常的"×先生""×小姐"称呼，但要把性别先搞清楚。

3) 邮件正文。首先，邮件正文要简明扼要，行文通顺。邮件正文应简明扼要地说清楚事情；如果具体内容确实很多，正文应只作摘要介绍，然后单独写个文件作为附件进行详细描述。

其次，注意邮件的论述语气。物流客服人员应根据收件人与自己的熟络程度、等级关系，邮件是对内还是对外性质的不同，选择恰当的语气进行论述，以免引起对方不适，并且要尊重对方，"请""谢谢"之类的语句要经常出现。

再次，邮件正文多用第一、第二、第三、第四之类的序列说明，以清晰明确。如果事情复杂，最好列几个段落进行清晰明确的说明。邮件正文应保持每个段落简短不冗长，没人有时间仔细看没分段的长篇大论。

最后，一次邮件交代完整信息。物流客服人员在用邮件沟通时，最好在一次邮件中把相关信息全部说清楚、说准确，不要过2分钟之后再发一封什么"补充"或者"更正"之类的邮件，这会让人很反感；同时，要尽可能避免拼写错误和错别字，注意使用拼写检查。合理利用图片、表格等形式来辅助阐述，对于很多带有技术介绍或讨论性质的邮件，单纯以文字形式很难描述清楚，如果配合图表加以阐述，更便于收件人清晰了解。

4）夹带附件。物流客服人员在撰写邮件时应注意如果邮件带有附件，应在正文里面提示收件人查看附件。附件文件应按有意义的名字命名；正文中应对附件内容做简要说明，特别是带有多个附件时；附件数目不宜超过 4 个，数目较多时应打包压缩成一个文件；如果附件是特殊格式文件，需在正文中说明打开方式，以免影响使用。

5）结尾签名。电子邮件消息末尾要进行签名。签名档可包括姓名、职务、公司、电话、传真、地址等信息，但信息不宜行数过多，一般不超过 4 行。

（2）英文邮件撰写要求

英文邮件的格式内容与中文邮件略有不同，具体格式要求如下。

1）称呼。

例：Dear Sirs

Thank you for your interest in the MEYLAN line of stopwatches，timing device，etc.

2）信文。

例：We are pleased to inform you that we act as extensive export representatives for MEYLAN CORP.

Please advice if you are interested in receiving our full catalog and price list.

3）信尾谦称。例：Very truly yours。

4）公司名称。例：SCHRTFMAN BROS.INC。

5）签字。

① 写信人姓名，如 Michael Seharfmah。

② 写信人职务，如 Manager。

③ 发信人及打字员，如 MS/Madam。

（3）邮件跟踪与反馈的注意事项

物流客服人员应对各类操作进程以及单证截止时间等信息进行跟踪，并及时、耐心地反馈给客户，邮件往来的注意事项主要如下：

1）所有邮件必须仔细阅读，对于不明白的地方应及时向相关人员咨询。

2）邮件主题必须标注所涉及事件的主要信息，如单号、日期、地点、发货人、收货人等。

3）邮件内容：对于重要的内容或单词，应用大写字体或不同颜色或加粗标注出来，以引起收件人的注意。

4）不同的事件应在不同的邮件中分别讨论。

5）如需将一个往来多次的邮件转发邮件给一个之前没有参与讨论的收件人，为减少收件人的阅读时间，转发者应在邮件中简要介绍事情的前因后果。

6）邮件只应回复给当事人或自己认为有必要知道或参与讨论的人，尽量少用"全部答复"。

7）邮件主题应与邮件所述内容一致。

8）转发邮件，应使用"转发"而不应使用"答复"或"全部答复"。

9）发到公司以外的邮件必须要有发件人的署名及其联系方式包括公司、部门、电话、传真、邮箱地址等。

10）引用别人的邮件或其他文件内容时，应用引用符号或"quote（引用）"等标出。

11）邮件的保密：与发货人或收货人之间的往来邮件一般不发给代理，除非另有要求的；同时员工也特别注意不应把与业务相关的信息、资料发送给无关的第三方。

12）发送附件是应尽可能使用较小的文件格式如 JPG、PDF、TIF 等，如文件太大应压缩后再发送。

13）所有邮件必须在 24 小时之内回复，即使由于客观原因，事情尚未有结果或未能给出答案，也应告知对方事情的进展情况以及何时给予最后答复等。

14）如前期已联系过，应尽可能在原有邮件的基础上进行跟进，如确有必要另见新邮件，也应告知之前邮件的主题、时间、发件人等信息以方便对方查询。

【做一做】

下面是一个反馈给客户王经理的跟踪订单信息反馈邮件，请修改使其更加规范合理。原邮件内容为：

单号：8113144051，27 号 CA1537 飞往南京的（大包为 20 件，内装小包 39 件），南京代理在库房分拣苏州与南京仓手机时，打开外包装发现内物实物只有 35 件，缺失 4 小件（缺失 4 号箱号为：23.24.26.29）（共计 80 台），现我司要求南京代理将此批发过去的 212 件手机大包装及 5 件皮套大包装全部安排飞回我北京。现此货暂放我司南京仓，等待安排！待外包装返回我司，我司将第一时间通知贵司！

➲ 案例

情景一：

订单号 81117 在配送时，952 皮套三箱共 120 件，发现其中有一箱外箱轻微戳角，客户整箱拒收，没有开箱验货。通常 952 皮套与手机是按 1:1 的数量签收，所以手机也被拒收了。还有一箱 355 的皮套 50 件也因包装略有变形被拒收，手机同样被成批拒收。交货过程中配送人员与总部赵依依（主管）沟通，说这种情况可以开箱验货，但收货方称不符合验货标准，他们不得擅自开箱验货，沟通无效，对此请求协助处理。现在货已经先行拉回仓库，周六收货人仓库将停止收货，而且再次配送将产生二次派送费等。

模块三 物流客户服务提供

情景二：

关于合肥仓库预约送货情况：本月 16 号航班发运此批货物，当天合肥代理与收货人预约送货，被告知因系统瘫痪不能收货，要求我司代理留下手机号，等待通知送货；周日（18 号）代理再次与收货人预约送货，告知系统仍存在问题，不能收货。周一（19 号）我司代理接到收货方电话通知，要求周二送货，我司 20 号会安排配送。

【做一做】

请根据上述情况，撰写邮件给委托人赵经理进行订单跟踪反馈。

【想一想】

请评价以下两封反馈邮件的优缺点。

邮件一：

南昌代理反馈目前机场还未提到货，状态正在查询，因北京称是属于正常出港，但南昌机场电话无人接听，我司已安排南昌代理派人前往机场查询状态，有结果第一时间反馈贵司！

邮件二：

接国航最新通知："由于航班大面积取消，现通知明天所有的航班只接收 XPS 和 XPQ，其他一切普货舱订舱取消，协议舱位也都取消"，特此通知！请贵司对今日航空指令采取应急措施！

我司 16:00 班车，于 10:10 正常从北京发车，但因受大雾天气影响，京津塘高速封路，现还未开通，车辆未离开北京，请知悉。请贵司采取相应的应急措施！

---

3. 通过专业网站或终端软件查询服务，跟踪反馈订单信息

物流客服人员应及时将获取的订单跟踪信息录入网站或终端软件的相关系统，并耐心告知客户如何登录查询，如实跟踪反馈订单信息，提高客户满意度。物流客服人员应指导客户使用查询系统，耐心热情。

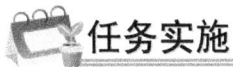任务实施

参考方案：

客户："请问我的某订单的货物怎么还没到啊？现在到哪里了？"

客服人员："请您稍等，我马上帮您查询。您好，货物现在已经发往深圳中心了，预计明天中午以后您就可以收到货。由于现在是春节期间，物流量比较大，还请您多多谅解。请问您明天下午收货方便吗？我们会有专门的配送员跟

您取得联系。"

客服人员回答:"我会将详细信息发到您登记的邮箱,请您查看。"

客户:"好吧。"

客服人员回答:"谢谢您的来电和谅解,欢迎下次致电。"

电话后将跟踪信息通过邮件反馈:

邮件正文内容首先要有致歉话语,请求客户的谅解。

其次,将订单跟踪的详细信息进行反馈,如图3-11所示。

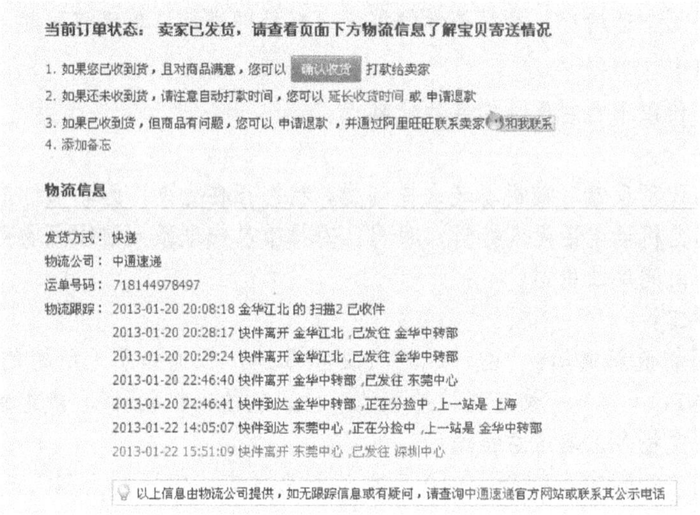

图3-11 订单跟踪信息反馈截图

再次,将淘宝网站中物流跟踪情况查询方法进行指导:

卖家,请登录淘宝账号到"我的淘宝"—"我是卖家"—"交易管理"—"物流工具"—"()"中,输入订单编号,点击"搜索"即可查看相关订单中物流详情。

买家,点击"我的淘宝"—"已买到的宝贝"—"查看物流",也可以直接凭订单号在快递官网查询。

最后,送上节日祝福。

思考与练习

一、名词解释

订单确认　回单归档

二、思考题

1. 跟踪客户订单的技术手段有哪些?

2．跟踪客户订单的关键物理环节有哪些？

3．反馈订单的沟通方式有哪几种？

4．查阅资料，写出航空货代客服跟踪反馈客户订单的关键环节。

三、技能训练题

1．实训内容：跟踪与反馈服务技能训练。

2．实训要求：根据实训情景中的内容，请撰写一封邮件进行客户订单跟踪情况的反馈。

3．实训情景：

分析资料见表3-22。

表3-22 分析资料

订单号	收货单位	型号	数量	签收时间	签收数量	拒收台数	拒收原因
235025	太原分仓	310CHN	100	2014-10-23 16:30	98	2	原厂箱外包装变形，封口贴破损，拒收两台
235235	正强贸易太原	500CHN	25	2014-10-24 11:00	18	7	原厂箱外包装变形，封箱贴开裂，拒收7台
235307	正强贸易太原	510CHN	15	2014-10-24 11:00	9	6	原厂箱外包装变形，封箱贴开裂，拒收6台
235330	神州数码—太原办事处	510UHN	15	2014-10-23 15:00	13	2	散箱外包装变形，彩盒变形，拒收两台

情况分析：根据近期拒收量较大，对代理派送环节也做了相应的电话回访，多数反馈，包装内气泡填充物很容易破损，抗震能力差，未能起到保护作用，建议考虑更换泡沫颗粒填充物，应该会有更好的防震、抗震效果。

整改措施：要求专线代理对贵重物品加强防护措施，严禁杜绝野蛮装卸。另外对接收货物派送代理强调接收货物时如发现货物存在异常，将于第一时间反馈我司；出港时间确保货物外包装的完整性，到港提货时，检查外包装是否破损，如有破损，尽力要求航空公司开具破损证明，代理派送轻拿轻放。

任务五 处理客户投诉

知识目标

1．了解客户投诉信息收集渠道及投诉原因种类

2．熟记客户投诉处理流程

3．理解处理客户投诉处理技巧

能力目标

1．能灵活运用客户投诉处理技巧，完成投诉处理

2．跟踪投诉处理结果，总结投诉处理经验

任务引入

若作为客服人员你会在接到电话后做哪些工作?若作为客户经理,请详细阐述你会如何处理此项客户投诉。

背景描述

某航空货运代理企业(简称"A公司"),其核心业务包括航空货运代理和速递业务,与某国际知名品牌手机公司(简称"B公司")强强合作,签订了物流合作协议。B公司业务主要通过空运从北京运往A公司全国各地分公司,再通过分公司或当地代理企业发往各地销售网点客户端。

合作以来,B公司对A公司的物流服务基本满意,但12月份物流部门统计的各销售终端客户拒收率高达18%,尤其是上海高达26%。为此B公司专门打电话到A公司客服部进行投诉。

任务分析

成功的物流客户投诉处理有助于企业了解客户的需求,保持企业的持续改进,且有助于与客户建立良好的关系,得到客户的谅解与信任,从而保持客户忠诚度。在本案例中,客服人员要想处理好客户投诉,首先要明确客户投诉处理的流程,调查了解相关拒收数据以及产生的原因,结合客户投诉的原因,有针对性地提出处理措施与办法,当然在整个投诉处理的过程中还应该注意处理投诉的基本方法与技巧。最后完成投诉处理的经验教训总结,不断提高客户投诉处理能力。

相关知识

一、物流服务投诉产生的原因

客户投诉是客户将其在接受产品或服务过程中所感受到的不满向有关部门申诉的行为。客户投诉源于客户的不满意,作为企业大多不愿甚至排斥客户投诉,但好的客户投诉处理往往可以拉近企业与客户的距离,投诉处理得当不仅不会失去客户,反而会增强客户对企业的信任感、认同感,提高客户忠诚度。

按照失误责任分类,物流领域的投诉主要包括以下几类(见表3-23)。

表 3-23 物流客户投诉原因分类

序 号	投诉原因	投诉原因描述
1	业务人员操作失误	计费重量确认有误；货物包装破损；单据制作不合格；报关、报验出现失误；运输时间延误；结关单据未及时返回；舱位无法保障；运输过程中货物丢失或损坏等情况
2	销售人员操作失误	结算价格与所报价格有差别；与承诺的服务不符；对货物运输过程监控不利；与客户沟通不够，有意欺骗客户等
3	工作态度差	物流企业一线工作人员工作态度恶劣，服务质量差，给客户带来不便
4	供方操作失误	运输过程中货物丢失或损坏；送（提）货时不能按客户要求操作；承运工具未按预定时间起飞（航）等
5	代理操作失误	对收货方的服务达不到对方要求，使收货方向发货方投诉而影响公司与发货方的合作关系等
6	客户自身失误	客户方的业务员自身操作失误，但为免于处罚而将责任归于货代公司；客户方的业务员有自己的物流渠道，由于上司的压力或指定货而被迫合作，但在合作中有意刁难等
7	不可抗力因素	天气、战争、罢工、事故等所造成的延误、损失等

【做一做】

结合以上客户投诉的原因，你觉得应采取何种方法避免类似情况的出现？

1. _____
2. _____
3. _____
4. _____
5. _____
6. _____
7. _____

二、客户投诉处理的基本原则

1. 有章可循

物流企业要有专门的制度和人员来管理客户投诉问题；另外要做好各种预防工作，防患于未然。为此，物流企业需要经常不断地提高全体员工的素质和业务能力，树立全心全意为客户服务的思想，并加强企业内外部的信息交流。

2. 及时处理

对于客户投诉，物流企业各部门应通力合作，迅速做出反应，力争在最短时间里全面解决问题，给客户一个圆满的结果。否则，拖延或推卸责任，会进一步激怒投诉者，使事情进一步复杂化。

3. 分清责任

物流企业不仅要分清造成客户投诉的责任部门和责任人，而且需要明确处理投诉的各部门、各类人员的具体责任与权限，在客户投诉得不到及时圆满处理时追究有关人员的责任。

4. 留档分析

物流企业应对每一起客户投诉及其处理进行详细的记录，包括投诉内容、处理过程、处理结果、客户满意程度等；通过记录，吸取教训，总结经验，为以后更好地处理好客户投诉提供参考，找出原因，明确控制范围。

三、客户服务投诉处理技巧

1. 采用正面的回应方法

在处理客户投诉时，客服人员应注意：即使客户是因本身错误而发生的不满，在开始时一定要向他道歉，就算自己有理由也不可立即反驳，否则只会增加更多的麻烦。这是在应对客户投诉时的一个重要法则。在投诉处理过程中，影响客户心情的因素有很多，如客服人员的身体语言、语音语调、专业知识技巧及处理态度等都会成为投诉处理是否能够成功解决的重要因素。在投诉处理时，客服人员要注意采用正面的回应方式，如表情自然放松、微笑表示关怀、自我情绪控制、交谈或倾听时保持眼神交流、体验客户的心情、认真倾听客户的投诉等都是很好的应对方法。

➲ 案例

> 2012 年 12 月 14 日，佛山市工商局"12315"接到来自广西南宁消费者胡先生的投诉，称 11 月 28 日在乐从购买了家具，并委托某物流公司托运家具至南宁，当时双方已约定 70 元/立方米。家具托运到南宁时，胡先生发现约 10 立方米的家具，该公司却要收取 1 550 元的运费。由于委托托运时，双方已谈好了价钱，并在单据上有注明，故胡先生认为不合理，进行了投诉。

【想一想】

遇到上述投诉，你会如何正面应对？

2. 针对不同性质类型的客户采取针对性的应对措施

根据客户性格、行为表现不同，可以把客户分为消极型、宣传型、发怒型、积极型。客服人员可以针对不同特性的客户采用不同的应对方法，具体可以参照表 3-24。

表 3-24　投诉客户应对方式参照表

序号	客户性质类型	具体表现	应对方式
1	消极型	● 态度消极冷漠 ● 使用简单的话语 ● 再次合作度很低	✓ 深切表示关怀 ✓ 主动告知如何处理
2	宣传型	● 把遭遇告诉别人 ● 坚持自己意见 ● 容易把问题复杂化	✓ 隔离群众 ✓ 先行认同 ✓ 简化叙述问题
3	发怒型	● 主动告诉他人不满之处 ● 语言语调等肢体语言夸大 ● 要求更高层次与其交谈	✓ 隔离群众 ✓ 倾听回馈、表达同理心情 ✓ 告知将予上报所诉
4	积极型	● 语带威胁 ● 明确要求赔偿条件 ● 可能有其他行动	✓ 隔离群众 ✓ 提供 2～3 个解决方案 ✓ 追踪观察

3. 客户投诉处理的语言表达技巧

当然，一味地赔罪也是不当的，一副低声下气的样子反而会让客户误以为客服人员只是承认错误。客服人员最好在处理时边道歉，边用应对法使对方理解。企业要针对"客户投诉"编制适当的用语。在客户投诉处理过程中，客户通常处于比较激动、愤怒的状态，客服人员的语言表达技巧成为解决客户不满的关键。以下提供投诉处理的不同阶段可使用的规范语言参考（见表 3-25）。

表 3-25　投诉处理的不同阶段可使用的规范语言

序号	阶段	规范语言参考
1	表达尊重	☆ 您所告诉我的事情，对于我们的服务质量改进是非常重要的和有价值的，非常感谢您！ ☆ 我可以想象到这件事情带给您的感受。 ☆ 这的确是件非常让人生气的事情。 ☆ 我非常理解您的感受。 ☆ 我为您所遇到的问题感到非常的抱歉。 ☆ 这件事情我以前也遇到过，我们的感受是一样的。
2	表示聆听	☆ 您是否可以告诉我事情的经过呢？ ☆ 您是否可以慢慢地告诉我事情经过，我把它记录下来？
3	找出客人的期望值	☆ 请问您觉得我们如何处理会更好？ ☆ 您觉得我们该如何解决这个问题才比较合适呢？ ☆ 我该如何协助您呢？ ☆ 还有哪些事情是您觉得不合适或者不满意的呢？
4	重复确认关键问题	☆ 请让我确认一下，您所需要的是…… ☆ 问题的所在是…… ☆ 请让我再次确认一下，你所期望的是…… ☆ 为了避免再次出现错误，请让我归纳一下你所需要的是……
5	提供选择方式或者选择方案	☆ 您可以选择……或者……，您看可以吗？ ☆ 我们可以为您提供……服务，您看可以吗？
6	及时行动及跟办	☆ 我将立即核查此事，并在 10 分钟后给你回复。 ☆ 我马上请示我们领导，之后马上给您回复。
7	回访了解客户的满意度	☆ 请问您觉得我们公司对于此事的处理你还满意吗？ ☆ 还有其他的事情能为您效劳吗？

【做一做】

请按照以下场景编制投诉处理用语：

（1）虚心接受批评：冷静地接受客户意见，并且抓住客户意见的重点，同时更清楚地明确客户的要求到底是什么。

此时你的回答会是：＿＿＿＿＿＿＿＿＿＿＿＿＿＿＿＿＿＿＿＿

（2）追究原因：仔细调查原因，掌握客户心理。

此时你的回答会是：＿＿＿＿＿＿＿＿＿＿＿＿＿＿＿＿＿＿＿＿

（3）采取适当的应急措施：为了不使同样的错误再度发生，应当断然地采取应变的措施。

此时你的回答会是：＿＿＿＿＿＿＿＿＿＿＿＿＿＿＿＿＿＿＿＿

（4）化解不满：诚恳地向客户道歉，并且找出客户满意的解决方法。

此时你的回答会是：＿＿＿＿＿＿＿＿＿＿＿＿＿＿＿＿＿＿＿＿

（5）改善缺点：以客户的不满为契机找出差距，甚至可以成立委员会来追查投诉的原因，以期达到改善的目的。

此时你的回答会是：＿＿＿＿＿＿＿＿＿＿＿＿＿＿＿＿＿＿＿＿

（6）后续动作的实施：为了恢复企业的信用与名誉，除了赔偿客户精神上以及物质上的损害之外，更要加强对客户的后续服务，使客户恢复原有的信心。

此时你的回答会是：＿＿＿＿＿＿＿＿＿＿＿＿＿＿＿＿＿＿＿＿

4. 处理客户投诉的注意事项

（1）规范操作与灵活应变相结合

客服人员可以依据现场情况，变更"人、地、时"来听的方法可使投诉者恢复冷静，也不会使投诉扩大。这种方法称为"三变法"。首先是变更应对的人，必要时请出主管、经理或其他领导时，无论如何要让对方看出企业的诚意。

其次，就是变更场所。尤其对于感情用事的客户而言，变个场所较能让客户恢复冷静。

最后，应注意不要马上回答，要以"时间"换取冲突冷却的机会。客服人员可告诉客户："我回去好好地把原因和内容调查清楚后，一定会以负责的态度处理的。"这种方法是要获得一定的冷却期。尤其客户所投诉的是个难题时候，应尽量利用这种方法。

（2）独立处理与团队合作相结合

这时，客服人员要先冷静地判断这件事自己是否可以处理，或者必须由公司斡旋才能解决，如果是自己职权之外才能处理的，应马上转移到其他部门处理。此时，客服人员仍然必须负起责任，直到有关部门接手处理。

➲ 案例

某货运公司的销售人员有一票FOB条款货物，配载在A轮从青岛经釜山转船前往纽约的航次上。开船后第二天，A轮在釜山港与另一艘船相撞，造成部分货物损失，销售人员因为考虑客户货款还未完成结算，没有及时告知，而是等到客户结算后才告知，致使客户没有及时报保险而遭受巨大经济损失，因而进行投诉。

【想一想】

对此项投诉事件你会与哪些部门协调处理？说说你的理由。

（3）投诉处理与及时沟通相结合

及时沟通体现在两个方面：一方面在收集客户投诉方面，要及时收集了解客户的不满；另一方面在解决方案商定后应马上让客户知道，并在客户同意解决方式后应尽快处理。处理得太慢，不仅没效果，有时会使问题恶化。

⇨ 案例

1月23日10:00，某快递企业业务员小张在某论坛网上看到一则投诉自己公司的帖子：

某网友（1月22日16:32）：我在淘宝买的东西，EMS单号EJ5647873S，查询邮政网站根本打不开，打11185查到于2013年1月20日离开山东，后面就没任何信息了。好不容易打进6341815电话说网站太慢过半小时再打，唉！又不晓得要过多久打得进去了，心里没个底！希望尽快有个结果！

【想一想】

如果你是小张，你看到这个投诉帖子，会怎么处理？

四、客户服务投诉处理流程

一般情况下，客户投诉处理流程包括以下几个步骤。

1. 记录投诉内容

根据客户投诉登记表详细记录客户投诉的全部内容，如投诉人、投诉时间、投诉对象、投诉要求等。

⇨ 案例

客户交代派送员，其包裹让同事代收。半个月后，商品还没有收到。当时下雨，派送员给该客户公司楼下的保安代收的，但是没有电话通知客户，保安没有把货物给客户，客户一直不知道此事。

【想一想】

客户投诉的原因是什么，应怎么样避免？

2. 判断投诉是否成立

客服人员在了解客户投诉的内容后,要确定客户投诉的理由是否充分,投诉要求是否合理。如果投诉并不成立,就可以委婉的方式答复客户,以取得客户的谅解,消除误会。在此环节客服人员要特别注意,应诚心诚意道歉,如果是公司问题,赶快为事情致歉:"很抱歉我(们)做错了";若因客户自己原因导致,仍应为客户的心情损失致歉:"很抱歉给您带来不便"。

3. 确定投诉处理责任部门及原因分析

客服人员应依据客户投诉的内容,确定相关的具体受理单位和受理负责人,查明客户投诉的具体原因及造成客户投诉的具体责任人。如果是运输问题,交储运部处理;属于质量问题,则交质量管理部处理。在此环节,客服人员应先表达积极处理的诚意:"我很乐意尽快帮您处理这个状况……"如需要询问细节及其他相关信息,别忘了先说:"为了能尽快为您服务,要跟您请教一些数据……"。如果客服人员直接就咄咄逼人地问道:"你是跟谁说的?哪一天说的?你确定他是这么回答的?"对方恐怕就会误认客服人员在推卸责任,便会恼羞成怒了。

4. 请示主管领导同意后,公平提出处理方案

针对客户投诉问题,主管领导应对投诉的处理方案及时做出批示,根据实际情况,采取一切可能的措施,尽力挽回已经出现的损失。在此环节,主管领导要特别注意别径自做决定:"我司会怎么怎么办……";而是要将决定权交给客户:"您是否同意我们这样做……"这么一来,同意权在客户手上,他会感觉受到尊重而减少怒气,接着开始快速处理错误,同时尽可能弥补客户损失,以使客户满意。

企业采取投诉处理方法要依据实际情况,参照客户的投诉要求,提出解决投诉的具体方案,如折价、赔偿、更换运输方式、服务人员道歉等。通常公司可采用的解决措施可以参照表3-26。

表3-26 投诉处理方法参照表

序 号	投诉内容	建议处理方法
1	合同投诉	凡因合同履行不到位造成的损失按照合同约定进行道歉、赔偿,立即修正不符合合同约定的相关操作,对相关操作人员进行培训,确保类似事件不再发生,严格按照合同内容执行
2	质量投诉	积极与供应商取得联系,将做好的客户投诉详细记录反馈,对客户投诉中提及的产品质量问题进行核实,凡确实不符合相关标准规定的,给予退换货及相应赔偿
3	服务投诉	对责任部门及人员进行批评教育,给客户道歉,并对带来的损失进行赔偿,规范服务要求,对物流服务过程中可能出现的异常情况,应做好应急预案,进行预防教育及培训,提高服务质量
4	物流环节投诉	

【做一做】

请结合投诉处理的流程,结合物流企业特点,试着对下述物流企业接收到的投诉提出解决方法。

某客户有一批货物预计1月20日从北京飞往南京，不料因北京下大雪，航空公司取消航班，导致货物没能及时出港，拖延了送货时间，结果导致客户投诉。

5. 实施处理方案

物流企业在实施处理方案时，应处罚直接责任者，通知客户，并尽快收集客户的反馈意见；对直接责任者和部门主管要根据有关规定作出处罚，依照投诉所造成的损失大小，扣罚责任人一定比例的绩效工资或资金；对不及时处理问题而造成延误的责任人也要追究相关责任。

【想一想】

客户投诉派送员不肯送货上门，让客户自提。原因：怕车和包裹被偷，或楼层太高，没电梯等。对此项投诉事件，你觉得责任人应做哪些弥补？

6. 总结与改进

物流企业应对投诉处理过程进行总结与综合评价，吸取经验教训，并提出改善对策，从而不断完善企业的经营管理和业务运作，提高客户服务质量和服务水平，降低投诉率。客服人员应在投诉处理过后再跟客户联系，确认对方满意此次的服务，一方面了解自己的补救措施是否有救，同时也能加深客户受尊重的感觉，感到满足、满意；同时要注意检讨作业流程，学到改进的方法，避免重蹈覆辙。

五、健全客户服务投诉处理机制

物流企业要充分重视客户投诉工作，要制定专门的制度、设置专门的部门或者人员来管理、处理客户投诉，同时明确投诉处理的业务流程，建立客户投诉处理人员的考核评价体系，通过专人处理，提高问题处理的时效性，且避免因相互推诿而把问题扩大化、复杂化。当然，除了客户投诉处理部门及人员明确责任之外，相关处理投诉部门及人员也要明确责任及时间要求，降低投诉对企业带来的负面影响，增加客户对企业的忠诚度。

1. 建立多种方式的客户投诉渠道

在投诉管理中，专家研究表明，只有4%的不满意客户会花费工夫投诉，其余则保持沉默，他们可能正在忍受着劣质产品或服务的经历，甚至可能在没有任何前兆的情况下悄悄地转到一些其他品牌。所以，企业首先要通过多种渠道收集投诉，甚至通过适当的方法鼓励客户投诉，这样才能收集到第一手的产品或服务需要改进的信息，并有针对性地改进与提高。

客户投诉通常可以通过电话、信函、现场以及电子邮件、微博、短信、网站等多个渠道来进行收集。

（1）电话投诉

电话投诉是指客户会直接拨打公司的服务热线或投诉热线，表达自己的不满。电话处理投诉的过程中要求客服人员能够通过客户的描述了解事情的基本信息，利用规范的语言和其体现对客户不满情绪的理解，平复客户的不满。同时，可以利用信息技术手段将电话内容录音，便于记录投诉事情的全过程，为以后改进产品与服务，总结投诉处理积累宝贵经验。

（2）信函投诉

客户信函的撰写是经过一个深思熟虑的过程，内容的条理性会更加能够反映事情的真相，客服人员应在收到信函后第一时间与客户取得联系，告知信函已收到，企业会尽快提出解决方案。

（3）现场投诉

现场投诉的客户可能会更加怒气冲天，但是因为客服人员有直接与客户面对面的机会，能够更加直观地了解客户的情绪、体会客户的感受，而且如果能够及时在现场解决投诉事件，对于维持客户的满意度会非常有帮助。现场投诉处理时，客服人员应注意不要影响正常工作的有序开展，同时应谨慎应对，避免再次激怒客户。

（4）电子邮件、短信、微博、网络等投诉

电子邮件、短信、微博、网络等投诉方式是近些年新兴起的投诉处理方式，物流企业应积极开拓此投诉渠道，它具有成本低、便利等特点，也便于企业提取处理数据、积累经验。目前很多企业都开通了此种方式，甚至还会主动通过论坛、贴吧等更多网络渠道来收集投诉数据，从而改进服务与产品，提高客户满意度。

2. 建立客户投诉处理制度

物流企业应通过制度明确客户投诉各部门、客户服务投诉处理人员及投诉涉及的相关责任部门及责任人的具体责任及权限，对于重复出现的常规性问题，应规定处理的程序及方法，而对于非常规性问题应进行适当授权，提高投诉处理的响应速度，确保客户投诉处理工作有法可依，有法必依。

【做一做】

参照相关物流企业客户投诉处理办法或制度，结合健全投诉处理制度的基本要求，请尝试起草一份物流企业客户投诉处理制度。

3. 健全客户投诉处理考核制度

对于物流企业来说，组织目标是通过提高客户服务的满意度、客户忠诚度，来巩固已有的客户关系，挖掘潜在的新客户。因此，考察客户投诉处理情况也是企业经营管理的重要环节，在考核中可以通过以下几个指标来衡量：

客户投诉率：在某一时间段内，某客户的投诉比率，即客户投诉次数与总的物流服务次数之比。物流企业通常以此来考核客户服务的质量和水平。

客户投诉处理效率：每次客户投诉后，物流企业应做出及时反应，可以通过每项投诉事件处理的时间来考核投诉处理的效率。

投诉重复率：客户对同一类问题投诉的重复次数。物流企业可以以此来考核投诉处理的后续服务效果，如同一问题被投诉多次仍然出现，则说明客户投诉处理的后续跟踪工作没有落到实处。

客户投诉处理质量：物流企业可以依据客户投诉登记情况进行回访，了解客户对于处理的满意度或后续的合作效果来衡量客户服务投诉处理的质量。

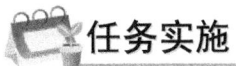

参考方案：
1. *记录投诉内容*

客服人员接到投诉电话时，首先要详细问清楚事情原因，做好相应的数据记录。同时进行判断：客户投诉拒收率高可能是多方原因造成的复杂问题，自己一人难以就地解决，于是充分利用三变法，回答："很感谢您提出这么重要的投诉意见，我们也认为这是个非常重要的问题，而且情况可能比较复杂，我会和我们经理一起当面过去跟您协商解决，您看行么？您看您什么时候方便？"

2. *确定投诉处理责任部门，与部门经理一同协商确定解决措施*

客服人员约好客户后，结合客户投诉事项，立即调查事情详情，直接找到业务操作部门了解具体情况看，据分析可能存在三个方面的原因：一是终端客户验收非常严格，包装稍有一点变形就会拒收；二是企业的商品包装可能存在缺陷，对货物的保护不足；三是货物运输先是通过航空公司运输到目的地运输代理，再配送到终端客户手中，可能是航空公司或运输代理装卸搬运等操作问题造成客户拒收。

导致的结果是：终端客户拒收后，货物要返回调拨地仓库暂存，产生仓储费，按要求再返回厂家，产生退货处理费。还要将商品重新发货二次配送到终端消费者手中，产生二次配送费。造成客户物流费用上升，且终端客户的销售环节受到影响，无法满足消费者的全部需求。

调查清楚详情后，客服人员应与业务部门及经理共同商讨处理措施：①终端客户验收严格问题，通过配送员调查了解清楚终端客户详细验收标准，以验收标准为目标提供物流服务。②给企业提出改善商品包装现状的建议。③提高商品仓储、运输、装卸搬运过程中对货物的保护性，一方面对相关合作商提出避免野蛮操作、减少货损的要求；另一方面，在起运前 A 公司针对 B 公司货物进行设计，选用可以重复利用的二次包装或将货物装入周转箱内，再进行后续物流操作，因为此客户是大客户，且签订了长期合作协议，所以免费提供此项增值服务，这也恰好成为处理客户投诉的一个重要补救措施。

3. 当面道歉，提出按处理方案实施的建议

客服人员应按照约定的时间地点，准时到达，首先对这段时间来给客户带来的损失和影响表示真诚的道歉，带去公司的小礼物表示歉意；另外提出处理建议，询问客户是否认同？确认后从当日发货开始实施。

4. 跟踪处理方案实施过程

企业还应跟踪处理方案的实施过程，与客户沟通实施效果，不断改进提高，提高客户满意度。

5. 整理记录

企业要整理记录整个客户投诉处理的过程，避免类似事件的再次发生。

一、名词解释

客户投诉　客户投诉处理效率　投诉重复率

二、思考题

1. 物流服务投诉产生的原因有哪些？
2. 物流客服投诉处理的技巧有哪些？
3. 物流客户投诉处理流程是什么？

三、技能训练题

1. 实训内容：处理客户投诉。

2. 实训要求：能够利用所学的知识，根据实训情景的内容，制订处理客户投诉的方案，并撰写情景对话，完成客户投诉处理的模拟演练。

3. 实训情景：

国家邮政局发布1月消费者申诉情况通告，称1月份国家邮政局和各地方邮政管理局通过"12305"邮政行业消费者申诉电话和国家邮政局网站共受理消费者申诉10 964件，同比增长384.1%，另有13家投诉率高企的快递企业被点名。在所有申诉中，涉及快递业务问题的 9 996 件，同比增长 458.1%，占总申诉量的91.2%。有关快递服务的投诉自2013年8月起便一直攀升，由原来的600件左右升至年末的将近2 000件。在所有受理的有效投诉中，反映快件延误和快件丢失及内件短少的占快递业务总量 77.8%。快件延误、丢失及短小、服务态度差、快件损毁的申诉量分别同比增长 272.2%、194.7%、551.1%、143%。代收货款的有效申诉量同比下降79.1%。

面对物流快递行业的客户投诉率的增长问题，你觉得出现问题的原因是什么，应如何解决？

模块四　物流客户服务改进

任务一　分类管理客户

> **知识目标**
> 1. 理解客户分类管理的必要性
> 2. 理解基于客户需求的客户分类方法
> 3. 理解基于客户价值的客户分类方法
> 4. 理解客户信用管理的必要性
> 5. 熟知客户信用管理的基本内容
>
> **能力目标**
> 1. 会对客户进行分类管理
> 2. 能建立客户信用风险意识并会对客户进行基本信用甄别

任务引入

请阅读下面的背景描述，并说明你会怎样管理这些客户，以提高客户满意度，同时促进公司业务增长？

背景描述

HD 物流是成长非常迅速的第三方物流公司，为国内外知名企业提供一体化的物流行业解决方案。客户覆盖众多领域，提供仓库管理、运输配送、增值服务、供应链信息系统和电子商务等服务。假如 HD 物流现有如下 6 个客户：为阿迪达斯、安踏提供运输配送服务；为宜家家居提供配送服务；为玫琳凯提供仓储配送服务；为卡夫食品提供配送服务；为七匹狼提供供应链物流服务。

任务分析

在物流业总体规模不断扩大,物流基础设施建设不断加强,第三方物流企业不断增加的背景下,客户管理已经成为物流企业为了免于价格战、赢得竞争优势而采用的重要战略。

若要用好此战略,需要理解客户管理的基本原则、客户分类方法以及客户分类管理的基本策略。只有这样,才能获得较为清晰的客户管理规划。

相关知识

客户之间的差异主要表现为两点:对企业的商业价值不同;对产品的需求不同。客户管理是一个发现、维持和增加可获利客户的过程,其首要问题就是采取合理有效的方法对客户进行分类,提高客户价值,实现企业和客户利益的双赢。

一、客户分类管理的意义

1. 提高企业盈利能力

经济学领域有个著名的 80/20 法则,即企业 80%的利润来源于 20%的客户。物流企业找出这 20%内在价值高的客户,并予以重点服务,不仅能够提高客户满意度,培育客户忠诚度,让客户贡献更多的价值,还会为开发新客户提供良好的基础,带来新的利润增长点。

2. 提高服务品质

同一类客户具有一些共同的特征和需求,服务专门化有助于提高服务效率和专业程度,从而能够更好地帮助物流企业了解客户需求变化,提高服务品质。

3. 提高客户投资回报率

物流企业的资源是有限的,而获得与保持客户都需要企业资源的付出。对客户进行有效的差异分析,可以帮助物流企业发现内在价值高的客户,将企业有限的资源集中于这些客户,更好地为他们提供服务,培育客户忠诚度,防止优质客户被忽略而失去。

如果对客户不加区分,很多时候物流企业管理者会发现花费了许多时间而产生的效益却很少,可能的原因是 C 类客户占去了大量时间(见表 4-1)。对客户进行分类管理,才能将宝贵的资源用在刀刃上,密切与重要客户间的关系,提升服务的质量。

表 4-1 不同等级客户的特征与所占资源的比例

客户类型	占总营业额的比率	占总客户数的比率	业务支持（占总业务人员的比率）
A 级	70%	10%	15%
B 级	20%	20%	25%
C 级	10%	70%	60%

4. *实现客户关系管理的目标*

客户关系管理的最高目标是达到企业收益最大化和客户价值最大化之间的平衡。实行有效的客户分类管理是实现此目标的捷径。

第三方物流企业在应用客户细分理论进行客户分类时，首先要解决的问题就是如何确定客户细分变量，即决定使用何种变量对客户进行细分，不同的细分变量往往会产生不同的细分效果。本着"以客户为中心"的服务理念，下面本书将从客户需求和客户价值两个方面讨论物流企业客户分类方法的应用。

二、基于客户需求的分类方法

1. *按客户基本特征分类*

传统上，客户细分依据的是客户的统计学特征，如客户年龄、教育程度、地理位置等，或购买行为特征如购买量、购买的产品类型结构、购买频率等。这些特征变量有助于预测客户未来的购买行为，是理解客户群消费趋向和消费特点的一个重要参考，有助于制定符合市场需要的营销政策。

比如，电信行业是依据年龄划分客户的，不同年龄段的客户消费心理和购买特征差异较大，电信公司以此设计出不同的产品套餐，针对明确的目标客户群；某些 B2B 的进出口贸易电子商务企业依据第一次与客户源会谈的结果，按照客户源质量进行划分，即有出口需求、采用电子商务形式进行出口推广、有支付能力并找到了关键人的属于 A 类客户，已有外贸业务的属于 B 类客户，近期有开拓海外市场需求的属于 C 类客户，只做内贸业务的属于 D 类客户。

2. *按客户所处行业分类*

从营销管理的角度来看，依据客户所处行业对客户进行分类是近年来常见的企业客户分类管理方法。

➲ 案例

H 软件股份有限公司的客户分类

H 软件股份有限公司对客户的管理处于不断改进与完善之中。公司起初对客户没有明确的划分，经过几年的实践，公司管理层对现有客户进行了构成分析，决定从营销管理的角度按照行业对客户进行划分，而且行业划分标准越来越精细，具体见表4-2。

表4-2 行业划分

行业	行业细分
离散制造	机械
	汽车及零配件
	纺织/服装鞋帽
	电子/通信/家电
流程制造	食品/饮料
	钢铁/有色
	化工
	采掘医药
	建材/非金属矿制品
流通与零售	流通
	零售
服务	电信
	传媒
	物流
金融	银行
	保险
	证券
	企业年金
建筑与房地产	建筑
	房地产
烟草	烟草
政府及公共部门	电力
	政府/机构
军工	军工

公司业务部门的设置也随着客户分类的明确而进行了调整。每一个行业设置为一个业务部门，此业务部门专门针对本行业内的客户提供服务。这样的分类管理使得公司的客户管理更加专业化、精细化，为客户带去了更高价值的服务，客户的认同使得公司业绩在近三年来实现了迅猛发展。

处于同一行业的客户具有一些共同的需求，便于企业在产品、服务设计和服务提供上满足客户的需求。同时长期服务于某一行业的企业工作人员会对客户的需求了解更加充分，最大限度地提高服务效率。

物流行业的客户具有分散、服务要求差异大的特征，因此物流企业按照行业对客户进行细分也是一种适合的选择。表4-3详细地说明了对物流服务存有需求

模块四　物流客户服务改进

的三类产业的细分情况。

表 4-3　物流服务需求的行业细分情况表

一级要素	二级要素	三级要素	四级要素	
物流服务需求	第一产业物流需求	农业物流需求	农资物流需求、初级农产品物流需求、农业加工品物流需求	
		林业物流需求	林业物资物流需求、林产品物流需求	
		畜牧业物流需求	畜牧业物资物流需求、初级畜产品物流需求、畜牧加工品物流需求	
		渔业物流需求	渔业物资物流需求、初级渔产品物流需求、渔业加工品物流需求	
	第二产业物流需求	采矿业物流需求	石油、煤炭、金属矿、非金属矿开采和木材采伐等物流需求	
		制造业物流需求	原材料工业物流需求	如金属冶炼及加工、炼焦及焦炭、化学、化工原料、水泥、人造板等
			加工工业物流需求	如机械设备制造工业、水泥制品等工业
			以农产品为原料的轻工业物流需求	食品制造、饮料制造、烟草加工、纺织、造纸等
			以非农产品为原料的轻工业物流需求	日化用品、化学用品、医疗器械、文教体育用品等
		电力生产与供应的物流需求	电力生产的物资与设备物流需求、电力调度的物资与设备物流需求	
		燃气生产与供应的物流需求	燃气生产的物资与设备物流需求、燃气调度的物资与设备物流需求	
		水生产与供应的物流需求	水生产的物资与设备物流需求、水调度的物资与设备物流需求	
		建筑业物流需求	建筑、安装、修缮、装饰和其他工程作业的物流需求	
	第三产业物流需求	批发零售业物流需求	生产、生活资料批发和连锁零售业的物流需求	
		住宿餐饮业物流需求	酒店、宾馆、餐饮企业的物流需求	
		金融业物流需求	银行、证券公司、保险业、财务公司、租赁业的物流需求	
		房地产业物流需求	房地产投资开发业和房地产咨询业的物流需求	

从表 4-3 可以看出，来自不同产业的客户对物流服务的需求差别很大。物流企业可以按照三级要素的行业细分情况进行客户分类。同一行业的客户的物流需求具有相似性，有助于物流企业更准确地把握客户需求，提高物流企业的服务效率，提高物流企业获得客户的能力。

但在客户保持和二次开发阶段，按行业细分就不能准确地反映客户对物流企业的贡献，这样不利于物流企业对重点客户的服务，往往造成重点客户的流失，给物流企业带来较大损失。第三方物流企业需要进一步的客户价值评价来分析客户对于企业的贡献。

三、基于客户价值的分类方法

客户价值评价是将客户价值分为当前价值和潜在价值两个基本变量，当前价值反映的内容主要是客户的历史贡献，潜在价值反映的内容主要是客户未来的价值贡献，二者以不同的指标内容分别指导物流企业对客户的保持和开发，反映的价值角度差异明显。同时二者自身又包含了各自的子系统，最终加权构成了客户价值最终的评价值。

客户价值是客户分类的重要依据之一，它可以通过不同的指标形式反映出来，从而产生不同的分类方法。

1. *定性分类方法*

（1）ABC 分类法

ABC 分类法原理是根据企业利润额的构成区分客户。目前有些物流公司的客户分类方法采用的是 ABC 分类法，分别按照客户累计提供的利润额占公司总利润额的比例来确定客户的等级。

A 类客户，又称贵宾客户或关键客户，一般占总客户数量的 5%，累计提供的利润额占公司总利润额的 80%；B 类客户，又称主要客户，一般占总客户数量的 15%，累计提供的利润额占公司总利润额的 15%；C 类客户，又称普通客户，一般占总客户数量的 80%（含临时客户），累计提供的利润额占公司总利润额的 5%。具体见客户层次分类表（见表 4-4）。

表 4-4 客户层次分类表

客户类型	比重	档次	利润	目标性
A 关键客户	5%	高	80%	财务利益
B 主要客户	15%	中	15%	客户价值
C 普通客户 （D 临时客户）	80%	低	5%	客户满意度

普通客户是企业客户的最主要部分。这类客户的特点是消费随机，讲究实惠，可以直接决定企业短期的现实收益。

临时客户是从普通客户中分化出来的一部分客户。这类客户的特点是一年购买一两次，不能为企业带来大量收入，但企业仍投入管理成本，最令人头痛。

主要客户是企业发展的主要对象，具有较大的成长空间。

关键客户是物流企业的大客户。这类客户的特点是数量少但带来的价值超大。对于这类客户来说，物流企业的目标明确，就是从此类客户身上获得直接的财务利益，同时也会和此类客户共同创造社会价值。

物流企业一般会为A类客户花费大量精力提供优质服务，建立专门档案，指派固定的业务人员定期走访并提供技术指导；对于B类、C类客户，物流企业可以运用有选择的发展和维护管理策略；而对D类客户，物流企业一般则采用放任甚至抛弃的方式。运用ABC分类法有利于物流企业使用有限的资源发挥更大的效用，增加物流企业的获利能力。

ABC分类法的不足之处在于只考虑了客户的当前价值，没有考虑到客户的潜在价值，导致一些起步晚、成长较快、未来价值高的企业则容易被忽视，而一些规模较大而未来价值不高的企业被列A类客户，享受优质服务，降低了企业资源的使用效率。为了弥补这个缺陷，可以采用重要因素分类法对客户进行ABC分类。

（2）重要因素分类法

影响企业盈利的因素有很多，有些来自企业内部，有些来自客户方。重要因素分类法就是根据影响企业盈利能力的重要因素组合结果来衡量客户价值、确定客户类型。

有四种典型的分类方法：①根据客户对企业产品的需求情况和客户规模分类；②根据现实交易额和客户市场的成长性进行分类；③根据客户的信用等级和客户规模分类；④根据客户的生命周期阶段（进入期、稳定期、推出期）和客户发展潜力（高、低）分类。

下面具体讨论采用现实交易额和客户市场成长性两个因素对现有客户进行分类的方法运用。

第一步：分类前对客户群进行分析。物流企业可以通过相关途径，了解客户与我方的交易情况和客户的经营状况。

第二步：选择具体指标。现实交易额采用去年客户与我方的成交额，客户市场成长性采用客户去年的销售收入数据。按成交额和客户销售收入将客户分为如下四种类别，如图4-1所示。

第三步：参照表4-5，对客户分类情况以及对每类客户所采用的不同管理策略进行汇总。

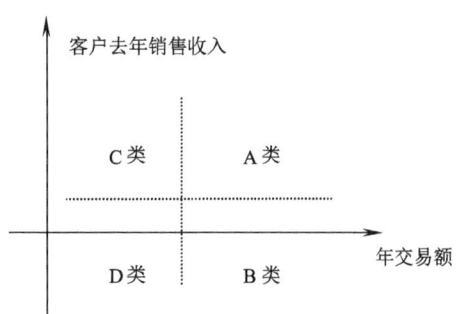

图4-1 客户分类象限图

2. 定量分类方法

（1）客户成本贡献率分类法

客户成本贡献率也称客户投资收益率，是企业与客户交易中所获取的利润与客户年分摊营销成本的比值。根据这个比值与企业的平均销售利润率进行比较，可将客户分为四种类型：黄金客户、白银客户、普通客户、劣质客户。这种方法可以直观地区分客户。但它也有缺点，就是只体现了客户在某一时点上的价值。

（2）客户投资净现值法

这是一种从客户投资所得净收益的角度来开展客户分类的方法。其公式为

$$NPV = \sum_{t=1}^{T} \frac{MQ_t - X}{(1+i)^t} - C$$

式中，M 为单位产品的销售毛利；Q_t 为第 t 年对客户的销售量；X 为每年维护客户的成本；C 为期初开发客户的成本；T 为客户的寿命周期。这种方法考虑了客户寿命周期，较前一种方法更为科学，但其受客户规模因素影响的程度较高，不能准确反映出企业资金的营运能力。

四、客户分类管理策略

客户分类不是客户管理的目的，而是通过客户分类提高客户管理的效率，合理分配企业的有限资源。客户分类完成后，物流企业可以开展以下两方面的工作以实现客户分类管理的目标。

1. 实施客户升级管理

客户分类是客户升级管理的基础之一，有效的客户分类是企业锁定目标客户、发展忠诚客户的有力武器。忠诚客户是企业竞争力重要的决定因素。因此，企业需要对客户进行升级管理，使潜在客户成为企业的忠诚客户。

（1）从潜在客户到新客户

客户分类为发掘潜在客户提供了一个有效的方法，物流企业锁定潜在客户后，通过引起关注与主动接触，给客户留下良好的初始印象。

（2）从新客户到固定客户

在此阶段，物流企业应进一步加强与客户的联系，争取客户的好感和满意。

（3）从固定客户到忠诚客户

物流企业进一步强化客户对企业的认同和忠诚，使客户无论在行为和情感上都达到对企业的忠诚。

（4）服务补救

针对服务中的失误，物流企业应及时采取补救措施，向客户真诚表达自己的歉意，可以重新赢得客户。

2. 执行客户差异化服务

不同等级的客户（见图 4-2）确定后，物流企业可以根据每个等级客户的"内涵"赋予它们各具特色的称号。比如 A 类客户有的被称为贵宾客户，有的被称为钻石客户等。物流企业还可以针对不同等级的客户采取不同的管理方法（见表 4-5）。

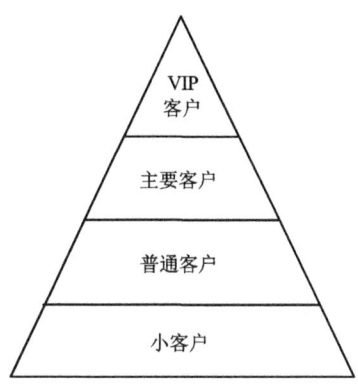

图 4-2　不同级别客户组成的企业客户金字塔

表 4-5　客户分类管理策略汇总表

ABC 类别	客户特点	占总营业额的比率	占总客户的比率	管 理 策 略
A	关键客户，具有最大成交额，准时支付账单，具有较高的知名度，并持续购买	70%～80%	1%	高层管理者定期走访，业务主管经常拜访，提供销售折扣；熟悉其经营动态，了解其财务状况、人事状况，以避免坏账的风险；优先处理其投诉事件
B	主要客户，具有较大成交额和发展潜力，这类客户往往比较容易变为企业的忠诚客户	10%～20%	15%	提供令其满意的服务；提供更好的交易条件；发展战略同盟关系，找出优质客户发展为 A 级客户
C	常规、普通客户，以经济型客户为主	15%	70%	以促销活动吸引，减少推销活动；在其有需要时，才提供帮助；找出将来有前途的"明日之星"，培养为 B 级客户
D	临时客户（小客户），锱铢必较，忠诚度很低，不及时付款，订单不多却要求很多	50%	10%	打交道过程中，减少令其不满意的因素；不提供事后跟踪服务

3. 依据客户等级匹配服务等级

客户服务的等级一般分为有问必答、保持沟通、专人负责、超常服务、专业顾问和战略伙伴六个层次。物流企业可以根据每类客户的价值分别配备不同的服务等级（见表 4-6）。

物流客户服务与管理

表4-6　不同等级客户的特征与匹配的服务等级

客户名称	ABC类别	占总营业额的比率	占总客户的比率	服务等级
***	A	70%～80%	1%	专业顾问；战略伙伴
***	B	10%～20%	4%	专人负责；超常服务
***	C	15%	15%	区别对待；保持沟通
***	D	5%	80%	有问必答

　　A类客户的当前价值和潜在价值都很高，企业不但要配备专业顾问，确保客户满意，同时还要实施战略伙伴发展战略，积极挖掘客户的终身价值。B类客户的潜在价值较高，是企业持续收入的重要来源。企业对于这些客户的工作重心应该放在客户的保持和维护上，防止客户的流失。这就需要企业在服务上一定要保证高标准，采取专人负责和超常服务的策略，以提升客户的忠诚度。对于C类客户，企业应区别对待，对有发展潜力的客户应该进一步加强客户关系，在客户的增量购买和新业务合作方面，适宜采取"发展"的策略，激发起这类客户的潜在消费欲望。D类客户的当前价值和潜在价值都很低，对于这类客户，企业应该尽量地延长其生命周期，同时注意有问必答以维持客户，但是与其他三类客户相比，企业不应投入过多的成本。

⇨ 案例

某第三方物流企业客户差异化服务的核心内容（见表4-7）

表4-7　某第三方物流企业客户差异化服务的核心内容

内容分类		客户等级		
	服务策略	优质客户	普通客户	问题客户
差异化服务的内容	发展方向	长期稳定的战略伙伴关系，帮助实现客户成功，实现客户满意，培养客户忠诚度	遴选普通客户，加强公关使之转化为优质客户	视情况决定培养关系或者逐渐退出
	信息交流	很频繁	较频繁	较少
	人员配置	高层管理人员或者专家小组	中层管理人员	不配置专人
	意见反馈	最重视，响应最快	重视、响应快	视情况而定
	服务方式	上门服务，特殊服务，定制化服务，创新服务	标准服务，常规增值服务	标准化服务，不进行高投入服务
	价格策略	低价，灵活	平均水平	高价，严格按照制度执行
	信用等级	高	中	低

五、客户的信用管理

赢得竞争优势已经成为物流企业生存和发展的关键。在这种情况下,物流信用交易逐渐成了物流企业赢得客户的主要竞争手段,因为一方面,它提供的信用赊销延长了客户的付款时间,为资金短缺的客户解决了问题;另一方面,服务、资金、担保或权利等信用资本的优惠条件赢得了更多长期、稳定的客户群,增加了市场占有率。然而,对于物流企业来说,物流信用交易可能带来更多的坏账,增加了经营风险。

在目前社会征信体系尚未完全建立的大背景下,物流企业只有通过加强信用管理,尽可能避免损失。

1. 物流信用交易的定义

物流信用交易是指物流企业在履行物流合同的过程中,允许物流需求者以信用为基础、以延后偿还或分期偿还的方式获取物流企业提供的物流服务、资金、担保或权利等信用资本的交易形式。

2. 物流信用的分类

物流信用交易是指物流信用赊销,根据交易对象的不同,可分为以下几类。

(1) 物流服务信用交易

物流服务信用交易也指物流服务信用赊销,是指物流企业允许客户以分期付款或延后在规定日期内付款的形式付清物流费用,并且在未收回全部物流报酬的前提下,向客户提供仓储、运输等物流服务。根据客户付款形式,物流服务赊销一般可以分为以下几种情况:

1) 分期付费型物流服务:信用交易由于采取分期支付运费的形式,货主通常情况下需要在物流企业服务尚未开始或尚未结束之前支付部分运费,余款则在运输服务结束后支付。

2) 到付运费型物流服务:信用交易由于采取到付运费的形式,卖方不负责交付运费。通常情况下,物流企业在履行完物流服务后向买方收取运费。

3) 延后付费型物流服务:信用交易由于采取延期支付运费的形式,客户往往在物流企业提供物流服务后的一段相对较长的时间内付清运费。

4) 付费前签发"运费预付"提单型:信用交易在这类情形下,承运人在货主没有支付运费的情况下向其签发了"运费预付"提单,并继续完成物流服务。货主则按照协议内容中规定的付款日期向物流企业支付运费或以分期付款的形式按约定付清。

(2) 物流资金信用交易

物流资金信用交易也指物流资金信用赊销。这类信用赊销主要产生于运输、配送、仓储等物流环节中物流企业的资金垫付。因此物流资金信用交易的实质就是物流企业给予客户的信贷支持，与银行信贷有相似之处。银行信贷是银行将自筹资金暂借予贷款人使用，其按用途分为固定资产贷款和流动资金贷款。同样，物流资金的信用赊销按用途也分为固定设备和流动资费两种情形。在物流项目的运作过程中，许多物流合同都规定物流企业需要预先投入资金用以组建或改建仓库、信息系统，购置物流设备和设施等，这种预投资给国际物流企业间的信用交易带来一定风险。

在物流实务中，基于对客户的信任和对客户需要的迎合，物流企业常常为客户垫付各种费用。比如，货运代理为货主垫付运杂费、进口关税、港务费等；船务代理为船方垫付港口使费、船舶修理费、船员工资、燃油款等。

（3）物流权利信用交易

物流权利信用交易是指物流企业给予代理人、分包商或其他人以独家代理权、分包权、商标权等权利的行为。

1）委托代理。在物流实务中，物流企业通常委托代理人代办各项事宜。比如，航运企业通常委托船务代理进行揽货、安排货物进出港、装卸货、结算运杂费、代签提单或提货单等。在委托关系中，代理人在代理范围内以委托人名义履行代理义务，业务过程中对第三人产生的责任应由委托人负责，因此，在委托代理下，委托人实际上是向代理提供了一种权利信用，代理人由此获得了以委托人名义开展业务并获取佣金等方面的权利。

如果委托人授权代理人代付运费或代收运费，由于代理人可以由此占用相应的运杂费，因此，在这种情况下，委托人给予代理人的不仅仅是权利信用还有资金信用，由此所带来的信用风险更大。

2）业务分包。物流企业作为物流服务的组织者和总承包人，通常通过分包合同的形式将部分或全部业务交由某些物流供应商承办。与前述的委托代理类似，在此类业务中物流企业仍面临一定的风险。

（4）信用担保信用交易

由于商业环境的日趋复杂化和多元化，在物流服务过程中，物流企业不再局限于以自我利益最大化为目标，单纯地降低物流成本来提高运营绩效，而是把重心转移到提升客户价值上来，为了追求与客户的长期合作和共同的最大利益，物流企业往往对客户在相关经济活动中的信用向第三方做出担保。例如，应客户的要求违规签发提单、无单放货等；或者基于对货主的信任，船方在货主提供保函承诺赔偿由此带来损失的情况下签发不清洁提单、倒签提单、预借提单、转换提单或进行无单放货。对善意的提单持有人而言，这些行为是一种严重的违规行为，船方由此可能会面临善意提单持有人的扣船或索赔的风险。这实际上是客户利用了物流企业的信用实现了自己的目的。

3. 物流信用风险的产生背景

物流信用风险是指在以信用关系为纽带的物流交易过程中，物流交易的一方不能履行给付承诺而给另一方造成损失的可能性，以及物流交易一方无法履行责任而使另一方蒙受担保责任损失的可能性。

物流企业的信用风险除了具备信用风险产生的普遍原因外，还具有以下行业特殊原因。

（1）物流服务产品质量难以控制

由于物流企业服务的特殊性，物流服务产品的质量常常难以控制。比如，航运企业的生产场所分布在与海上运输相联系的广阔的空间里，其生产过程实际上一直暴露在外部环境之中。这种生产过程的空间性与开放性特点使得航运生产过程不仅随时有可能遭遇非人力所能抗衡的自然灾害，而且还会受到自身无法控制的诸如协作单位、各口岸联检机构等其他外在因素的影响，所有这些因素都极易造成运输事故。一旦发生货损货差或延迟交付事故，则极有可能导致客户拒绝支付运费或扣减运费。由此可见，航运企业产品难以控制的特点，极易诱发客户违约，从而使得航运企业信用风险更大。

（2）物流服务交易中的赊销期加长

在工农业产品信用交易中，赊销期通常较短，一般在商品交付后若干天内即应付款。而物流服务交易中的赊销期较长，这在国际物流中表现得尤其突出，特别是随着物流市场上供给能力的不断增加，卖方市场转化为买方市场，物流企业为扩大市场份额，往往以优惠的条件吸引客户，而优惠的付款方式是一种普遍运用的策略。在当今市场变化很快的情况下，给予客户赊销期较长，是造成信用风险的主要因素之一。

（3）物流信用风险涉及面广、应收账款数额越来越大

目前，许多物流企业已形成以运输产业链为背景的综合物流企业，涉及运输、仓储、配送、货运代理、车辆维修、集装箱租赁、国际贸易、配件及油料销售等相关业务，因此，其应收账款的涉及面越来越广，数额也越来越大。随着物流市场竞争程度加深，物流企业的信用销售比例也不断上升，由此而产生的信用风险也越来越高。

（4）客户资信状况无法及时了解

物流企业的客户有相当数量是贸易公司。通常贸易公司的贸易额度较其资产规模要大得多，同时，贸易公司受市场影响较大，因此在信用管理中，一般认为专业贸易公司是高风险企业。而国际物流企业的主要客户大多数都是贸易公司，这是国际物流企业不可避免的风险，是其信用风险管理中最大的风险因素。此外，由于地域、信息传递等因素使得大多数国际物流企业无法对国外公司的资信状况有较深入的了解，这也是造成信用风险的一个主要因素。

4. 加强信用管理

实施信用管理的根本在于防范，只有建立物流信用风险防范体系，才能在物流销售的过程中，将风险降低到最低。目前国内大多物流企业没有独立的信用管理部门，因此物流经营过程中的信用风险防范工作分散在物流企业的各个职能部门当中，如图4-3所示。

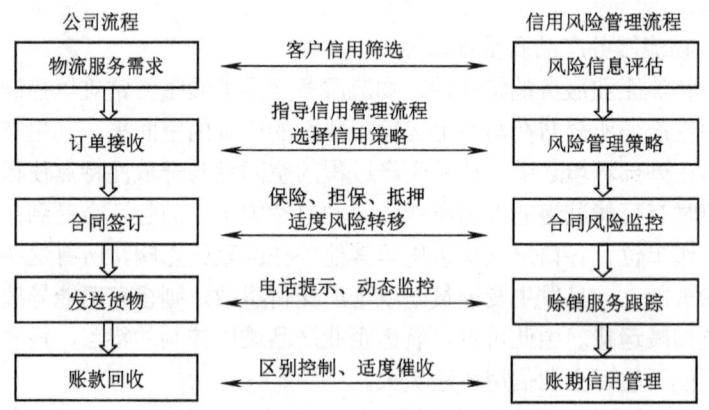

图4-3 物流企业信用风险防范体系

（1）信用风险评估结构设计

信用风险评估结构设计，如图4-4所示，主要包括下面几项主要步骤：

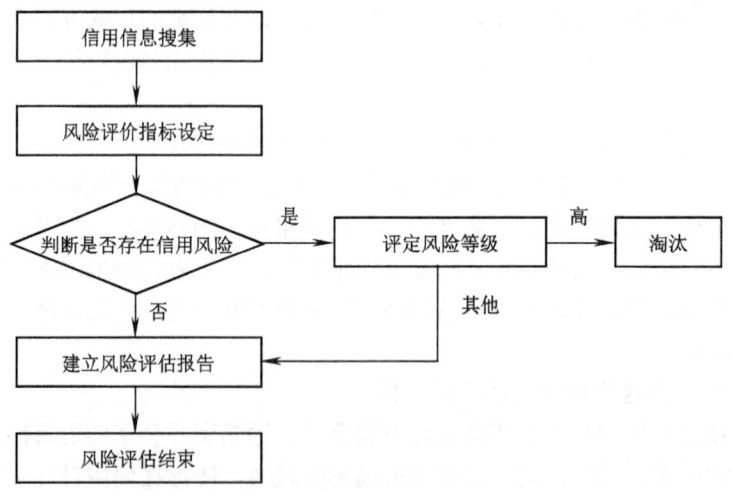

图4-4 信用风险评估结构设计

1）根据电话或传真等记录申请订购的客户姓名、申请内容。物流企业主要搜集申请订购的客户的近几年的财务数据、以往信用记录以及公司内部的客户信用库等信息。

2）根据搜集的客户信用信息设定风险评价指标。由于企业注重的内容不同，所以选择的风险评价指标也有所不同。但由于数据缺少等问题，物流企业通常采用客户品质、经济状况、注册资本、抵押品、付款能力、购买力、购买稳定性等作为评价指标。

3）根据选取的评价指标及客户自身的信用信息中的数据和资料进行计算，判断是否存在信用风险。若存在风险，则近一步做出信用等级评定，做出淘汰或维系客户的价值取向。

4）根据信用风险的评估结果建立风险评估报告。

（2）风险管理策略结构设计

风险管理策略结构设计，如图4-5所示，主要包括下面几项主要步骤：

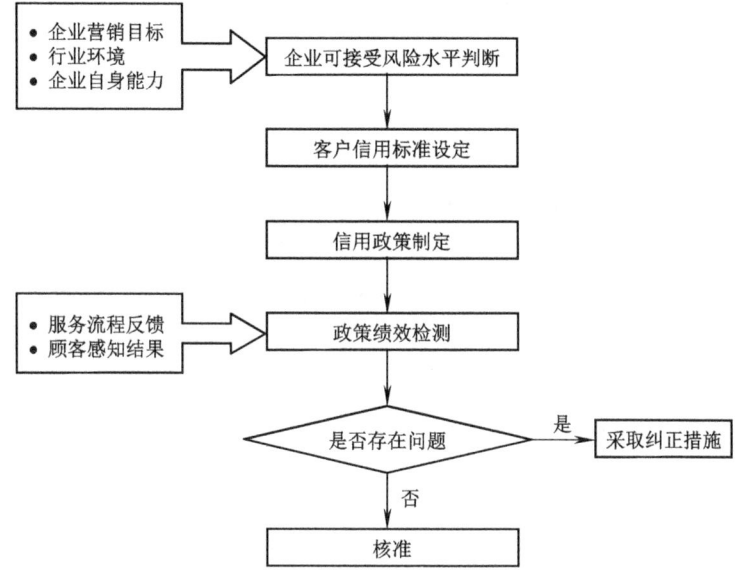

图4-5　风险管理策略结构设计

1）每个企业由于自身经济状况、竞争者实力、行业环境等因素的不同，其可接受风险的水平也不同。因此，物流企业在制定风险管理策略之前，首先要根据自身的营销目标、行业环境和自身能力判断本企业可接受的风险水平。

2）根据上面对自身可接受风险水平的判定，制定客户信用标准，确定企业授予客户信用时的最低要求及信用条件等。

3）根据上面设定的客户信用标准，结合企业历史经验，制定风险管理政策。

（3）合同风险监控结构设计

合同风险监控结构设计，如图4-6所示，主要包括下面几项主要步骤：

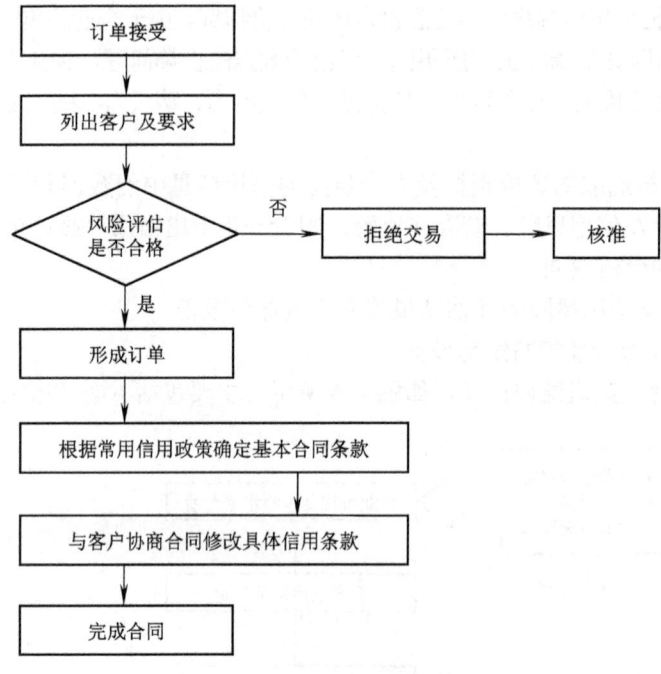

图 4-6　合同风险监控结构设计

1）接收申请物流服务的客户电话或传真，详细记录客户的要求及订购内容。

2）根据客户要求，列出客户名、货名、数量、规格，以及始发地、目的地、运距、价格、时间要求、运送方式等。

3）根据上述建立的风险评估报告判断是否拒绝交易。若风险评估报告合格，则形成订单。

4）根据上述制定的常用风险管理政策确定基本合同条款，可以在基本合同条款的基础上，与客户进行协商，修改常规的信用额度、信用期限等具体合同条款。

5）完成合同。

（4）赊销服务跟踪结构设计

赊销服务跟踪结构设计主要包括下面几项主要步骤：

1）确定客户付款证明。

2）提示销售催促并通知备案。

3）预付提示通知。

4）监控发货时间。

5）核准销售订单，开发货单。

6）再次检查信用风险。如有信用风险则暂停发货；反之，完成出库单。

（5）账期信用管理结构设计

账期信用管理结构设计，如图 4-7 所示，主要包括下面几项主要步骤：

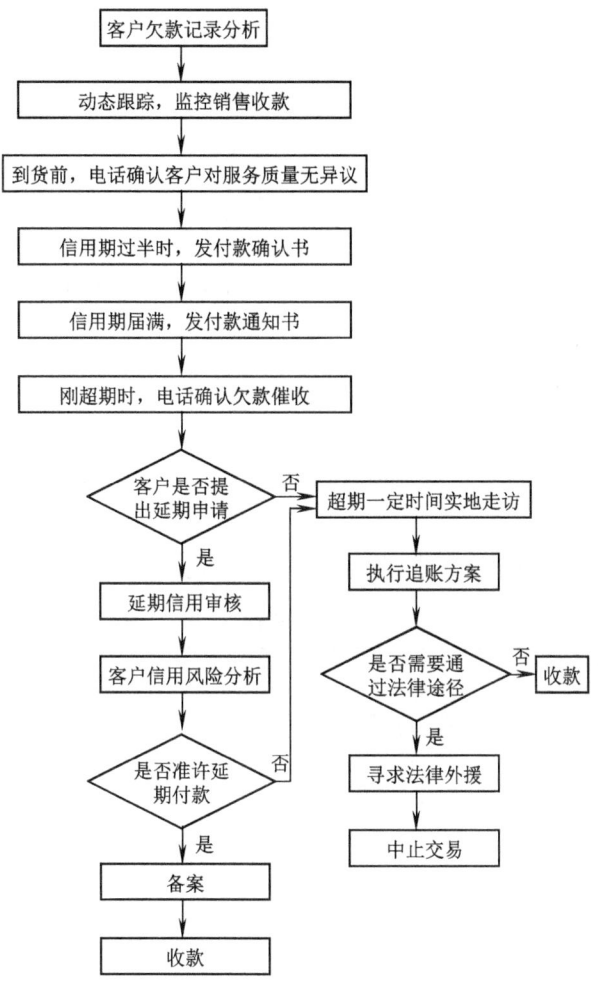

图 4-7 账期信用管理结构设计

1）分析客户的欠款记录，实施动态跟踪并监控销售收款。
2）在到货前，打电话给客户确认对服务质量有无异议。
3）若信用期过半，则应给客户发付款确认书。
4）若信用期届满，则应给客户发付款通知书。
5）若刚刚超期，给客户打电话确认欠款并适当催收。
6）若客户提出延期申请，则应进行延期申请审核，并对客户的信用风险做出分析，判断是否允许。
7）若客户未提出延期申请，则应进行实地走访，执行追账方案，考虑是否寻求法律援助。

一、实施原则

1)采取客户服务管理战略,实行分类管理。

2)细分标准可以从两个角度确定:一是营销的角度;二是管理的角度。

3)从营销的角度,依据行业细分客户最能满足工作专业化和更好地把握客户需求的考虑。

4)从管理的角度,依据客户价值细分客户更能有针对性地为客户服务,提高客户的满意度。

二、参考方案

1. 首先按行业对客户进行细分(见表4-8)。

表4-8 按行业对客户进行细分

所属产业	行业领域	客户名称
第二产业	鞋类制造	阿迪达斯;安踏
	服装制造	七匹狼
	食品制造	卡夫
第三产业	化妆品连锁零售	玫琳凯
	家居用品连锁零售	宜家家居

2. 在各行业客户中,采用重要因素组合分类法对客户进行ABC分类(略)。

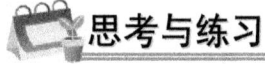

一、名词解释

ABC分类法 因素组合分类法 物流信用交易

二、思考题

1. 请简述客户分类管理的重要意义。

2. 请简述物流企业加强信用管理的意义。

3. 请说明物流企业加强客户信用管理的途径有哪些。

三、技能操作题

1. 实训内容:掌握基本的客户分类方法。

2. 实训要求:由教师给定两家客户企业的相关数据,要求学生运用重要因素组合分类法对客户进行类别确定,并给出分类管理策略建议。

任务二　大客户管理

> **知识目标**
> 1. 理解大客户管理的解决方案
> 2. 熟知客户关怀的方法
> 3. 知晓大客户经理的工作内容和素质要求
>
> **能力目标**
> 1. 能基本编写与客户建立互动伙伴关系的工作方案
> 2. 能对照大客户经理的素质要求，形成自我完善的计划

任务引入

请阅读下面的背景描述，并编制未来一年与大客户建立互动伙伴关系的工作方案。

背景描述

假设你是 HD 物流公司的客服经理，为进一步加强客户管理工作。企业拟实施与大客户建立战略伙伴关系的战略部署。你所在的客服部具体负责策划与大客户建立互动伙伴关系的工作方案（以一年为周期），以维护和加强企业与大客户之间的关系。

任务分析

客户是每一家物流企业都想争夺的资源，因而加强客户尤其是大客户的管理，提高其满意度，增强其忠诚度，防止大客户的流失，成为物流企业的重要工作。若想做好此项工作，我们需要从宏观和微观层面深入理解和建立一些高端的服务理念和服务技巧。

相关知识

大客户是指产品流通频率高、采购量大、客户利润贡献高、忠诚度较高的核心客户（客户的等级划分见本模块任务一），一般被称为 VIP 客户、关键客户或其他代表其价值的个性称呼。

大客户是企业的伙伴型客户，是企业忠实的客户，是为企业创造 80%利润的客户，是为企业带来高收益而企业只需支付低服务成本的客户，因为他们与企业建立的是长期的可盈利关系。这部分客户为企业节省了开发新顾客的成本，为企业带来了长期利润，并且帮助企业吸引潜在客户，通常对企业具有战略意义，因而他们会被物流企业挑选出来并给予特别关注。

一、管理（宏观）层面的解决方案

1. 建立以客户为中心的企业文化

企业行为受企业价值观支配，因而管理层首先就要确立正确的价值观并给予员工以引导。物流企业只有与客户结成利益共同体，并在企业结构调整和资源分配上以满足客户需要为目标，在制定企业价值观、信念和行为准则时确立一种以客户为中心的服务意识，并让其成为企业文化的一部分，才能在企业内部逐渐养成服务客户的工作习惯。

2. 建立以客户为中心的组织结构

组织结构是企业价值观实现的保证。若要让企业员工对外养成以客户为中心的服务意识和服务行为，物流企业在企业内部首先要建立以客户为中心的组织结构，将组织资源投入到最能满足客户需要的方面。否则，"以客户为中心"只能成为一句空谈。

➲ 案例

柳州八达物流变革组织结构适应环境变化

为避免依靠低价格获得订单的恶性循环，更好地适应市场竞争的需要，柳州八达提出了全新的 VIP 客户服务管理战略理念，该理念的核心是在组织架构中，把客户群体置于最顶层，向下分别是企业员工、科室领导层，最下一层是经理层，形成倒金字塔形，如图 4-8 所示。

在这样的组织结构中，体现了以下两点优势：

第一，它反映了客户群体利益最大化的价值观。客户群体置于最顶层，其利益最大化；其次是企业员工，员工通过向客户提供优质服务，实现客户利益，从而实现自身利益；再次是科室领导层，科室领导从事组织、协调、指挥、控制、监督等管理工作及员工培训工作，直接服务于员工，提高员工的服

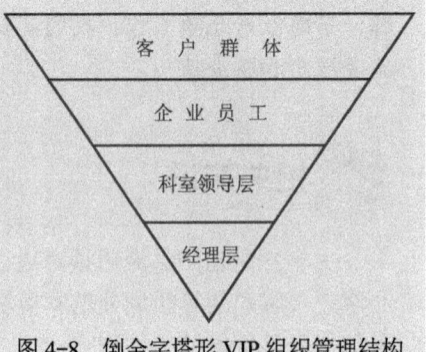

图 4-8 倒金字塔形 VIP 组织管理结构

模块四 物流客户服务改进

务质量;最后是经理层,其利益是最后的,只有通过其卓有成效的规划和决策,关心、帮助和指导好科室领导的工作,才能更好地实现自身价值。

第二,它体现了企业领导服务管理理念的转变。员工是企业直接面对客户的一线人员,其工作积极性和高效性是企业创造利润的源泉,企业的领导层只有关心员工的身心健康,服务员工的工作和生活,支持员工的创造性,提升员工的知识结构,培养员工与企业同步成长,才能促进员工向客户提供优质、高效的服务,从而为企业创造更多的利润。

倒金字塔的管理理念颠覆了传统的金字塔管理理念,把领导与被领导关系改为服务与被服务的关系,使企业内部关系和谐化,齐心协力为客户服务,真正把客户放在第一位,最终提高了企业竞争力。

3. 优化业务流程

服务人员的态度可以提升客户的体验,却不是带给客户良好体验的基础。优质服务的基础是建立以满足客户需求为核心的业务流程。业务流程优化的具体方法将在模块五任务一中予以详细说明。本任务只需要理解便捷的业务流程是服务好大客户的基础。而流程的优化需要站在客户的立场体验购前、购中、购后的感受,发现导致客户不满的原因并持续进行改进。

➲ 案例

中远物流服务的持续改进

中国远洋物流有限公司(中国外轮代理有限公司)在2002年成立之初,与中国人民大学数据挖掘中心合作开发了客户完全满意度测评系统(Totally Customer Satisfaction System,TCSS),并在中远物流系统全面实施。这套系统是依据国际通用的差距理论来确定的客户满意度测评系统,在行业里一直属于领先的测评模型技术。

每年年终,中远物流都会委托第三方专业的满意度调查公司对全系统的船代、货代、物流、空运、仓储与配送等各业务板块的客户进行以电话访谈为主的客户满意度调查,从客户满意度感知、忠诚度走向、业务服务细节等多方面对中远物流的服务能力和服务质量现状进行评估,真实地反映和评价中远物流的服务水平,为中远物流不断提升服务提供客观依据。

中远物流客户满意度系统实施以来,在全系统的客户调查方面取得了较好的效果。为满足不断提升的客户需求和管理要求,客户完全满意度测评系统的客户满意度工作也在不断地升级和改版,旨在通过对客户评价和客户满意度的科学量化,达到主动获取客户感知信息、改进服务质量、提升服务水平、降低客户流失风险的目的。

中远物流不断地对客户完全满意度测评系统的满意度调查系统进行升级和改版,每年调查前都要进行各个层级的需求调研,在问卷更新方面,针对船货代业务、物流业务的变化，不断调整更新访谈问卷；在访员招募培训方面，加强对新访员的业务和调查技巧的培训；在系统技术改造方面，加强数据细分和数据搜索等功能；在报告展示界面方面，运用"水晶易表"等高级软件技术提高了结果展示的直观可读性。2009—2011年中远物流完成了TCSS2.0系统的重点升级，在各方面对调查系统进行了专项改造，目前中远物流TCSS2.0新版满意度调查系统已进入运行阶段。

2012年，中远物流还对历年的满意度调查结果做了第二次"满意度数据三年回顾和分析"，对于满意度调查结果，全系统各级单位一直抱着积极的态度去充分地分析和整改。客户完全满意度测评系统就是为了能够更好地改进，改进才是整个系统的目的，改进一定要针对客户的意见和反馈来进行。

4. 利用信息时代提供的先进工具进行大客户管理

伴随着互联网的普及和信息技术的广泛使用，大客户管理领域也开始采用客户管理系统（CRM），并与后端的企业管理信息系统（MIS）集成，在这个系统中采用了数据挖掘技术，可分析发现不同客户的不同消费规律，从而能够为客户提供有针对性的优质服务，从而达到最大限度地满足客户需要和尽可能地降低企业成本的目的。

二、操作（微观）层面的解决方案

1. 建立客户互动伙伴关系

与客户建立战略互动伙伴关系是大客户管理的载体，是客户关系管理的难点，更是客户关系发展的终极形式（见图4-9）。战略合作阶段是客户关系发展的最高境界，这种客户关系无疑是相当牢固的。在这个阶段，两个企业会建立定期高层互访机制，会将两个企业的资源和能力整合成整体的核心竞争力，并通过资本深入、股份合作和利益共享，从而形成"双边锁定"，并在新产品研发、质量改进方面密切合作。

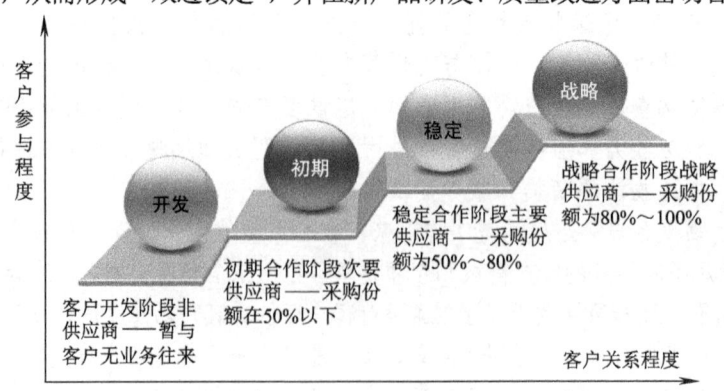

图4-9 客户关系的不同阶段

物流企业与大客户建立战略互动伙伴关系，可以有效防止大客户的流失。建立和保持这种战略伙伴关系需要合理安排以下各项管理活动：

（1）分析客户的业务活动，发现建立伙伴关系的途径

物流企业若想与大客户建立最高级别的客户关系，就需要找到两者密切合作的切入点。这要求物流企业必须非常熟悉重要客户的业务，深入了解重要客户的发展战略、客户本身以及客户所在的市场需求情况，并且结合物流企业自身的专业和市场优势以及开拓创新的精神，为客户提供支持，帮助客户获得竞争优势，从而使自身获得发展。

⊃ 案例

分析客户业务流程，找到合作途径

2009年10月，中远货运的一个客户——滤网机械公司突然中断了与中远货运的长期合作关系。经过调查发现，滤网机械公司推行了按照订单生产的模式，减少了全球配送仓库的设置。而中远货运仍然沿用原有的服务方法，只做整箱的出口运输。滤网机械公司的订单分散，未能达到整箱储运的货量，从而终止了同中远货运的长期合作关系。

中运货运开始积极调整部署，深入到滤网机械公司的生产内部，采集必要的货物运输信息，然后结合订单情况，提供了分批分步发运的个性化解决方法，得到了客户的赞同，逐渐地，滤网机械公司又把货运委托给了中远货运，并在储运的基础上，双方连接了信息系统，更加深入地融入对方的流程中了。这个例子说明从流程入手，对接客户的运营，能够使客户产生依赖，从而有利于长期的客户合作关系的维护和拓展。

针对滤网机械此类个性化的客户操作要求，中远货运自此设置了可以扩展的服务模块进行相应的组合，从而满足更多客户的需求。中远货运依据客户化的模块，提供了面向操作步骤及流程的多个模块。比如，订单模块包含客户基础数据信息、订单结构管理、订单整合与拆分管理、订单时间管理、订单分配管理、订单验收管理、订单反馈与统计管理等。

（2）合作应增加双方的财务利益

随着物流需求的不断增加，物流企业也越来越多。物流企业之间的竞争往往表现在价格的恶性竞争上，这样的合作关系不仅是无利可图的，更是脆弱的。实际上，许多大客户对附加价值的需求远远多于对价格优势的需求，他们往往关注特别的保证条款、电子数据交换、优先发运、预先的信息沟通、客户定制化的服务及有效的保养、维修、升级服务等。这就意味着物流企业应不断创新服务模式，通过提供满足客户需求的增值服务，使合作双方获得财务利益。

例如，中远货运在长期提供运输单一服务的情况下，应客户三星电子的需求，为其量身定制了包含运输、仓储、订舱、报关的系统解决方案。在原有简单服务

的基础上加入了增值服务的内容,从而使业务扩大了,而利润率更是由原来的9%增加到目前的16%。

(3) 改变"销售额至上"的观念

物流企业期望与客户建立战略伙伴关系是本着"双赢"的原则,既为对方创造价值,也为企业带来更多的销售收入。如果企业管理者用"短视行为"处理日常发生的事宜,时刻看重自己的经济利益,势必会给两者的合作带来不良影响,并可能造成伙伴关系的解体,从而失去更多的长远利益。

改变"销售额至上"的观念意味着不惜一切代价解决客户面临的问题。一家知名的机器制造商有一天突然接到一位长期合作的客户打来的电话,电话声称他们在安装机器时发现少了一颗螺钉,而没有这颗螺钉机器不能运转,他们非常急切地需要这部机器能够尽快开始工作。这家制造商非常懊恼自己的失误给客户带来的不便,当即决定包机把这颗螺钉送到客户那里。这颗螺钉价值1美元,而包机费用却需要10 000美元。

(4) 认真履行对客户做出的承诺

据统计,忽视和遗忘对于客户的承诺是客户中断关系的第一个原因。因为这会让对方感觉你没有诚信,没有人愿意与毫无诚信的人打交道。

承诺不能轻易做出,在做出每一个承诺之前,都必须考虑到所有需要考虑的事项和限制条件,然后才能给出一个承诺。而一旦承诺做出,就一定要想办法兑现。而且在这个过程中,你应该经常与客户保持沟通,使你的客户了解承诺处理所处的状态,使他们感受到你的关注和重视,这样即使无法百分之百地兑现承诺,你的客户也会表示理解而乐意与你继续合作。

做出承诺时应该留有适当的余地,而在兑现承诺时应该尽量做得超出承诺预期,以赢得客户的高度满意。

(5) 为客户提供优异的服务

服务质量的好坏决定客户是否与企业继续合作。物流企业在完成"6+1"的物流功能服务的基础上,应该依据客户满意度调研的结果,不断改进软、硬件的不足,同时强调人性化服务带给客户的不同感受。当企业给客户提供便利、创造价值的同时,自身也会获得收益。

前面曾经提到过柳州八达物流企业为了适应市场竞争的需要,于2009年开始实施VIP客户服务管理战略。他们所做出的努力与所带来企业利润的增长很好地证明了这一点。

◆ 案例

柳州八达物流公司实施VIP客户服务管理战略

柳州八达在VIP战略实施过程中,根据公司的实际经营的需要,对VIP服务系统进行了精心设计。公司从分析客户群开始,经过调查、分析和研究,从大量客户中确定VIP客户,为这类客户提供专业化、个性化的优质服务,同时对VIP客户实行规范化、系统化、标准化的管理,通过收集、整理、完善、分析客户信息,建立统一的VIP客户管理体系,积累VIP客户服务经验,对VIP账户统一管理,达到获取、提升、保留优质客户的目的。公司把VIP客户名称、地址、电话、客户性质、经营商品类别、发货线路、月发货量、发货次数、客户的诚意度和美誉度等记录在案,统一建立VIP客户档案。

1. VIP客户服务管理流程

柳州分公司的 VIP 客户业务服务的流程可以归纳为:上门提货—货物入库交接—按路线集货—货物数据传输—装车、发车、货出库—货物到点—司机送货上门。

1)上门提货。公司前台客户接到电话后,4分钟内记录客户名称、接电话的时间、件数,调度处立刻派车并权衡是否派装卸员,业务司机上门提货时,与发货人核实数量、检查包装、按合同价开单,注明是否紧急,注明VIP。

2)货物入库交接。业务司机提货工作完成后,回公司将相关单据交给发货科现场管理员,现场管理员安排受理员清点、交接并签字后,装卸员卸车,同时检查货物包装、分清货号,做到按规定报号入库。

3)按路线集货。货物受理员安排装卸人员卸货,装卸员卸货时,注意识别地区简码,将同一目的地的货物堆放到指定划分区域,堆码时大不压小,重不压轻,货物标签一律向右侧,搬运过程中在确保货物安全的基础上做到迅速、灵活,货物受理员和司机签字确认后货入库。

4)货物数据传输。输单员接收各线路收货员、各营业所交来的运单并将信息录入计算机,在运单备注输入"VIP"用户,注明是急货,在24小时内中转完毕按路线网点集货并生成大单,打印"运货凭证",并交予相应路线的收货员核对复审大单。

5)装车、发车、货物出库。装车时,遵循先进后出、先重后轻、先大后小、先整后散的原则;收货员按商定价格与长途司机签订"货物运输协议书",主管与司机核对相关信息,主管在协议上签字,交接单据,最后收货员将运单(大单、小单、点数上车凭证)、承运合同和货物跟踪单交给司机,检查篷布,确定发车;途中对车进行在途跟踪与管理,对于当天货物做到当天发车。

6)货物到点。车到目的地货物卸车,货物入库,验收员点数、点清单据和货物,送发货站。

7)司机送货上门。如客户收到的货物发生货损,勘损员将在半个小时内给予客户明确答复。

2. VIP服务主要内容

1)建立VIP专业服务队伍,设VIP客户服务专线,尽可能实行专人专线专管：①项目主管每天都要检查、协调前台派车和业务司机出车情况，检查车队、到货科、发货科、分点的工作安排；②部门在每月 5 日之前统计、分析上个月发货量上报经理，业务主管在每月 25 日之前评估服务质量，制订、维护收款计划，核对返利数据上报经理签字；③对每天业务进展情况进行跟踪，并监督各受理部门的服务质量，设置 VIP 客户专门柜台，负责受理 VIP 客户的业务申请，在业务完成之后要进行客户回访，建立该受理部门经理绩效考核体系；④经理尽可能做到每月四次电话或上门拜访发货负责人，每月上门拜访公司负责人一次并填写拜访纪录，根据客户和部门反馈信息，每周组织服务质量分析会，做出改善计划。

2）主动服务、温情服务、个性服务、创新服务：①每个季度设计并开展活动，节假日发送问候和祝福信息，保持密切联系；②建立与完善客户反馈渠道，填写"服务质量跟踪卡"，建立预防机制和解决方案；③差异化服务，服务程序所有客户共用，但服务项目和深度上加以区分，用有限的资源产生最大的效益；④做到服务流程透明化，让客户能便捷地查询，了解自己的货物到了哪个阶段，以及各个阶段是否达到客户要求。

柳州八达自 2009 年 2 月开始实施物流 VIP 战略，现已取得较好成效，实施当月即扭亏为盈，毛利率亦呈上升趋势，见表 4-9。

表 4-9　柳州八达实施 VIP 客户服务战略前后盈利情况统计表

时间	利润额/万元	毛利率（%）
2008 年 11 月	−5	58
2008 年 12 月	−6	59
2009 年 1 月	−3.5	56
2009 年 2 月	2.3	58.8
2009 年 3 月	1.8	60
2009 年 4 月	1.5	61
2009 年 5 月	1.1	59

（资料来源：柳州八达财务统计表）

从表 4-9 计算得知，柳州八达实施物流 VIP 战略之前三个月月平均亏损 4.83 万元，月平均毛利率为 57.67%，实施物流 VIP 战略之后四个月月平均盈利 1.675 万元，月平均毛利率为 59.7%，平均净增利润 6.505 万元，平均净增毛利 2.03%。

（案例来源：朱小宇，龙厚文，宾小昌，等．叶金玲实施 VIP 客户服务管理战略，提高企业竞争力[J]．柳州师专学报，2009（12）．有删减）

（6）增加双方的结构性联系，提高客户转换成本

增加双方的结构性联系意味着物流企业与客户间共享某种硬、软件设施，从

模块四　物流客户服务改进

而增加客户脱离企业的成本,达到稳固双方关系的目的。物流企业在不断提高服务质量的同时,应努力加大客户的转换成本,从而提高客户忠诚度。

　　转换成本指的是当消费者从一个产品或服务的提供者转向另一个提供者时所产生的一次性成本。这种成本不仅仅是经济上的,也是时间、精力和情感上的,它是构成物流企业竞争壁垒的重要因素。如果客户从一个物流企业转向另一个物流企业,可能会损失大量的时间、精力、金钱和关系的话,那么即使他们对该物流企业的服务不是完全满意,也会三思而行。对于第三方物流企业来说,转换成本包括已维护好的系统共享平台,便利的仓库设施以及系统、全面的人工培训等。为了提高客户的转换成本,物流企业制订深度的忠诚计划和提供更加个性化的增值服务都是非常有效的途径,这包括准确地识别客户、熟悉客户的业务流程并尽量使本物流企业的物流服务与其顺畅衔接、与客户保持良性接触和积极的互动关系,以加大客户的心理成本和感情成本。

⊃ 案例

知名企业间的结构性联系

　　美国著名的药品批发商麦肯森公司,投资几百万美元,开发药店管理软件系统,并免费提供给其客户——各药品零售商使用,帮助小药店实现存货管理、订单处理、工资考勤等工作项目的信息化。

　　日用化学品制造商巨头宝洁公司和零售商巨头沃尔玛在经历较长时间的互不交流后,于20世纪90年代初开始建立了长久的伙伴关系,至今成为制造商—零售商合作的典范。两家公司开发了一个复杂的电子数据交换系统用来连接两家公司的业务。联网后,宝洁公司有责任监控沃尔玛商场的存货管理。通过卫星传送,宝洁公司会连续收集到来自众多独立的沃尔玛商场销售其各种不同规格产品的即时销量、存货数量和价格信息,由此决定货架空间、需求数量,并自动传送订单。

　　通过双方合作,销售代表也不再需要经常对商店进行访问,文书工作和出错概率也大大减少。即时订货系统使宝洁公司得以按需生产而减少了存货,也使沃尔玛成功地减少了存货和空货架,为双方避免了销售的损失。这种伙伴关系为消费者创造了巨大的价值,消费者可以非常容易地以最低价格得到他们所喜欢的宝洁公司的产品。

2. 加强客户关怀

　　在以客户为中心的商业模式中,客户关怀是物流企业经营理念的重要组成部分。随着竞争的日益激烈,物流企业提供物流基本功能的服务已经不能满足客户的需要,必须提供主动、超值、让客户感动的关怀才能赢得客户信任。

(1) 客户关怀的内涵

所谓客户关怀，是指提供物流服务的企业对其客户从购买服务到购买服务后所实施的全过程、全方位的服务活动，具体包含客户服务（向客户提供信息和服务方案等）、产品质量（各业务环节的安全性与可靠性）、服务质量（与企业接触过程中客户的体验）、售后服务（查询、投诉以及问题处理）等。

物流企业既要重视客户在购买前为促成交易所作的所有铺垫，也要重视在购买中为客户提供的全面而优质的服务，更要重视客户购买后的后续服务，促进客户信任的形成和巩固，使其成为忠诚客户。客户关怀的目的是增强客户满意度与忠诚度。

(2) 在客户购买决策的各阶段渗入客户关怀

不同客户的购买习惯有所不同，但在购买的决策过程中，存在着一定的共性。通常客户购买的决策过程大致经历以下六个阶段，如图4-10所示。

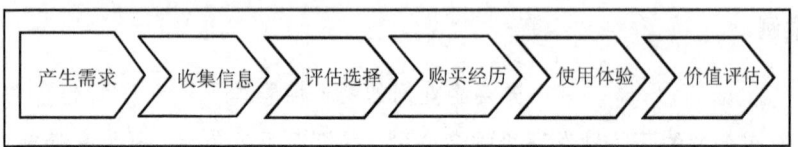

图 4-10　客户购买决策的不同阶段

如果能够在客户购买决策的不同阶段，运用适当的客户关怀形式对客户施加影响，就会极大地促进物流企业业务的增长。因为适当的客户关怀可以带给客户满意的购物体验，让客户感受到物流企业是在用心关注自己，可以明显地增强服务效果，有效达成客户关怀与销售的统一，实现持续再销售。同时，物流企业通过服务关怀还可以对客户进行更深入的了解，不断挖掘客户需求，实现物流其他服务的销售，形成良性循环。

1) 产生需求阶段。人们一旦产生需求意识，就会形成购买动机，产生购买行为。物流行业的客户来自各行各业，需求充足。关键在于在以下几个决策阶段中物流企业的不同表现会带来不同的销售结果。

2) 收集信息阶段。现在物流企业很多，客户产生某种物流服务的需求之后，就会寻求相关信息帮助自己做决定，包括价格、企业信誉和服务内容等。在这个环节，物流企业是否建立多种沟通渠道供客户选择，给客户提供交流的便利就显得格外重要。

物流企业与客户交流的手段，主要有主动营销、企业网站和呼叫中心等（见表 4-10）。无论运用哪一种沟通渠道与客户交流，服务人员的沟通交流能力（沟通交流能力的培养请关注模块二的内容）都会对客户的选择产生影响，需要物流企业管理者特别关注。

模块四 物流客户服务改进

表 4-10 物流企业提供的客户交流渠道

交流方式	渠道	说明
主动营销	电话、网络、现场蹲守	这是成本较低的方式，物流业务人员主动拜访客户和推荐满足客户要求的服务项目。在客户可能出现的地方，如某大型卖场的郊区仓库，供应商就会经常去那里，有些物流业务人员在那里蹲守，得到潜在客户的可能性较高。只要提供的信息具有针对性，成功的可能性就会较大
企业网站	自建的本企业电子信息网站	这是现代社会客户收集信息的重要途径，成为客户与企业交流的重要平台。物流企业若想通过网站做好客户关怀工作，以下几个原则应该特别注意： ● 提供客户需要看的内容，而不是物流企业想让客户看到的内容 ● 网站方便客户浏览，客户能够轻松登录，能够轻松搜寻或索引等 ● 善用客户资料。物流企业有义务对客户资料保密，提高信息发送的针对性，减少信息垃圾 ● 不要让本公司网站成为广告媒体
呼叫中心	电话、网络接入	呼叫中心已经成为一种成熟的提供客户关怀的形式，它让客户可以更便利地接触到企业。但在物流行业，除了大型快递企业建立了完善的呼叫中心服务客户外，其他类型的物流企业鲜见选择这种方式服务客户的。物流企业需要从品牌制造业运行的呼叫中心中采纳经验

⇨ 案例

A.O.史密斯的客户关怀中心

A.O.史密斯于2005年成立呼叫中心，主动关心客户和消费者，将产品的销售作为服务的起点，更强调为客户和消费者带来连续、持久的品牌价值。

A.O.史密斯的产品分布在全国上千个终端中。每当导购员实现了一单销售后，导购员立即会打电话到客户关怀中心，告之相应的客户信息，由客户关怀中心再将信息传递给当地的服务商。服务商一般都是公司的签约服务商，接到信息后，会马上着手下一步工作，如送货上门、安装设计、售后服务等。这样就避免了客户每次遇到问题，就需要多次重复商品信息之苦，即使客户不懂专业知识，不知道上次维修内容，服务人员也可以通过查询系统为客户提供快捷、高效的在线咨询服务。

客户关怀中心还是一个服务评估中心，强化过程管理，有效提升服务质量，实现对消费者的贴心关怀。

一是监督服务质量。A.O.史密斯在各个地区所有的签约服务商，其每天的服务质量和客户满意度都会通过信息系统自动地排序，系统会跟踪到每一个城市的安装队的安装工。A.O.史密斯鼓励各服务商之间互相竞争，为此，公司制订了相应的各种激励方案，给安装队的费用、安装工的补贴等，都会通过这个系统得到基本的评估作为评价标准。在所设定的评分中，得满意分者（如以60分为标准），多一分就会多一份奖励。在评分标准中，只设两个档，即"满意"和"非常满意"。A.O.史密斯只关注非常满意度。对获得"非常满意"次数多者才可以获得相应的奖励。一些服务好的服务商，非常满意度可能会达到70%以上，而一些不好的地方在此也得到明确的考核，公司从中也可比较出问题所在和差距所在，可以对服务商有针对性地提出改进的方向。

二是强化了过程管理。一天 24 小时，一周七天，客户关怀中心坚持值班，随时服务。该系统的建立，能够使消费者的信息在其需要服务及购买产品时同步录入计算机系统，可以实现在全国范围内任何一个接受 A.O.史密斯服务的过程即时都尽在系统掌握之中，消费者在购机、送货、安装等各个过程中对服务的反馈也会在第一时间进入数据库中，非常便于管理人员实时监控服务网点的服务质量以及服务过程的完整性，并主动与消费者沟通，进行服务优化。在管理过程中，实现监控到位，避免误差，对整个服务的管理拉动性很强。

客户关怀中心更是一个专业化的服务平台，主动为客户提供超值服务，有计划、有重点地与客户进行沟通。

大多数消费者对热水器是陌生的，他们非常需要专业的指导和建议。那么，通过客户关怀中心，一方面，消费者也可以通过电话、传真、电子邮件等各种方式与其沟通并获得专业性的知识；另一方面，作为企业来讲，可以通过这个系统主动为消费者服务。信息人员通过消费者档案，可以了解其购机时间，确定其产品应该实施保养的时间，询问热水器使用状况，提醒消费者必须保养的项目，并适时地安排服务人员上门对热水器进行全方位的检查，清洗内胆，进行除垢，延长热水器使用寿命，实现主动联络消费者并提供服务的过程。这是区别于传统售后只注重完成销售带来的任务，客户关怀中心能主动为消费者提供更为重要的、针对热水器这种产品消费特点的超值服务。为了提供专业化的服务，进入客户关怀中心工作的信息人员都需要接受严格的培训，如：产品理论知识，产品应用知识，安装维修知识，相关的法律法规，公司相关的服务政策和服务流程，如何接听电话和回答用户电话，如何与用户有效沟通，如何面对用户报怨，如何回答日常工作中可能遇到的疑难问题等。

客户关怀中心还能帮助企业实现有计划地与客户沟通的目标。每到大型节假日或者一些本企业特殊的日子，把系统中的老用户资料调出，选出一部分用户，或者是某一型号的用户、某城市某一区域的用户、一部分高端型号有用户等，阶段性地给用户发一些宣传拉近感情的东西，如热水器使用小常识、新年贺卡、小礼品等。有了这套系统，可以方便品牌为用户提供主动的市场营销活动。

A.O.史密斯通过现代信息技术的应用，真正实现了企业和客户的多方位、多层次的沟通交流，实现了双方零距离接触，通过现代化手段名副其实地实现了客户关怀，值得物流行业学习。

【想一想】

请说明物流企业可以建立哪些渠道为客户收集信息提供便利。

3) 评价选择阶段。此阶段物流企业对客户最好的关怀就是从专业角度依照客户的实际情况和具体需求，提供专业化、个性化的建议，帮助客户选择最合适的服务方案。在此过程中，物流企业采用成功案例展示和实地考察的方式，可以帮助客户亲身感受到服务的质量和特性，进一步帮助客户作出购买决策。在此阶段，以下几个因素会起到重要的影响作用：物流服务方案的针对性、专业性，业务人员的沟通交流能力，企业的价格策略等。

4) 购买阶段。此阶段客户会同时受到感性和理性因素的影响，情感因素的影响甚至会更多一些。物流企业的环境气氛和员工的服务态度都会直接影响到客户的消费体验。在这个阶段中，客户关怀既要有满足客户对服务需求的行为，也要有满足客户心理需要的服务行为，如赞成客户的说法，恰当地赞赏客户，让人赏心悦目的服务礼仪，让人感动的行为等。

5) 使用体验阶段。物流服务一般具有同步性、交易期长和影响因素多的特点。在此阶段，物流企业关怀客户的重点在于快速、高效地解决订单完成过程中出现的各种问题。物流企业可以通过网站、在线聊天工具、电子邮件、电话等方式与客户进行沟通，接受咨询和投诉，为客户提供最佳的解决方案和最优质的服务。

在对某物流公司项目经理的采访中，他曾经说过这样一段话："无论是单件超大超重，还是卸货困难重重；无论是货物入仓困难，还是付款协议难以协调，都最终被我们的才智和耐心一一化解。令我们感到最有价值的是为客户成功解决了各类疑难问题"。

6) 价值评估阶段。客户已经完成了一次购买的过程。客户会依据购买前信息获得的便利性与真实性、购买时的快捷与舒适性以及购买后的顺畅与安全性等方面综合评估物流企业。因而对于物流企业来说，此次交易的结束并不意味着客户价值的完成。在此阶段，物流企业应与客户保持长期联系，积极关怀客户，为客户解决可能遇到的问题，留给客户更加深刻的印象。

（3）客户关怀的形式

物流企业应该根据客户群的特点，制订关怀策略。物流企业应该区分客户的不同行业和规模，采取不同的策略，从关怀频率、关怀内容、关怀形式上制订计划，落实关怀行动。关怀内容与形式可以参考以下几种类型：

1) 亲情服务。物流企业应根据客户的基本信息选择出特定的客户列表，在客户的生日或在重要节假日，寄送本公司的贺卡、小礼品等，以示祝贺；应客户邀请派代表参与客户的周年庆典等重要庆祝活动。

2) 产品推荐。物流企业应根据对客户分析得到的各类客户群体特征，针对不同的群体，推荐本企业最适合该类客户的各项服务产品。

3) 客户俱乐部。如果客户群非常集中，单个客户创造的利润非常高，这样物流企业与客户保持密切的联系，就非常有利于企业业务的扩展。物流企业可以采取俱乐部的形式与客户进行更加深入的交流，通过互动式的沟通和交流，可以发掘出客户的意见和建议，有效地帮助企业完善产品；同时，用俱乐部这种相对固定的形式将客户组织起来，在一定程度上讲，也是有效狙击竞争者进入的壁垒。

⇨ 案例

麦德龙仓储式超市客户俱乐部

仓储式超市实际上是以零售的方式从事批发业务。超市既是服务中心又是配送批发中心。这种差异化的市场定位使麦德龙成为了专业客户的超级仓库。

经过三十多年的经营发展，麦德龙自创了一套适合C2C体制的商品信息管理系统和会员信息管理系统，使内部管理成功实现了信息化。最初，麦德龙的服务人员将会员填写的"客户登记卡"的资料输入计算机，创建客户的初始资料。会员信息管理系统自动记录客户每一次的购买情况，根据各类客户的购买频率和消费结构，准确分析出客户需求的动态发展趋势，使麦德龙能对客户需求变化迅速做出反应，及时调整商品结构和经营策略，最大限度地满足客户需求。

麦德龙根据客户规模和购买量将客户分A、B、C三类，A类是重点客户，麦德龙工作人员经常针对这类客户进行长达2小时的经营分析和策略研究。由于麦德龙不仅关心自己的经营状况，还关心客户的经营状况，在服务上是全方位的，所以就能使大批的企业成为其稳定的客户。麦德龙还专门为其成立"客户顾问组"，对客户的消费结构进行分析，向客户（特别是中小企业）提供特色咨询服务；同时与主要的客户进行沟通，向他们提出采购建议，帮助客户降低采购成本。通过提供全方位服务，麦德龙不仅拥有了大批的稳定客户，还及时掌握了市场需求动态，从而提高了商品管理的主动性和灵活性。

4）优惠推荐。物流企业应根据对客户分析的结果，针对不同的客户群体，制定不同层次的优惠政策，主动推荐给客户。

5）针对群体的活动形式。针对群体的活动形式主要有研讨会、交流会、学术研讨、行业考察、培训安排、旅游等。

6）个性化的服务措施。个性化的服务措施主要有7×24服务热线、技术支持、客户需求研讨、客户需求评估等。

7）联合推广。联合推广的形式有与社会组织、机构、合作公司、内部渠道成员的联合活动等。例如，某品牌影院为某银行信用卡会员提供"1元钱"看电影服务；餐饮商家为银行信用卡会员提供打折服务；某婚纱摄影机构为民政局举办的"世纪婚礼"提供摄影服务；创维与美的联合促销，购买创维的产品再购买美的产品将享受一定的优惠，购买美的产品再购买创维的产品，同样享有一定的优惠；中国汽车用品行业50强买家联合订货会；煤炭行业联合订货会等。

8）公关活动。公关活动主要有行业或产业高层公关、高层论坛、高层聚首安排，如地产行业高尔夫精英赛，时尚派对等。

9）事件活动组织。事件活动可以是商业和公益两种性质，目的是在目标市场中形成影响。例如，"壹基金"慈善募捐活动，企业家陈光标的系列捐款行动，这些活动成功的关键是抓住社会热点，制造轰动效应。

【想一想】
物流企业的客户关怀形式可以有哪些？

三、大客户管理人员的素质要求

综合各物流企业对大客户经理的岗位描述，其主要职责如下。

1. 与销售相关的工作

物流企业大客户经理的职责中，与销售相关的工作具体包括：定期拜访客户，向客户宣传、介绍公司的服务；收集挖掘客户信息，进行有效过滤；对有意向客户进行跟踪、及时掌握客户需要，了解客户状态，促成交易实现；大客户开发及维护，为大客户提供整体物流解决方案；合同执行过程中，能够同相关部门进行有效的信息沟通，随时了解合同完成的进度及效果，协助并保证合同完成后的回款。

2. 与规划相关的工作

物流企业大客户经理的职责中，与规划相关的工作具体包括：负责主要目标和计划的制订、参与或协助上层执行相关的政策和制度；编制大客户管理计划和实施方案；制定大客户开发与维护战略；策划与实施大客户关怀活动，积极维护与大客户之间的关系；严格控制大客户管理与维护费用。

3. 与服务提升相关的工作

物流企业大客户经理的职责中，与服务提升相关的工作具体包括：设计并优化客户服务各种流程；全方位优化客户服务质量；规划客户服务培训活动，有计划地提高投诉处理能力。

4. 与客户资料管理相关的工作

物流企业大客户经理的职责中，与客户资料管理相关的工作具体包括：建立大客户档案并做好信息保密工作；定期对客户档案进行分析、整理，提供销售分析数据。

大客户经理的评价标准基于培养客户的业务份额上的效率和年度利润的实现情况。大客户经理与销售人员的区别在于：大客户经理通过关系维护，实现单个客户的最大销售潜力，而销售人员看重每次客户接触实现交易的比例。基于此，物流企业的大客户经理的学历要求一般为本科以上，但对能力要求更高，至少需要物流企业 5 年以上的工作经验。大客户经理的能力要求具体见表 4-11。

表 4-11 物流企业大客户经理能力要求汇总表

基 本 素 质	专 业 能 力
高度的责任心和极高的职业道德	对物流行业的规律特点有深刻的认知
客户服务意识强,具有亲和力和个人魅力	对不断发展变化的物流市场需求有敏锐的判断
较强的沟通交流能力（包括语言沟通和书面沟通能力），能够影响客户决策	具有丰富的物流行业经验和知识，并能不断学习新知识
较强的公关能力、应变能力	熟悉企业内部政策条款和业务运作流程
较强的谈判能力	能够随时解决客户的问题和为大客户提供整体物流解决方案

【想一想】

对照大客户经理的工作内容和能力要求，找出自我的差距并罗列自我改进的措施。

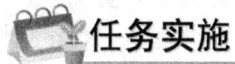

一、方案参考结构

1．背景（企业性质、从事业务）

2．原因、目标对象、预期结果（为什么开展此工作，针对什么类型的客户，达到什么目标）

3．战略定位（用一句话总结方案制定的战略目标）

4．实施内容（方案的具体内容，核心部分）

5．实施部门

6．实施进度（时间表）

7．经费预算

二、参考方案

《关于××速递与购物网站建立战略伙伴关系的策划方案》（有删节）

第一步：前期调查分析客户类型

1．为购物网站市场调查

（分析网络购物的潜力，确定是否要开发该方面的客户。）

2. **进行电话、邮件、街头拦截等调查**

（分析总结各网站的满意度，以满意度的高低以及业务交易量进行客户分级）

3. **调查买家对他们接受过的快递服务满意度**

（以调整自身的缺欠）

调查数据表明：现实社会对网络的依赖日益深入，网购的便利性以及新鲜度吸引了大部分的网民。因此网购潜力非常大。所以我们把正在与××速递公司合作的购物网站作为本次活动开展主要针对的对象，如淘宝、亚马逊等重要客户。

4. **客户分级与分析**

客户分级：

1）淘宝网、拍拍网为 VIP 客户。

淘宝网：人们最信赖的网购网站，拥有庞大的客户群。

拍拍网　为腾讯开发，受到年轻一族的青睐。

2）当当网（有自己的配送系统）、亚马逊网（有自己的配送系统）、易趣网为关键客户。

第二步：系统开发

共计划开发两项系统：

1）建立信息共享系统，方便双方交流，如订单查询信息系统，以及时解答客户查询。

2）协助购物网站建立交易系统，如在寻常的交易系统加上："是否要求定期、定点、定地地配送""是否对货物有特殊的包装要求"等物流专业信息，让客户感觉到网站贴心的服务。

第三步：建立客户数据库

专门设置购物网站客户数据库，内容为：网站负责人、管理者详细信息；网站注册店家详细信息；网站注册买家详细信息。

第四步：策划活动

1. **日常维护活动**（长期活动）

1）购物嘉年华（针对 A、B 类客户）（行动方案略）。

2）网上寻宝跳蚤市场（针对 A、B 类客户）（行动方案略）。

3）SHOPPING 俱乐部（针对 A、B、C 类客户）。

采用论坛形式可自由加入，但必须为注册用户，不设其他权限。

平台由快递企业打造，在快递企业网站上设置。在俱乐部的网页上设立快递企业在线客服和连接客户企业的在线客服。

邀请快递企业的所有客户加入，让不同类型的客户或者同为竞争对手的企业一起交流，让快递企业的客户们了解来自不同人群的信息，吸取竞争对手、本企业客户或者其他类型企业的经验或者可取之处。

2. 奥运年主题活动（短期活动）

1）奥运系列快递包装箱设计大赛（针对A、B、C类客户）（行动方案略）。

2）奥运幸运盒子（针对A、B、C类客户）（行动方案略）。

3. 环保主题活动——"我爱地球"（长期活动）

前期协助网站建立交易系统，在购买交易页面上特设立一项："保护地球，由我做起！请问您是否愿意再付多一元的价格购买一个购物环保袋？"

快递企业组织联合各家购物网站与快递企业共同出资生产带有宣传性的环保袋，随买家购买的物品包裹给买家送去。

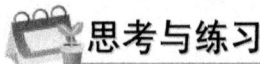

一、名词解释

大客户　战略伙伴　客户关怀　转换成本

二、思考题

1. 请从宏观层面说明与客户战略伙伴关系的工作思路有哪些。
2. 请从微观层面说明与客户建立战略伙伴关系的工作思路有哪些。

三、技能训练题

1. 实训内容：掌握编制与客户建立互动伙伴关系工作方案的基本方法。
2. 实训时间：一周。
3. 实训要求：假设你现在是一家物流企业的客服主管，请策划未来一年与客户建立互动伙伴关系的工作方案并进行展示。方案结构参考"任务实施"部分；以小组为单位，自行选择物流企业的类型；对企业客户进行分类并明确此方案针对的是哪种类型客户；方案应具有系统性，以明确工作方案的目标。

任务三　规划客户满意度调查

知识目标

1. 理解客户满意的内涵
2. 熟知物流客户满意指标体系
3. 熟知客户满意度调查的工作内容

能力目标

1. 会编制基本的物流企业客户满意度调查问卷
2. 会规划物流企业客户满意度调查工作
3. 会基本运用物流企业客户满意度调查结果

任务引入

请阅读下面的背景描述,若你是该项工作的负责人,请说明此项工作的具体步骤与方法。

背景描述

假设你是 HD 物流公司的客服经理,不断提高客户满意度,提升企业服务质量是你的主要职责之一。面对竞争激烈的市场,你所在的公司也开始重视客户的满意度,意欲开展一年一度的客户满意度调查工作。

任务分析

客户满意度调查是企业提高服务质量的重要途径。要做好此项工作需要关注如下几个问题:①满意度调查的时间表制订;②满意度调查的难点在于满意度指标设计得不准确会限制调查问卷的科学性;③分析方法的贫乏会导致调查结果的分析难以得出提高客户满意度的有价值的结论。本任务试图通过以下知识的学习,突破这些客户满意度调查中的难点问题。

相关知识

一、客户满意的内涵

满意是指一个人通过对一种产品或服务的可感知效果与他的期望值相比较后所形成的愉悦感觉状态。也就是说,客户满意状况是由客户内心的期望与其实际感知决定的。它们之间的关系可以用一个简单的函数关系来表述:

$$客户满意度(CSI) = \frac{可感知效果}{期望值}$$

当实际感知相当于客户期望时,客户感觉满意;当实际感知高于客户期望时,客户就会非常满意;当实际感知低于客户期望时,客户就会不满甚至抱怨。对物流企业而言,必须消除客户满意度小于 1 的情况,提高服务质量,来满足甚至超越客户的期望。由于产品成本的结构限制,低价策略已不再具有竞争力,追求客户满意已经成为物流企业争夺市场份额、获得竞争优势的最有效的武器。

二、制定客户满意度调查的时间表

物流企业作为典型的高端服务行业,客户满意度调研是一项重要工作。做好客户满意度调研的规划工作,有利于提高调查工作的效率。

客户满意度调研同其他的市场调研在方法上没有太大差别,市场调研的方法同样适用,区别主要在于满意度指标体系的不同。物流企业客户满意度调研主要涉及:调查目标、对象与范围的确定;调查方法的确定;问卷设计并进行预调查;调查人员的选择与培训;执行调查;调查问卷的回收和复核;调查数据的录入和统计分析等几个方面的内容。

1. 确定调查目标、对象与范围

物流企业的客户可按照不同标准划分:按照客户类型划分,有个体消费者、制造商、零售商和内部客户等;按照客户级别划分,有大客户、潜在客户、普通客户和临时客户;按照客户性质划分,有大型国有企业、外资企业、中小型企业、事业单位、政府机关和社会团体。因而,物流企业首先需要确定调查的目标,依据目标来确定调查的对象及范围。

⊃ 案例

> **某国际性电信企业的客户满意度调研项目**
>
> 调查目标:为全面了解高端客户的需求,不断改善和提高其产品和服务质量。2008年9—11月,某国际性电信企业对中国地区的大客户开展客户满意度研究项目。
>
> 访问对象:通信类企业用户。
>
> 地域范围:北京、上海、深圳、南京、大连五个城市。

2. 确定调查方法

客户满意度调查方法通常包括二手资料收集、内部访谈、问卷调查、深度访谈和焦点访谈。

(1) 二手资料收集

二手资料来源渠道比较广,可来自于企业内部报告、人口普查报告、世界银行报告、统计年鉴等出版物,也可来自于报刊、各类书籍以及一些商业性调查公司的资料等。二手资料的优点是成本低,可立即使用,但具有详细程度和有用程度不足的缺点,因而需要其他方法的补充。不过二手资料能提供行业的大致情况,有助于设计人员对拟调查问题的把握。

(2) 内部访谈

内部访谈是对二手资料的确认和对二手资料的重要补充。通过内部访谈,调查人员可以了解企业经营者对所要进行的调查项目的大致想法。

(3) 问卷调查

问卷调查是一种最常用的数据收集方式。问卷调查通常采用抽样法。抽样调查的方法有随机抽样、等距抽样、分层抽样和整体抽样。抽样调查使客户从自身利益出发来评估企业的服务质量、客户服务工作和客户满意水平。

(4) 深度访谈

为了弥补问卷调查存在的不足,有必要实施典型用户的深度访谈。深度访谈是针对某一论点进行一对一的交谈(或2~3个人),在交谈过程中调查人员提出一系列探究性问题,用以探知被访问者对某事的看法,或做出某种行为的原因。

(5) 焦点访谈

为了更周到地设计问卷,调查人员可以采用焦点访谈的方式获取信息。焦点访谈就是一名主持人引导8~12人(客户)对某一主题或观念进行深入的讨论。焦点访谈通常避免采用直截了当的问题,而是以间接的提问激发与会者自发的讨论,从中发现重要的信息。

3. 设计问卷并进行预调查

问卷设计(本任务第四部分详细说明)完成之后,问卷设计人员应该进行小范围的试调查,以发现问卷中的问题,及时改正,提高问卷的有效性。

4. 挑选和培训调查人员

在正式调查之前,调查机构应通过对调查人员的培训,确保调查进行过程中的公正性和客观性,提高有效问卷的回收率。

5. 实际执行调查

定量调研可以采取的方式包括面访(包括入户访问、拦截式访问)、邮寄调查(包括传统邮件和电子邮件)、电话调查、网络调查、短信调查等。比如,某物流企业开展客户满意度调查,采用了在中国(深圳)国际物流与交通运输博览会出口处进行拦截式访问的方式。保险公司和一些生产企业现在多采用业务发生后的电话回访方式。电子商务企业多采用电子邮件和网络调查方式。

6. 回收和复核调查问卷

调查人员应回收调查问卷,复核调查问卷的填写情况。

7. 编码录入和统计分析调查数据

客户满意度测评的本质是一个定量分析的过程,即用数字去反映客户对测量对象的态度。根据设定的规则,对不同的态度特性赋予不同的数值。例如,第一档为"很满意(很好)",得10分;第二档为"比较满意(较好)",得8分;第三档为"满意(一般)",得6分;第四档为"不满意(较差)",得3分;第五档为"非常不满意(很差)",得0分。这样便于数据录入和统计。对数据的分析分为定量分析和定性分析(本任务第五部分将做基本说明)。

客户满意度调查的工作程序与内容归纳于表 4-12 中，请依据所学的知识，填写表 4-12，完成 HD 物流公司某年客户满意度调查的规划工作。

【做一做】

根据表 4-12 的内容，完成一次客户满意度调查。

表 4-12　HD 物流公司××××年客户满意度调查时间表

规　划　项　目		具　体　内　容
调研目标与目的		
调研对象与范围		
调研方法		
调研时间		
调研工作时间安排	问卷设计	
	问卷试访	
	修改问卷并正式印刷	
	培训调查人员	
	执行问卷调查	
	问卷统计与分析	
	报告生成	
经费预算		

三、确定物流客户满意度指标体系

国内外的服务专家和物流管理专家对于物流客户满意度影响指标都已经有了较为成熟的研究成果。结合这些前辈的经验和物流服务的特征，本书将物流服务客户满意度指标体系汇总如下，见表 4-13。

表 4-13　第三方物流服务客户满意度指标体系

一级指标	二级指标	相关二级指标说明
企业形象	公司品牌	
	行业美誉度	
客户忠诚度	重复购买	
	推荐他人购买	
人员沟通质量	服务态度	指在与客户沟通过程中的服务语言与行为
	积极解决问题	指物流人员理解客户的处境与真实需求，能够站在客户立场上提供合理的物流服务内容与方式
	服务知识	指人员在与客户沟通中的物流知识水平

(续)

一级指标	二级指标	相关二级指标说明
服务可靠性	订单处理正确率	指某段时间内无差错订单处理数占订单总数的比率
	账货相符率	指经盘点，库存物品账货相符的笔数占储存物品总笔数的比率
	货物准确率	指在某段时间内按照客户要求的产品名称、规格、型号送货的数量占总送货数量的百分比
	货物完好率	指从接受客户货物到交付客户货物时，完好无损货物的数量占总货物数量的比例
	货物准时送达率	指某段时间内将货物准时送达目的地的订单数量占订单总数量的比率
服务响应性	订购过程	指第三方物流企业接受客户订单、处理订购过程的效率和成功率，关系到客户订购的方便性和时间性
	订单释放数量	指第三方物流企业在实际作业时受自身资源或其他原因影响，不得不按实际情况释放（减少）部分订单
	误差处理	指当物流作业出现差错、疏忽或过错时，第三方物流企业对物流作业过程中出现误差的处理效率或方式
信息质量	信息传递准确率	
	信息反馈时间	
	信息充分性	
服务时间	订货提前期	指从客户下达订单到收到货物的时间。该时间越短，客户在生产中的订货点就越低，安全库存也会越低
	订货提前期变动	指在多次订货中，客户订货提前期的具体时间与平均订货提前期时间的变异程度，订货提前期变化越大，说明客户经营中不确定性越大，客户的安全库存必然增加
服务柔性	库存货物柔性	服务柔性是指在市场发生变化时，以合适成本有效响应客户变化服务需求的能力
	运输配送柔性	
	交付货物柔性	
	服务内容与流程柔性	

在此评级指标体系中共有 8 个一级指标，24 个二级指标。在这 24 个二级指标中，单证处理正确率、账货相符率、货物准确率、货物完好率、货物准时送达率、订单释放数量、信息准确传递率、订货提前期、订货提前期变动 9 个指标为定量指标，其他 15 个指标均为定性指标。

四、设计调查问卷

1. 问卷的结构

调查问卷的结构一般包括前言、正文、结束三部分。前言主要说明调查目的及意义，以打消被调查者的顾虑，并告知问卷回收方法等。结束部分包括两部分：被调查者的基本情况，如性别、年龄、教育水平、职业、家庭月收入等有关社会人口特征的问题，以了解消费者特征；对被调查者表示感谢。正文部分包括两部分：客户购买行为特征的问题，如何时购买、何地购买、购买何物、如何购买等问题；客户满意度测评指标体系，这是问卷的核心部分。

2. 客户问题设计

客户问题设计就是将表 4-13 中第三方物流服务满意度二级指标转化为客户能够回答的问题。比如，调查项目"人员沟通质量"中"服务态度"项目，可以设计类似的问题进行提问"你认为服务人员的语言是否亲切？""你认为服务人员的行为是否规范？"。再比如，调查项目"服务柔性"中"运输配送柔性"项目，可以设计类似的问题进行提问"你认为企业是否对你在运输配送上的特别需求快速做出了解决方案？"。

3. 测试方法的设计

第一种方法可以通过询问直接衡量，如"请根据下面的提示说出你对某服务的满意程度：非常满意、满意、一般、不满意、非常不满意"（直接报告满意程度）。

第二种方法可以要求受访者说出他们期望获得一个什么样的产品属性，以及他们实际得到的是什么（引申出来不满意的原因）。

第三种方法是要求受访者说出他们在产品上发现的任何问题及提出的任何改进措施（问题分析）。

第四种方法是公司可以要求受访者按服务各要素的重要性不同进行排列，并对公司在每个要素上的表现做出评价（重要性/绩效等级排列）。

例如：

1. 下面是客户满意度的影响因素，请您根据这些因素对您的重要程度从高到低进行排列，1 代表最重要，5 代表最不重要。

服务质量　　　　　　　　　　　　　　　　　　　　　（　　）
服务效率　　　　　　　　　　　　　　　　　　　　　（　　）
企业品牌形象　　　　　　　　　　　　　　　　　　　（　　）
服务柔性　　　　　　　　　　　　　　　　　　　　　（　　）
与企业接触过程中客服人员的沟通互动　　　　　　　　（　　）

2. 您认为本公司在上述 5 个方面的表现如何，请从高到低进行排列，1 代表做得最好，5 代表做得最不好。

产品质量　　　　　　　　　　　　　　　　　　　　　（　　）
服务效率　　　　　　　　　　　　　　　　　　　　　（　　）
企业品牌形象　　　　　　　　　　　　　　　　　　　（　　）
服务柔性　　　　　　　　　　　　　　　　　　　　　（　　）
与企业接触过程中客服人员的沟通互动　　　　　　　　（　　）

最后这种方法可以帮助企业了解它是否在一些重要的因素方面表现不佳，或在一些相对不重要的因素方面过于投入。

4. 问卷设计注意事项

1）提出问题应注意策略，不能涉及客户隐私。

2）提问的语言应保持客观、中立，不能让客户有不舒服或哗众取宠之嫌。

3）调查内容和指标不能太多，一般根据调查目的有侧重点地提出。

4）表格结构与问题应简洁明了，让客户容易回答，不能让客户计算或推理，而只能让客户根据设计好的答案选择。

5）问题的排列应井然有序，内在逻辑清晰。

6）测试方法应尽可能地前后一致，如果让客户选择"满意"或"不满意"，最好就不要再出现"是"或"否"的选择。

【做一做】

结合本任务三、四点的内容，为 HD 物流公司编制一份客户满意度调查问卷。

五、分析客户满意度调查结果

客户满意度分析就是在客户满意度调查的基础上，分析各满意指标对客户满意度影响的程度，以此来确认改善服务的重心。

1. *满意度调查的定性分析*

通过对满意度调查得出的开放题的答案进行分析，可以确定对各个满意度指标的评价和重要性，也有助于找出客户满意或不满意的主要原因。

内容分析方法是满意度调研中的重要的定性分析方法，通过计算有关满意度的某个具体观点、看法或者观察其出现的次数，进行词语频率分析，确定词语使用水平的模式。在开放性中确定初步代码或者从焦点小组中确定初步的满意度指标时，词语的出现次数是很有价值的信息。

2. *满意度调查的定量分析*

在满意度的量化分析中，数据分析既包括对各满意度指标百分率变化的描述性分析，也包括运用复杂的统计技术确定不同的满意度指标对整体满意度的重要性、根据历史数据预测整体满意度以及比较企业与竞争对手在各满意度指标上的优势和劣势。最终在这些分析的基础上，确定企业在提高满意度上应该采取的措施。

（1）描述性百分比

描述性百分比，如 30%的客户对某公司销售人员的评价是非常满意的等。在满意度数据按季定期收集的情况下，可以将描述性百分比应用在趋势分析中。通过百分比数据的比较，可以确定是否各项满意度有了显著的变化，哪一项还需要引起足够的重视并加以改进等。

⇨ 案例

描述性百分比的作用

飞速快递公司在客户满意度调查结束后，就会根据调查结果进行分析。首先是根据被调查者对于"快递服务总体满意度,愿意再用飞速快递服务和愿意向朋友推荐飞速"三个问题的回答,计算出客户对于公司的整体满意度。然后是非常详细地对每一个设定的调查指标进行分析。在咨询公司出具的调研报告中,管理者能够很容易地发现本公司需要改进的地方。比如飞速快递公司(深圳地区)在2010年度的客户满意度调查分析中发现:在"快递服务时效"项目中"按规定时间送达"指标满意度为69%,中国境内所有飞速快递该指标的平均数值为73%;在"服务态度和服务理念"项目中"快递员服务态度"指标满意度为65%,中国境内所有飞速快递该指标的平均数值为69%;在"服务专业性和服务质量"项目中"服务质量安全"指标满意度为71%,中国境内所有飞速快递该指标的平均数值为75%。飞速快递公司(深圳地区)其他项目的满意度基本与中国境内所有飞速快递的平均得分相近或超过。

这样,"快递服务时效""快递员服务态度"和"服务质量安全"三个指标是与平均得分相距较大的满意指标,它们因此成为深圳飞速快递公司下一步客户满意度工作改进的重点。

(2)算术平均值

在满意度调查中,通常要按从 1~5 的赋值给某种满意度指标打分,在样本规模 n 人的情况下,计算该指标的算术平均值得分。结合客户评分数据的分布,与客户人口特征因素进行交互,可以得到进一步的结论。比如,通过检测给"准时送货"的满意度指标评为"非常不满意"的客户的人口因素特征,管理层可以发现问题仅出在一个地区,那么通过改变操作流程或再增加一位送货人员就有可能可以解决这一问题。

(3)相关分析

相关分析可以用于确定对整体满意度有最大影响的满意度指标。分项满意度指标和总体满意度之间的相关系数数值越大,表示两个变量之间线性相关程度越强。相关系数是介于+1 和−1 之间的数字。一般整体满意度和个别满意度指标之间不应出现负相关系数。

以某地通信企业的满意度调查为例,调查的几个满意度指标和整体满意度的相关系数见表 4-14。

表 4-14 某通信企业满意度调查的相关性分析表

代 号	满意度指标	相 关 系 数	满意平均值
1	网络话音质量	0.57	8.2
2	产品种类多样性	0.13	7.7
3	窗口服务水平	0.27	8.4
4	宣传和促销	0.42	6.9
5	整体资费水平	0.48	6.8
6	整体满意度		7.3

从表 4-14 中可以看出，网络话音质量的改善对整体满意度的增加有最大的影响，其次是整体资费水平和宣传、促销。而从这些因素的平均值得分来看，客户评价最高的是窗口服务水平，其次才是网络话音质量和产品种类多样性。

⊃ 案例

联想客户满意度分析

联想集团成立于 1984 年，由中科院计算所投资 20 万元、共 11 名科技人员创办。从 1996 年开始，联想计算机的销售量一直位居中国国内市场首位，2004 年，联想集团收购 IBM PC（Personal Computer，个人计算机）事业部，2013 年，联想计算机的销售量升居世界第一，成为全球最大的 PC 生产厂商。联想集团的首要核心价值观就是"成就客户—致力于客户的满意与成功"。

事实上，早在 1989 年，联想集团就提出了客户满意度分析的概念，其目的是对客户重购率和品牌忠诚度等指标进行量化分析，以获取相关的信息为企业决策提供支持，作出最佳决策。

SAPA 法，即按照满意度调查（Survey）、结果分析（Analysis）、调整完善（Promote）、实施改进（Action）四个步骤去进行客户满意度分析的方法。联想集团的客户满意度分析就是按照 SAPA 法进行的。下面，我们看一看联想集团是如何运用 SAPA 法进行客户满意度调查和分析的。

1. 客户满意度调查方法

1）定期的第三方调查。此类客户满意度调查是由中立的第三方调研公司进行的，如针对某段时间内接受过联想服务的终端客户进行满意度抽样调查。调查内容涉及总体满意度、总体不足、对服务中各项因素（如接通电话及时性、工作态度、服务规范性等）的重要性评价和满意度评价等。第三方满意度调查较公正、全面，可以从宏观上了解服务中心的运作质量，保证终端客户的满意。同时，通过调研结果的分析也可以发现一些在流程、规范方面的不足，及时调整、完善这些流程、规范并跟进实施是每次调研后的工作。

2）呼叫中心的及时通话后调查。定期的第三方调查虽然很系统、全面，但却无法保证及时性，所以联想确立了呼叫中心的及时通话后调查制度。对于客户拨入呼叫中心电话后所产生感觉的调查不应等到几天或几星期后，而应该在通话后立即完成，只有这样才能捕捉到客户那一时刻的真实感受。联想呼叫中心据此开发了相应的软件，设立了通话后语音调查，每一个咨询电话结束后，用户都可以通过语音选择判断此次咨询的满意程度，客户的这些选择都将被记录在数据库中。通过这种及时通话后调查，联想能够及时发现一些共性或流程方面的问题，所有这些问题都会落实到人去改进。同时，针对所有客户选择不满的电话，都会由更高一级的咨询人员在短时间内进行回复，了解客户不满的原因，并为客户及时解决问题。

2. 客户满意度调查后分析客户满意度各因素的权重

联想集团实施调查后通常会这样分析：在以下四大类分项中，客户服务满意度每增加 10 个点数，对总体满意度的促进是怎样的。表 4-15 就是联想调查后确定的影响客户满意度因素的权重表。

表 4-15 影响客户满意度因素的权重表

下列分项每增进 10%	总体客户满意度的相应增长比例
客户服务失误响应速度	4.6%
形象、美誉度	4.2%
产品质量与可靠性	3.1%
性能价格比	0.6%

很明显，这项研究结果建议企业要提升客户满意度首先要解决的是客户服务问题，产品降价不会对客户满意度有太大影响。

3. 确立满意度分析正确性检验机制

满意度分析总结后，联想集团还确立了检验机制，以检验分析的正确性。聘请专家解读、分析满意度调查报告以及呼叫中心的及时调查检验就是三个常用的分析评判机制。

联想集团确定了四类影响客户满意度的因素：客户服务失误响应速度、形象美誉度、产品质量与可靠性；性能价格比；然后通过定期调查和通话后及时调查两种互补方式来保证调查结果的及时、有效性，依据调查结果确定每种因素的权重，以此来区别对待不同的影响因素。经过调查分析，客户服务失误响应速度是影响客户满意度的最主要因素，所以在提高客户满意度方面，联想集团就要着重改善其服务质量。如何改善服务质量，需要依据调查结果分析客户对流程、服务人员沟通能力或专业能力哪些方面存在不满，以此为改进的方向。

【想一想】

1. 总结联想集团进行客户满意度调查的步骤。

2. 说明联想集团客户满意度调查采用的方法。

3. 分析客户满意度调查结果分析的作用。

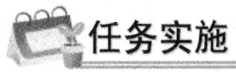

（略）

模块四 物流客户服务改进

思考与练习

一、名词解释

客户满意　服务柔性

二、思考题

1. 请简述物流客户满意的特殊性。
2. 请说明物流客户满意指标体系一般包括哪些项目。
3. 请说明物流客户满意度调查的工作内容包括哪些方面。

三、技能操作题

1. 实训内容：了解物流企业客户满意度调查实施情况。
2. 实训要求：选择有一定代表性的物流企业，分析其进行客户满意度调查的情况，并说明该企业为提升客户满意度采取了哪些措施？

任务四　CRM 系统在物流企业中的应用规划

知识目标
1. 理解物流企业引进 CRM 的意义
2. 熟知 CRM 基本功能和物流行业 CRM 的功能框架
3. 理解 CRM 实施的步骤与方法

能力目标
能清晰描述物流企业实施 CRM 项目的工作程序

任务引入

请阅读下面的背景描述，并编制一份实施 CRM 项目的计划书，呈报公司高层审批。你现在只需参考表 4-16，完成计划书的核心部分。

表 4-16　计划书的核心部分

实施阶段	主要工作内容	具体细目	负责部门	完成时间

背景描述

JY 物流有限公司成立于 2000 年 6 月，是一家依托互联网、面向社会提供专业化综合物流服务的第三方物流企业，目前拥有员工 1 784 名，仓库面积 20 000 平方米，大型营运车辆数十辆，在全国拥有26个物流中心，已经形成了覆盖全国16个主要城市的庞大运营网络，力求通过一体化与网络化的物流运作，为用户提供高品质的航空运输、仓储、包装、配送、快递等单项物流服务或一体化的物流服务。其发展目标是在五年内成长为全国性的、以航空快递为主营业务的物流企业集团。

JY物流对本公司的情况进行了分析，发现公司的确对CRM有迫切的需求，假设你是该公司的副总裁，被委任为该项目具体执行人，负责推进该项目的实施。

任务分析

模块一提到客户关系管理（CRM）是由管理理念、技术支持和实施行动三个部分组成的。其中，CRM蕴涵的管理理念是CRM成功的关键，它是实施应用的基础和土壤；技术支持是CRM实施的手段与方法；实施行动过程是决定CRM成功与否、效果如何的直接因素。

模块一详细阐明了客户关系管理的管理理念，本书的其他部分也在努力说明客户关系管理理念在物流企业的运用，因而本单元只讨论作为系统软件的CRM在物流企业的应用和物流企业有效实施CRM的步骤方法。

相关知识

CRM是一种管理机制。它借助信息技术形成一套系统软件，包括市场营销、销售管理、客户关怀、服务和支持等模块。它同时利用网络、呼叫中心、移动设备等多种渠道来跟踪管理与客户交往的一切活动，实现企业与客户的无缝交流，提高工作效率。

在我国，CRM系统在物流企业的应用尚处于初级阶段，许多物流企业对实施CRM项目持谨慎态度，毕竟CRM软件本身的价格不菲；而且，引入CRM后企业必须实行全方位的组织改革和流程再造才能适应CRM软件运行的客观要求；另外，早期引入CRM系统的企业中出现了失败案例。因而，真正实施CRM的物流企业尚属少数。

但是，目前物流企业所处的发展阶段使得引入CRM系统已成为一种趋势。中外运、中远货运、华青船务、安吉物流等大型物流公司导入CRM系统带来的良好效果让更多的物流企业相信CRM将为企业的发展增添更多的竞争力。

一、物流企业引进 CRM 系统软件的必要性

1. 行业客户争夺异常激烈

国外知名物流企业的涌入和国内物流企业的风起云涌，使得物流行业的客户资源异常宝贵，使用低价格赢得客户的策略必然对企业发展带来不良影响，要想赢得竞争只能另辟蹊径，去追求客户的高度满意。

2. 实现客户终身价值是物流企业客户管理的目标

依据 MyCRM 网站的信息显示，企业的客户满意度如果有 5%的提高，企业的利润将会翻一番；2/3 的客户离去多半是因为企业对他们的关心不够；企业向潜在客户推销产品成功率大约为 15%，而向现有客户推销产品的成功率则达到 50%；企业向潜在客户推销产品的花费大约是现有客户的 8 倍，这些数据说明了现有客户的满意对于企业的意义。而客户的满意度在物流行业更为重要，因为物流业是关系型的行业，即老客户的持续交易收入占总收入的绝大部分。因此，物流企业必须以客户为中心，坚持为客户提供完美服务的经营理念，增强客户的忠诚度，以实现老客户的终身价值。

3. 行业发展进入新阶段，需要进一步的提升

国内的物流行业经过多年的发展，已经涌现了许多优秀企业，建立了许多物流据点，但与世界发达国家相比仍有不少差距，尤其在信息技术的应用上亟待发展。物流行业客户管理具有的三个独特特征：客户的双重性、服务要求个性化以及客户合作战略性，这都要求物流企业充分运用现代信息技术，引进 CRM 系统实现企业各部门对客户管理工作的程序化、自动将客户群分类等功能，促使物流企业客户关系管理迈上一个新的台阶。

二、物流企业引进 CRM 系统软件的意义

1. 能充分有效利用客户资源，提升客户满意度，增加利润

CRM 能将企业客户的所有信息、企业销售人员状况统一纳入管理，并通过积极主动的方式完整、准确、及时地获取客户信息，为企业各级管理人员和业务人员提供分析和工作支持（见图 4-11）。即使核心营销人员离职，也可以实现客户信息的顺利传递，其他服务人员仍然可以继续为客户服务。

CRM 可以帮助物流企业根据客户生命周期分类管理客户资源，为物流企业制定相应的销售管理策略，提供技术准备等支持，充分分析新客户带来的销售机会和老客户的潜力，促进利润的增长。例如，世界著名的思科（Cisco）公司物流部门在客户服务领域中实施了 CRM 之后，使通过互联网的在线支持服务占了全

部支持服务的 70%，还使思科能够及时和妥善地回应、处理、分析每一个通过互联网、电话或其他方式来访的新老客户要求。实施 CRM 使思科创造了两个奇迹：一是公司每年节省了 3.6 亿美元的客户服务费用；二是公司的满意度由原来的 3.4 提升到 4.17（满分为 5 分）；货物的发货时间由最初的三周减少到了三天；在新增员工不到 1% 的情况下，利润增长了 500%。

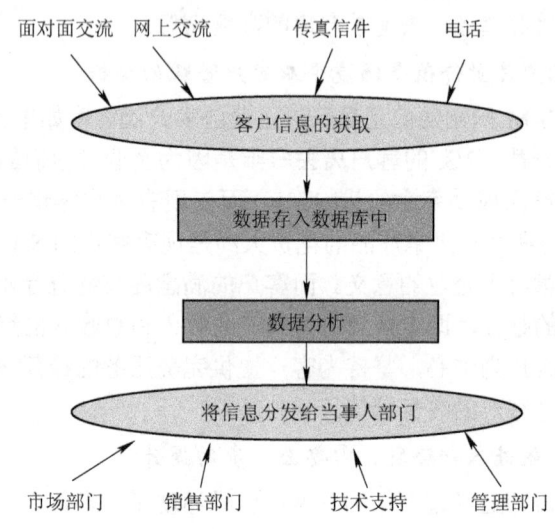

图 4-11　CRM 客户资源管理流程

2. 能有效协调企业内部资源，改善销售及客户资源的监控情况

实施 CRM 能有效集中营销、服务等资源，保障和提升高价值客户的满意度。CRM 系统能反映价值客户的满意度及变化，提示不匹配的客户，跟踪与监督客户满意度策略与计划的执行状况，有效改善企业持续盈利能力。

➲ **案例**

> 成都佳盈（中国）物流有限公司，因规模不断发展扩大，营销成功率低，资源浪费，服务落后、单一等问题层出不穷。为了解决这些问题，佳盈管理层决定选择客户关系管理（CRM）来有效监控客户资源，全面提高企业的营销能力。2002 年 8 月，某公司的 CRM 系统在佳盈投入使用。目前，佳盈公司 CRM 系统使用情况良好，涵盖了企业资源管理、客户关系管理、销售自动化管理、数据分析及报表处理、系统设置五大模块。系统稳定，界面友好，操作方便，解决了客户资源监控、销售进步管理难度大的问题，体现了先进的客户管理手段。

3. 能提供有效数据分析与决策支持

依据 CRM 系统大量的客户和营销业务信息，CRM 能提供强大的数据分析能力和大量最适用的模型参考，可以分别对客户的特征、购买行为、价格、成本、收益等因素进行分析，为企业高层提供有效的决策依据和支持。如上面所说的成都佳盈（中国）物流有限公司，依据有效的 CRM 的五大模块，利用先进的数据挖掘技术，获得足够真实的信息资料，为管理层提供了全面的销售分析数据。

4. 能建立多种沟通渠道，实现对客户的无限时关怀

（1）构建自动客户智能系统

自动客户智能系统通过一定的技术手段对呼叫中心或在线网站提供实时支持，搜集客户数据，识别、区分、理解客户，把握客户个性化需求，针对不同客户采取不同的策略。亚马逊网上书店的成功就是充分利用了 CRM 的客户智能的一个典型例子。当你在亚马逊网上书店购买了图书之后，其 CRM 系统会记录下你购买和浏览过的书目，并分析你的偏好，当你再次登录该书店的网站时，系统识别出你的身份之后，就会根据你的喜好推荐有关书目，当书店有了新书之后，它会自动发邮件给感兴趣的客户。这种针对性的服务对维持客户的忠诚度极有帮助。

（2）建立现代呼叫中心

呼叫中心主要功能是：为客户提供每周 7 天、每天 24 小时的全天候服务；为客户提供包括传统的语音、免费电话、电子邮件、传真等在内的多种通信方式选择；为物流企业收集市场情况、客户资料，增加销售潜力；维护客户忠诚度，让客户感受到价值。

（3）建立基于因特网的自助服务网站

建立基于因特网的自助服务网站比呼叫中心更进一步，通过提供客户网上咨询、网上投诉等服务，及时为客户排忧解难，能更进一步保持客户的忠诚度。

CRM 是现代管理理念与信息技术相结合的产物。它通过最佳商业实践与信息技术的融合提供了一个自动化的解决方案。该方案包括互联网和电子商务、多媒体技术、数据仓库和数据挖掘、专家系统和人工智能、呼叫中心及相应的硬件环境，以及与 CRM 相关的专业咨询等。物流企业建设 CRM 系统，可有效整合仓储管理、财务管理、运输管理和订单管理，达到有效利用企业资源、优化作业流程，实现信息标准化、流程顺畅化的目的。

三、物流企业 CRM 的结构框架

1. CRM 系统的主要功能

物流企业的 CRM 系统功能与其他行业的 CRM 系统功能大体一致，以甲骨文（Oracle）公司的 CRM 产品为例介绍 CRM 系统的主要功能（见表 4-17）。

表 4-17 甲骨文公司 CRM 系统的主要功能

主要模块	目标	该模块所能实现的主要功能
销售模块	提高销售过程的自动化和销售效果	销售：是销售模块的基础，用来帮助决策者管理销售业务，它包括的主要功能是额度管理、销售渠道管理和地域管理
		现场销售管理：为现场销售人员设计，主要功能包括联系人和客户管理、机会管理、日程安排、佣金预测、报价、出具分析报告
		现场销售/掌上工具：销售模块的新成员。该组件包含许多与现场销售组件相同的特性，不同的是，该组件使用的是掌上型计算设备
		电话销售：可以进行报价生成、订单创建、联系人和客户管理等工作，还有一些针对电话商务的功能，如呼入电话屏幕提示、潜在客户管理以及回应管理
		销售佣金：它允许销售经理创建和管理销售队伍的奖励和佣金计划，并帮助销售代表形象地了解各自的销售业绩
营销模块	对直接市场营销活动加以计划、执行、监视和分析	营销：使得营销部门实时地跟踪活动的效果，执行和管理多样的、多渠道的营销活动
		其他功能：可帮助营销部门管理其营销资料，列表生成与管理，授权和许可，预算管理，回应管理
客户服务模块	提高那些与客户支持、现场服务和仓库修理相关的业务流程的自动化并加以优化	服务：可完成现场服务分配、现有客户管理、客户产品全生命周期管理、服务技术人员档案管理、地域管理等。通过与企业资源计划（ERP）系统的集成，可进行集中式的订单管理、后勤事务管理、部件管理、采购、质量管理、成本跟踪等
		合同：此部件主要用来创建和管理客户服务合同，从而保证客户获得的服务的水平和质量与其所花的费用相当。它可以帮助企业跟踪保修单和合同的续订日期，利用事件功能表安排预防性的维护活动
		客户关怀：这个模块是客户与供应商联系的通路。此模块允许客户记录并自己解决问题，如联系人管理、客户动态档案管理、任务管理、基于规则解决重要问题等
		移动现场服务：这个无线部件使得服务工程师能实时地获得关于服务、产品和客户的信息；同时，他们还可使用该组件与派遣总部进行联系
呼叫中心模块	利用电话来促进销售、营销和服务	电话管理员：主要包括呼入呼出电话处理、互联网回呼、呼叫中心运营管理、友好电话转移、路由选择等
		开放连接服务：支持绝大多数的自动排队机，如 Lucent，Nortel，Aspect，Rockwell，Alcatel，Ericsson 等
		语音集成服务：支持大部分交互式语音应答系统
		报表统计分析：提供了很多图形化分析报表，可进行呼叫时长分析、等候时长分析、呼入呼叫汇总分析、坐席负载率分析、呼叫接失率分析、呼叫传送率分析、坐席绩效对比分析等
		管理分析工具：进行实时的性能指数和趋势分析，将呼叫中心和坐席的实际表现与设定的目标相比较，确定需要改进的区域
		代理执行服务：支持传真、打印机、电话和电子邮件等，自动将客户所需的信息和资料发给客户。可选用不同配置使发给客户的资料有针对性

（续）

主要模块	目标	该模块所能实现的主要功能
呼叫中心模块	利用电话来促进销售、营销和服务	自动拨号服务：管理所有的预拨电话，仅接通的电话才转到坐席人员那里，节省了拨号时间
		市场活动支持服务：管理电话营销、电话销售、电话服务等
		呼入呼出调度管理：根据来电的数量和坐席的服务水平为坐席分配不同的呼入呼出电话，提高了客户服务水平和坐席人员的生产率
		多渠道接入服务：提供与互联网和其他渠道的连接服务，充分利用话务员的工作间隙，收看电子邮件、回信等
电子商务模块	对直接市场营销活动加以计划、执行、监督和分析	电子商店：此部件使得企业能建立和维护基于互联网的店面，从而在网络上销售产品和服务
		电子营销：与电子商店相联合，电子营销允许企业能够创建个性化的促销和产品建议，并通过网站向客户发出
		电子支付：这是甲骨文电子商务的业务处理模块，它使得企业能配置自己的支付处理方法
		电子货币与支付：利用这个模块后，客户可在网上浏览和支付账单
		电子支持：允许客户提出和浏览服务请求、查询常见问题、检查订单状态。电子支持部件与呼叫中心联系在一起，并具有电话回拨功能

2. 物流企业 CRM 系统的特殊性

第三方物流企业作为"第三方"，具有不同于其他企业的客户特征，CRM 系统也应随之呈现出一些不同的特点。具体来说，物流企业的 CRM 系统根据不同部分的功能可以划分为接触层（信息来源层、信息处理层）、基本功能层和决策支持层，如图 4-12 所示。

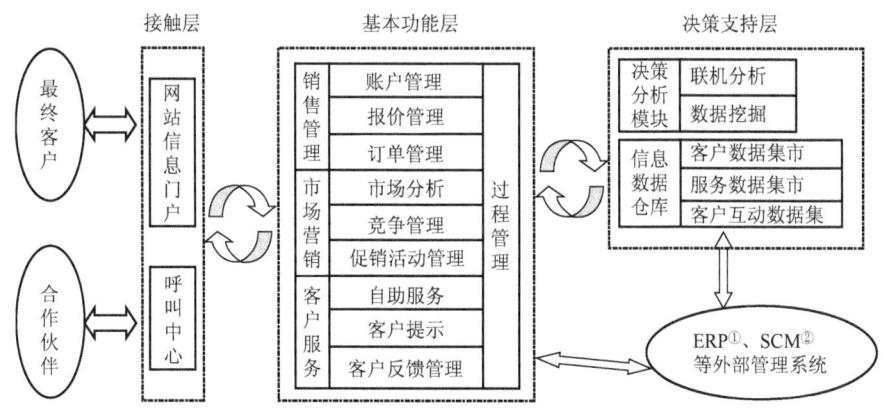

图 4-12 第三方物流 CRM 系统结构简图

① ERP 全称：企业资源计划（Enterprise Resource Planning）。
② SCM 全称：供应链管理（Supply Chain Management）。

1）信息来源层包括最终客户和合作伙伴，是 CRM 系统的根本出发点和最终归宿。物流企业具有最终客户的双重性，只有同时满足制造商和分销商或零售商等的物流需求，才能够发挥满意度扩散效应，从而增强企业竞争力。所以在物流 CRM 系统中，基本信息来源层具有重要作用，对客户信息的收集是信息整合和利用的基础。

2）信息处理层是企业获取和整合客户信息的层面，主要利用网站门户和呼叫中心两个渠道，实现企业与客户、合作伙伴接触点的完整管理及客户信息的获取、传递、共享和应用。

网站信息门户利用 Web 技术，为企业内部员工、合作伙伴及最终客户提供多个服务和信息资源的单一入口，把分散于各个系统模块的信息有组织地、个性化地集中到一个用户 Web 窗口，实现系统显示层的整合，加快信息的传递速度，达到提高用户工作效率的目的。而其中的伙伴信息门户通过与企业合作伙伴系统的对接，是组建虚拟企业、实现规模化经营的重要手段。

呼叫中心则通过电话、邮件、传真、电子邮件等渠道，实现与客户的实时在线交流，给客户提供人性化的服务，使客户能以自己的方式，在方便的时间获得他所需要的信息，形成更好的客户体验。

3）基本功能层主要包括销售自动化管理、营销管理、客户服务、商业智能等模块，实现物流活动的优化和自动化。销售自动化模块主要包括账户管理、报价管理等，通过该模块可以实现从报价、订货一直到付款、给付佣金的全程自动化；还能够提供基于互联网的自动销售功能，真正实现定制的个性化服务。市场营销模块从客户需求和市场信息出发，对物流市场进行细分，发现高质量的市场营销机会，得到客户价值等重要的客户信息，为高价值客户提供优质个性服务；为潜力客户充分挖掘价值；对有意向客户进行跟踪、分配和管理等。客户服务模块是提供客户支持、售后服务的自动化和优化，是 CRM 系统的重要组成部分。

4）决策支持层包括决策分析模块和信息数据仓库两大部分。信息数据仓库包括与客户关系管理相关的所有信息数据，它是整个 CRM 系统运行的基础。决策分析模块则通过联机分析、数据挖掘等手段，对各种信息进行分析、提取、转换和集成，从而为物流企业新客户的获取、交叉销售、客户个性化服务、重点客户发现等操作应用提供有效支持。CRM 系统是一个有机整体，物流企业通过 CRM 系统的有效实施，可以使企业获取充分的客户信息并为其提供个性化的服务，实现销售过程和营销过程的自动化，完善客户服务和售后服务的管理，最终使企业能够在最短的时间内提供统一、完整和准确的服务。

3. 物流企业 CRM 系统的框架结构

许多软件开发商都已经开始介入物流行业 CRM 系统的开发，系统一般框架如图 4-13 所示。一般系统的主要功能包括后台事务处理系统和前台电子商务交易平台。两者通过 Intranet/Internet 接口联系起来，并通过互联网和供应链上的其他企业进行联系，从而有效地实现供应链上企业之间的信息交换和数据共享，提高整个供应链的竞争力，增强第三方物流企业开展电子商务服务的能力，实现电子交易的网络化。

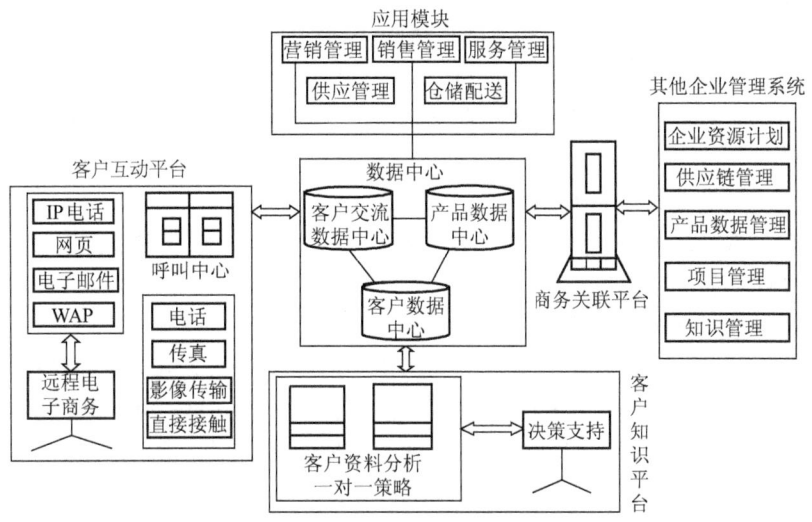

图 4-13　物流企业的 CRM 模型

（资料来源：余郁．CRM 在我国物流企业中的应用研究．2005）

四、物流企业实施 CRM 战略的工作步骤

CRM 战略的引进是个复杂的工程，那种认为实施 CRM 项目就是"直接引进 CRM 系统软件，在企业内运行"的认识注定导致此战略走向失败。第三方物流企业在实施 CRM 项目前首先要清楚企业需求、规模及其客户需求特点，有层次、有侧重地实施。该项工作一般需要经过以下几个步骤的推进，方能取得预期效果。

1. 对企业现有资源进行充分分析，确定引进 CRM 的可能性或实施时间表

根据资料统计，70%～80%的企业实施 CRM 的收效不大，甚至归于失败。物流企业在引入 CRM 项目之前，必须对企业自身的资源和能力做一个充分的分析和评估，以便能够预测到企业实施 CRM 可能导致的各种后果，从而采取相应的解决措施。这个分析从微观上来说，一般包括以下几个方面：

（1）人力资源条件分析

人力资源条件分析是指物流企业是否建立了"以人为本"、创新、协作的文化氛围；是否具备实施 CRM 的相关人才，如财务经理、营销项目经理、服务与

支持经理、IT 经理、销售经理和业务操作部经理的职业能力。

(2) 技术资源条件分析

1) IT 技术基础设施的分析。IT 技术基础设施是指物流企业的基本信息共享、数据提炼分析和通信能力。在大多数情况下，这些基础设施构成了企业各种商业应用的基本环境。对企业这些环境的评估是技术资源评估的一个重要部分，如果连基本的环境都不成熟，或者说，企业员工的基本技术应用还处于一个较低水平，就匆忙上马某种 CRM 项目，那么，势必会增加应用 CRM 的技术风险和成本。

2) IT 商业应用软件分析。IT 商业应用软件的应用开发日新月异，物流企业对实施 CRM 所需的技术资源应该立足于企业本身的能力和 CRM 实践的实际需要。

(3) 财务资源条件分析

财务资源条件分析，如财务状况质量、资本结构质量、利润质量、财务信息质量、投资回报分析等。

(4) 企业管理条件分析

物流企业的客户关系管理以委托客户和最终客户的双重满意为目标，它应能对委托客户的业务需求做出及时响应，使其充分得到满足，并为其提供物流以外的增值服务；对最终客户则以及时、准确的配送和周到的服务，使其获得最大的物流服务价值。

除了上述微观分析，企业还应进行 SWOT 分析来判断实施 CRM 的必要性和时间表。

2. 确定 CRM 战略目标

每个物流企业的经营环境有所不同，因而要首先明确本企业实施 CRM 的目标与需求，然后才是如何实现这些目标。下面是某公司实施 CRM 项目时确定的目标与需求，仅作参考。

1) 全面了解客户，而不仅仅是其交易情况。物流企业对客户的服务、与客户的各种交流都应整理记录，并且让不同角色的人员能查询到一致的客户信息。

2) 对客户按价值贡献度和各种特征进行有效细分，有针对性地开展营销和服务。物流企业应能够及时预知客户可能的流失，尽快采取行动。

3) 利用多种渠道，加强与客户的联系和服务。

4) 提供便利的工具对客户经理的工作进行支持，方便其获取行情、资讯和客户资料以及与客户多渠道的沟通；同时加强对客户经理工作的考核。

5) 加强对交易客户的服务，尽量利用信息技术为交易客户提供快速、低成本的自助服务。

6) 为客户提供咨询、建议和投诉的渠道。

7) 为业务分析和科学决策提供数据支持。

模块四　物流客户服务改进

➲ 案例

物流企业 CRM 战略目标的确定

JX（中国）物流有限公司（以下简称"JX 物流"）成立于 2000 年 6 月，是一家依托互联网络、面向社会提供专业化综合物流服务的第三方物流企业。对企业所处的宏观和微观环境进行分析后，JX 物流确立了自身的 CRM 目标与需求。

1. 需要加强销售管理，提高团队销售能力

JX 物流销售人员往往单打独斗，客户成功率低，而且形成了客户"只认销售员而不认公司"的不良销售状况，一个销售员工的流失往往意味着较大的客户流失。另外，销售代表通常以口头的形式汇报工作进度，没有形成规范的文档，导致销售经理不能准确地掌握整个部门的工作进度，为公司的业务开展及其他业务部门的工作计划造成误导。因此，JX 物流的管理层一方面要求销售管理的规范化；同时要形成团队销售，提高整体销售能力。

2. 需要改善售后服务，提高客户满意度

物流行业是一个以售后服务为核心竞争力的行业，JX 物流与客户之间要形成一种长期的合作关系。这就需要对所服务的客户，尤其是大客户信息作详细的售后服务记录及分析，特别是每次事故的处理案例，以改善售后服务水平，提高客户满意度。目前，JX 物流采取的以电子表格的形式做单纯的客户服务记录难达到以上要求。

3. 需要增加多种服务渠道，提高服务质量

随着公司业务的进一步开展壮大，JX 物流的订单组及客户服务中心提出了电话服务和电子商务的需求，要求建立呼叫中心和电子商务网站，增加服务渠道，以进一步提高客户服务质量。

4. 实现员工和合作伙伴资源的有效管理

JX 物流的员工组成复杂，如装卸工、司机等多为临时工，这些岗位的人员流动量又大，造成在员工管理上的混乱，但由于这些岗位责任又较为重大，往往需要详细的个人资料及担保人资料；同时 JX 物流还有大量的合作伙伴（如车辆承运商等）资源，以往的 Excel 表格的记录已不能满足员工客户人事管理的需要，需要采用专门的信息管理方式来管理这些宝贵资源。

3. 确定阶段目标和实施路线

CRM 作为一个复杂的系统工程，其实施并非一蹴而就，它需要分阶段来进行。总的来说，可以分为准备—实施—评估三个阶段展开工作。

其中，准备阶段至关重要。准备阶段也许要花很多年，比如现在海尔物流的 CRM 成功实施已经成为业内的标杆，但实际上海尔集团在 1999 年就已经完成了以市场链为纽带的业务流程再造，基本形成了符合新经济要求、业务组

织流程化、组织结构扁平化的企业组织结构,才为企业成功实施 CRM 打下了坚实的基础。当然,如果企业年轻,员工素质普遍较高,也可以先引进系统,用系统推着企业前进,这也是可能的。在准备阶段,物流企业应该关注以下几项工作:

1)成立项目小组,成员一般包括高层领导、信息部门主管、市场人员、客服人员、财务人员、业务操作人员等。

2)确立 CRM 的管理理念,通过长期培训和建立与"以客户为中心"相一致的企业评价机制导向,力争在企业内部形成一种"以客户为中心"的企业文化。

3)客户数据的收集。CRM 的运行基础是客户数据,因而保证客户数据质量是关键。JX 物流在建立客户档案时要求客户信息至少包括以下三方面的内容:

① 客户基本信息,主要是有关客户的基础性资料,具体包括客户代码、名称、地址、邮编、联系人、电话号码、所属行业、银行账号、存款种类、消费记录、付款信用记录等。

② 统计分析结果,这是 JX 物流的二手信息,具体包括客户信用情况、与其他竞争者交易情况、业务模式、个性化需求、发展潜力以及企业的态度和评价等。

③ JX 物流自身方面的信息。JX 物流在和客户接触中会产生很多相关的信息,包括了物流企业与该客户进行联系的时间、地点、方式和费用开支,给予过该客户哪些优惠,为该客户提供服务的记录,与该客户的合作与支持行动,同该客户曾有的争议,为争取和保持该客户所做的其他努力和费用等。

4)CRM 选型。

市场上的 CRM 产品主要有以下两种类型。

① 运营型 CRM(Operational CRM)。它认为客户管理在企业成功方面起着很重要的作用,它要求所有业务流程的流线化和自动化,包括对经由多渠道的客户"接触"的整合,前台和后台运营之间的平滑连接和整合。

② 分析型 CRM(Analytical CRM)。它分析运营中获得的各种数据,进而为企业的经营、决策提供可靠的量化的依据。这类分析需要用到许多先进的数据管理和数据分析工具,如数据仓库、联机分析处理和数据挖掘等。

物流企业应该针对企业自身情况和需要,进行综合对比,选择使用便利、接入灵活、适合自己的软件供应商。

4. 分析组织结构和服务流程

CRM 系统软件是企业客户管理理念和业务服务流程的集成体现,因而在构建系统之前,必须在 CRM 理念指导下,优化组织结构和服务流程。现以广东一家由运输车队发展而来、现今颇具实力的第三方物流企业为例介绍其 CRM 系统的引进。这家企业实施服务战略的第一步就是在 CRM 基础上的组织流程优化,如图 4-14~图 4-17 所示。

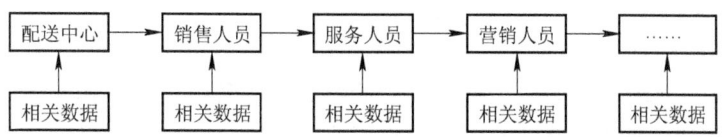

图 4-14　某公司现有信息管理流程

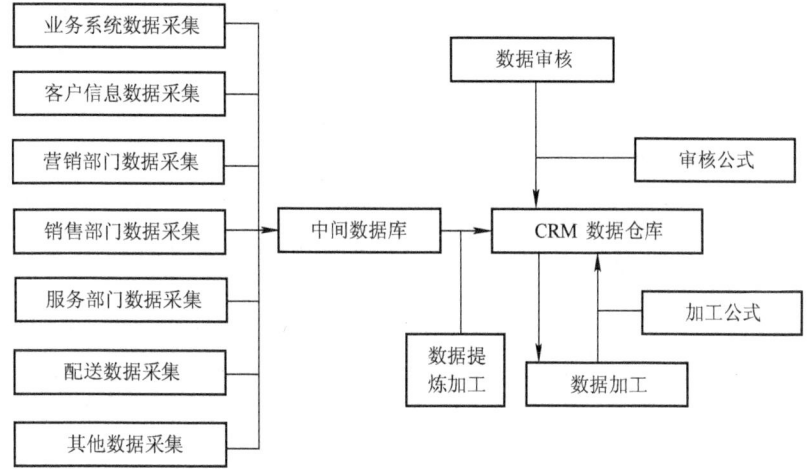

图 4-15　再造后的信息管理流程

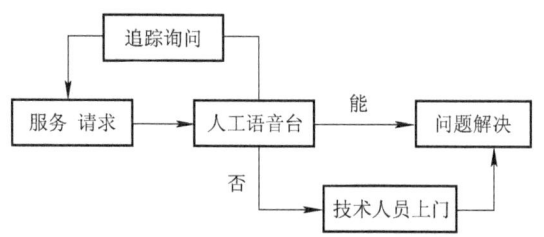

图 4-16　公司现有的服务流程

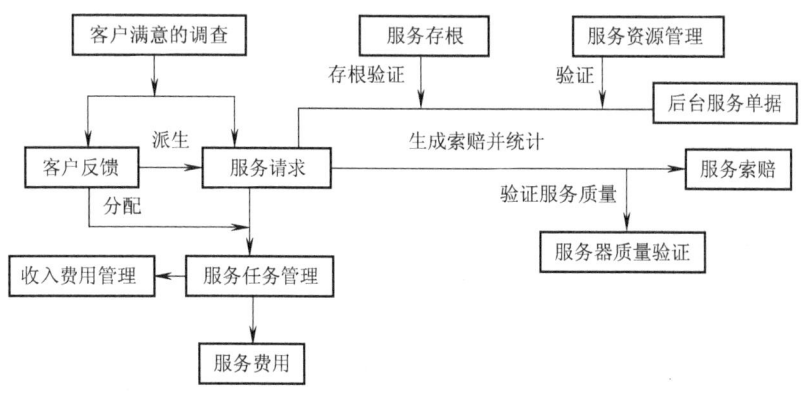

图 4-17　基于 CRM 的服务流程再造

5. 设计 CRM 架构

在前期工作完成以后,就需要将企业的管理理念和业务需求集成与软件系统之中,这需要通过设计系统软件的操作模块来实现。

JX 物流选定软件供应商之后,与其进行了充分交流,确定了以 JX 物流的业务流程为主线,以提升客户满意度和价值、提高企业综合实力为目的的全面解决方案并拟定了功能模块,见表 4-18。

表 4-18　JX 物流的 CRM 功能模块

模　　块	说　　明
支持中心模块	主要完成客户档案、物流服务和部门信息的管理工作,包括录入客户、联系人、业务员的初始资料,具有查询分析功能,可以全面掌握每个客户的咨询需求、服务请求、满意状态等信息
业务管理模块	主要是针对 JX 物流服务流程八大步骤,来进行管理和分析。从第一步接单开始,业务管理模块就开始进行控制管理和备案。接单登记、调用安排、车辆交接等都由此模块来管理。此模块也记录各个流程调用的人力、财力、物力和产生的文件单据;同时采用电子商务和 POS 系统管理服务整个流程。具体包括接单登记管理、调用安排分析、交接管理、提货发运管理、在途追踪统计、签收处理、费用管理
潜在客户管理模块	该模块主要是为业务人员提供对潜在客户跟踪管理功能。潜在客户的资料是在日常经营中和其他相关渠道获得的,业务员据此对潜在客户进行开发。通过该模块,可以规范服务推广模式,提高业务员推广技巧,从而可以扩大 JX 物流客户群,争取到更多的客户资源
服务管理模块	该模块主要是对 JX 物流的售后服务进行管理,从而加快售后服务的响应速度,提高客户满意度,对员工进行工作考核,加强对物流服务的监督。具体包括物流合同(订单)管理、运输派遣管理、物流归档管理、问题与方案管理、综合查询和统计
市场营销管理模块	主要是两块:一是营销管理子模块;二是市场管理子模块。营销管理子模块主要是 JX 物流进行相关的营销活动,包括实施客户关怀、处理客户投诉、执行营销计划、进行客户满意度分析等工作,进行有针对意义的决策数据分析,调整和完善服务过程,以提高营销管理能力。市场管理子模块主要分析市场信息和活动、对竞争对手和合作伙伴进行管理分析,对所有的市场活动进行管理、跟踪,并及时反馈信息,对市场活动的效果进行度量
系统配置模块	主要完成 JX 物流整个 CRM 系统的初始设置。JX 物流根据自身的实际情况进行灵活设置,以达到满足自身管理的需要,同时提供系统的权限管理和数据维护。具体包括部门设置、服务设置、个性定制、地区设置、客户类别设置、数据操作等

6. 实施 CRM 系统

这一阶段的工作主要由技术人员来完成,包括软件开发人员和企业技术支持人员。一般要进行原型、兼容测试和系统重复模拟运行,主导系统和质量保证测试,项目验收与最后实施和推广,系统的持续改进四个阶段的工作。

7. 评估实施效果

在 CRM 系统引入完成后,物流企业应该协同咨询公司对 CRM 项目的实施效果进行评估,促进企业内部顺利推广使用 CRM 系统。

➲ 案例

JX 物流实施 CRM 项目效果评估

目前，JX 物流 CRM 系统使用情况良好，涵盖了 JX 物流业务流程中涉及的客户服务管理、企业资源管理、销售自动化管理、数据分析与报表处理、系统设置等系统，其中业务管理、服务管理、市场营销管理是使用频率最高的几个模块。系统稳定，界面友好，操作方便，解决了客户资源管理、员工管理、销售管理中一些难度很大的问题，体现了先进的客户管理手段，为管理层提供了全面的销售分析数据。

通过 CRM 系统使用的培训课程，加深了员工对现代客户关系的认识和提高。该 CRM 系统提高了 JX 物流公司的客户处理手段，加强了 JX 物流员工对客户关系管理的意识，并体现出客户关系管理思想及先进数据挖掘技术。具体效益分析图如图 4-18 所示。

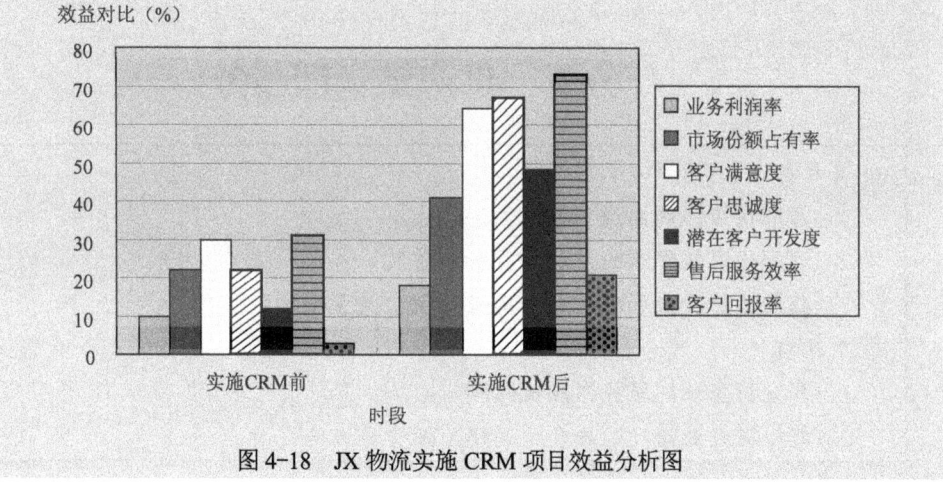

图 4-18　JX 物流实施 CRM 项目效益分析图

任务实施

（略）

思考与练习

一、名词解释

CRM　自动客户智能

二、思考题

1. 请简述物流企业 CRM 的基本框架结构。
2. 请说明物流企业实施 CRM 战略一般应经过哪些步骤。

三、技能训练题

1. 实训内容：编制 CRM 项目实施计划书。
2. 实训要求：根据实训情景中的内容，以表 4-19 的形式编写 CRM 实施计划。

表 4-19 CRM 实施计划

实施阶段	主要工作内容	具体细目	负责部门	完成时间

3. 实训情景：见"任务引入"部分的情景。

任务五 供应链管理服务

知识目标

1. 理解供应链的内涵和特点
2. 理解供应链管理的内涵、目标和意义
3. 熟悉快速反应和有效客户反应的供应链管理方法。

能力目标

1. 会分析企业的服务供应链结构
2. 能根据企业情况运用合适的供应链管理方法

任务引入

请阅读下面的案例并回答相关问题。

1. 案例揭示了宝供发展的哪些成功经验？
2. 一体化运作、个性化服务的宝供物流模式对物流客户服务有何积极意义？

背景描述

宝供物流（以下简称"宝供"）1994 年创建之初，只是从一家铁路货物转运站发展而来的小小的民营企业，如今它已经是国内领先的第三方物流公司。

宝供一贯秉着针对不同行业特点给出相应供应链解决方案的原则。例如，在汽车行业，为客户整合供应商物流资源，提供循环取货（Milk Run）和 JIT（准时制生产，Just in Time）配送服务，支持客户 JIT 生产，以信息系统支持客户的看板管理，并通过全国网络为客户提供备件配送、回收物流服务，为客户提供简单装配、检测等增值服务。在化工危险品行业，采用 SHE（安全、健康和环保）体系，对仓库设施、防护措施、作业流程进行规范，通过科学的事前风险预防，控制事故的发生；并为客户提供不同规格、形态的化工产品的储存、运输解决方案。

目前，宝供的客户有两大类型：一类是外资企业和对宝供系统依赖程度较高的客户，如宝洁、飞利浦、红牛等；一类是国内客户和中小型客户，如美晨、杭州松下、厦华电子等。

宝供根据不同客户的需求，提供了各种成熟且差异化的服务模式：

1）宝洁模式——客户有信息管理系统，宝供管理的仓库使用客户系统的客户端输单，同时数据传输到宝供的系统。这样宝供和客户同时拥有运作数据，双方可以对账。

2）飞利浦模式——客户有自己的系统，把系统的数据导出后，根据不同客户需求，可以采用多种数据交换方式，如 FTP、B2B 等，通过转换平台传送到宝供，宝供依数据打印运作单，再通过转换平台把结果返回客户，客户把数据导入系统。这是宝供目前运作上对客户支持最大、最先进的运作方式，即 EDI 方式。

3）红牛模式——客户没有系统，宝供需要编写客户下单部分的程序，并把数据输送到宝供，等于对客户进行了全面的 IT 系统服务。

任务分析

宝供一直秉承"为客户提供优质高效的供应链一体化物流服务，不断为客户创造价值"的经营理念，为国内外一批大型企业提供供应链一体化服务，成功地为这些企业在完善供应链管理、降低运营成本、提高服务水平方面创造了价值，也成就了自身的飞跃式快速发展。宝供发展的背后是其对供应链管理的重视和供应链管理方法的应用，从物流系统一体化运作到实现供应链的快速有效反应。围绕客户需求，实现有效客户反应，用信息技术建立与客户一体化的供应链，是宝供发展的重要经验。

相关知识

供应链管理服务的核心是物流服务的专业化。专业化是现代物流企业的发展方向，既是物流提供方发展的基本要求，也是委托方的需要。专业化物流服务是指物流企业根据客户供应链的布局实施个性化的物流资源配置,提供专业的物流解决方案、物流运作模式、物流技术工具和个性化的物流服务方式。

一、供应链的内涵与特征

1. 供应链的内涵

供应链最早来源于彼得·德鲁克提出的"经济链",最终演变为"供应链"。目前,国际上对供应链的概念还没有统一的定义。美国供应链协会的供应链定义是指"涵盖着从原材料的供应商经过开发、加工、生产、批发、零售等过程到达用户之间有关最终产品或服务的形成和交付的每一项业务活动"。我国《物流术语》(GB/T18354—2006)将供应链的定义为"供应链是指生产及流通过程中,涉及将产品或服务提供给最终用户活动的上游与下游组织所形成的网链结构"。供应链的网链结构如图4-19所示。

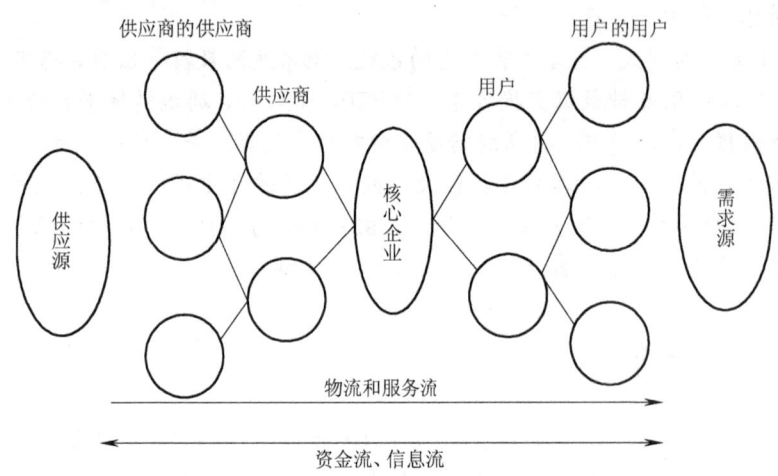

图4-19 供应链的网链结构

具体来说,其定义可以理解为:"围绕核心企业,通过对信息流、物流、资金流的控制,从采购原材料,制成中间产品及最终产品,最后由销售网络把产品送到消费者手中。它是将供应商、制造商、分销商、零售商直到最终用户连成一个整体的功能网链模式。"所以,一条完整的供应链应包括供应商(原材料供应商或零配件供应商),制造商(加工厂或装配厂),分销商(代理商或批发商),零售商(卖场、百货商店、超市、专卖店、便利店和杂货店)以及消费者。

2. 现代供应链的特征

从供应链的基本结构模型来看,供应链是一个网链结构,由围绕核心企业的供应商、供应商的供应商和用户、用户的用户组成。一个企业是一个节点，节点企业之间存在一种需求与供应关系。供应链也是一个动态系统，涉及满足顾客需求所直接或间接涉及的所有环节，涉及不同环节之间持续不断的信息流、物流（产品流或服务流）和资金流，不仅包括制造商和供应商，而且包括运输商、仓库、零售商和顾客。现代供应链具有以下特征：

（1）用户需求驱动性

供应链的形成、存在、重构都是基于用户需求而发生的，并且在供应链的运作过程中，用户的需求是供应链的信息流、物（产品/服务）流、资金流运作的驱动源。

（2）整合性

供应链本身就是一个整体合作、协调一致的系统，它有多个合作者，像链条似的环环连接在一起，为了一个共同的目的或目标，协调动作、紧密配合。

（3）增值性

供应链所有的生产运营都是将一些资源进行转换和组合，增加适当的价值，然后把产品"分送"到那些在产品的各传送阶段可能考虑到也可能被忽视的顾客手中。

（4）动态性和交叉性

现代供应链的出现是因为企业战略和适应市场需求变化的需要，供应链中的企业是相互的合作伙伴，合作关系虽是固定的，但供应链需要因目标的转变而转变，随服务方式的变化而变化，其中节点企业都需要动态地更新，供应链因而具有明显的动态性。而供应链节点企业既可以是这个供应链的成员，同时又是另一个供应链的成员，众多的供应链形成交叉结构，体现供应链的交叉特性。

（5）复杂性

供应链节点企业组成的跨度（层次）不同，呈现出交错链状的网络结构，不少供应链是跨国、跨地区和跨行业的组合，具有复杂的特性。

二、供应链管理的内涵、目标和意义

1. 供应链管理的内涵

供应链管理是指对供应链中的物流、商流、业务流、价值流、资金流和信息流进行的计划、组织、协调及控制。它是一种集成的管理思想和方法，执行供应链中从供应商到最终用户的物流计划、控制等职能。

供应链管理是企业的有效性管理，表现了企业在战略和战术上对企业整个作业流程的优化，整合并优化了供应商、制造商、零售商的业务效率，使商品以正确的数量、正确的品质,在正确的地点、以正确的时间、最佳的成本进行生产和销售。

供应链管理是一种通过贸易合作伙伴间的密切合作以最小的成本为客户提供最大价值和最好服务的管理,各个合作伙伴共享信息、共担风险。它的目标是提高整个供应链运行的速度、效益及附加值,为整个供应链上的所有贸易伙伴带来巨大的经济效益。

2. 供应链的管理目标

物流系统是社会经济系统的一个部分,其目标是获得宏观和微观两个效益。物流的宏观经济效益是指一个物流系统的建立对社会经济效益的影响,也就是其对整个社会流通及全部国民经济效益的影响。物流的微观经济效益是指该系统本身在运行后所获得的企业效益,也就是物流通过组织"物"的流动,实现本身所耗与所得之比。

在建立和运行物流系统时,要有意识地以两个效益为目的。具体来讲,物流业要实现以下目标:

(1) 服务以最终客户为中心

物流系统直接连接生产与消费、再生产,具有较强服务性,因此要以用户为中心,树立"用户第一"的观念。物流业采取送货、配送等形式,就是服务性的体现。在技术方面,近年来出现的"准时供应方式",也是其服务性的表现。供应链管理以最终客户为中心,将改善客户服务质量、实现客户满意与促进客户成功作为管理的出发点,并贯穿供应链管理的整个过程,将改善客户服务质量、实现客户满意、促进客户成功作为创造竞争优势的根本手段。

(2) 快速与及时

及时性是服务性的延伸,是用户的要求,也是社会发展进步的要求。物资流通时间越短、速度越快,社会再生产的周期越短,社会进步的速度越快。快速与及时是物流既定的目标,更是物流活动必备的特性。在物流领域采取的诸如直达物流、联合一贯运输、高速公路等技术和设施,就是这一目标的体现。

(3) 节约

在物流领域中除流通时间的节约外,由于流通过程消耗大而又基本上不增加或不提高商品的使用价值,所以依靠节约来降低投入,是提高相对产出的重要手段。为达到这一目标,物流企业可以通过推动的集约化方式提高物流的能力,采取各种节约、省力、降耗措施实现。

3. 供应链的管理意义

对于企业而言,采用供应链管理有三个意义:

1) 提升客户的满意度(提高交货的可靠性和灵活性)。

2) 降低公司的成本(降低库存,减少生产及分销的费用)。

3)企业整体"流程品质"最优化(去除错误成本,消弭异常事件)。

三、供应链管理的方法

1. **快速反应**

(1)快速反应的概念

20世纪70年代后期,快速反应作为一种供应链管理方法首先从美国发展起来,美国纺织与服装行业为了减少原材料到销售点的时间和整体供应链上的库存,提高供应链的运作效率,提出了快速反应供应链管理策略。我国物流术语(GB/T18354—2006)对快速反应的定义:"是指供应链成员企业之间建立战略合作伙伴关系,利用 EDI 等信息技术进行信息交换与信息共享,用高频率、小批量配送方式补货,以缩短交货周期,减少库存,提高顾客服务水平和企业竞争力为目的的一种供应链管理策略"。

(2)快速反应的意义

首先,快速反应有利于厂商更好地为顾客服务,降低了流通费用,降低了管理费用,更好地安排生产计划。

其次,快速反应有利于零售商销售额的提高,减少了削价的损失,降低了采购成本和流通费用,加快了库存周转,降低了库存周转和管理成本。

再次,快速反应的实施对整个供应链上的企业产生了重大影响:一是极大地缩短了企业的补货周期;二是接驳式转运降低了库存;三是提高了供应链整体的运作效率;四是提高了企业的服务水平和竞争能力。

(3)实施快速反应成功的条件

快速反应作为一项供应链管理方法应用于整个供应链——从原材料供应商一直到最终客户,它的实施对整个供应链上的企业产生了重大的影响。

美国已有许多企业成功地实施快速反应,快速反应成功实施需要五个条件:一是改变传统的经营方式,革新企业组织结构;二是开发和应用现代信息处理技术;三是与供应链各方建立战略伙伴关系;四是建立信息共享机制;五是供应方必须缩短生产周期,降低商品库存。

快速反应在欧美的发展已经进入第三阶段,即联合计划、预测与补货(CPFR)阶段。CPFR 是一种建立在贸易伙伴之间密切合作和标准业务流程基础上的经营理念,它研究的重点是供应商、制造商、批发商、承运商及零售商之间协调一致的伙伴关系,以保证供应链整体计划、目标和策略的先进性。CPFR 应用一系列模型,具有四方面的特点:首先它是一个开放但安全的通信系统;其次它适用于各个行业;再次它在整个供应链上可扩展;最后它能支持多种需求,如更新数据类型、各种数据库系统之间的连接等。

【做一做】

案例分析 1

7-11 拥有坚实的信息数据系统:系统面广,能收集详细的销售点数据,包括产品品种、数量、购买时间及对客户的年龄和性别的估计。这些数据被集合并传送至总部。总部使用统计方法对这些详细数据进行分析,找出关联性、趋势以及便利店和产品的特殊关系,有利于确定上架产品、补货计划、便利店品类管理、货架摆设和商店的特别送货要求。7-11 还对其数据进行分析,向供应商提供产品情况。供应商和零售商一起共享客户偏好信息,共同制订新产品引进和货源补给计划。

7-11 具备的快速反应成功的条件:

_____

_____

快速反应对 7-11 经营的意义:

_____

_____

快速反应对 7-11 供应商经营的意义:

_____

_____

(4)实施快速反应的方法

快速反应最先出现在服装业,此类产品单价高,可替代性差,购买频率低。在此以服装行业建立快速反应系统为例,进行快速反应方法的介绍,方法的总体框架如图 4-20 所示。

图 4-20　实施快速反应方法的总体框架(以服装行业为例)

(1)准备阶段

1)建立正确的快速反应观念。快速反应最主要是通过合作关系的改善,降低退货、增加销售收入、减少缺货率,进而简化了企业内部员工烦琐的查核、对账、采购等其他问题。在经由决策主管与执行阶层相互的配合实施,快速反应计划才能达到有效率的结果。

2)成立快速反应小组。小组成员除了决策主管指派负责人、信息技术部门、业务部、后勤部、采购部等执行部门主管外,与公司的作业流程相关的部门都应有一位代表参与其中。

（2）确认阶段

1）寻找合作伙伴。

2）确认问题。

（3）订立目标阶段

1）提升门店效益，服务水平提高。

2）缩短市场回应周期，提高库存周转率。

3）缩短订购周期，降低缺货率。

4）销货量上升，降低存销比。

（4）设计阶段

1）简化合作往来的程序。

2）拟定资料传输的格式、方式以及每日或每周传输次数等细节。

3）进行系统的测试及使用。

（5）推广阶段

将系统在导入阶段时可能遇到的问题，经由工作人员将问题以及改进方法记录下来，待未来将快速反应推动至全面的合作伙伴时，可减少相同的错误发生。

2. 有效客户反应

有效客户反应（Efficient Customer Response，ECR）是 1992 年从美国食品杂货业发展起来的，是分销商和供应商为消除系统中不必要的成本和费用，给客户带来更大效益而进行紧密合作的一种供应链管理策略。我国《物流术语》（GB/T18354—2006）对有效客户反应的定义："是指以满足顾客要求和最大限度降低物流过程费用为原则，能及时做出准确反应，使提供的物品供应或服务流程最佳化的一种供应链管理策略。"它包括高效产品引进、高效商品品种、高效促销和高效补货四大要素。

（1）有效客户反应的最终目标

ECR 的最终目标就是建立具有高效反应能力和以客户需求为基础的系统，使供应链上的供应商和零售商以业务伙伴的方式合作，从而在提高整个供应链效率的同时为客户提供更好的服务。系统一般包括信息技术系统、物流技术系统、营销技术系统和组织革新技术系统等。该模式在许多国家和地区迅速推广，所覆盖领域由原先的食品行业，延伸到流行服装行业、超市等，其管理理念和系统方法在整个零售行业中得到广泛应用。

实施有效客户反应必须具备三个条件：一是应联合整个供应链所涉及的供应商、分销商以及零售商，改善供应链中的业务流程，使其最合理有效；二是以较低的成本，使这些业务流程自动化，以进一步降低供应链的成本和时间；三是信息流能在开放的供应链中循环流动，使产品的信息流能不间断地由供应商流向最终客户，由客户反馈的信息也不断循环流动回来。这样，使整条供应链的上下游商家都能及时了解市场动态，满足客户对产品的需求。

（2）有效客户反应实施原则

要实施 ECR，首先应联合整个供应链所涉及的供应商、分销商以及零售商，改善供应链中的业务流程，使其合理有效；然后，再以较低的成本，使这些业务流程自动化，以进一步降低供应链的成本和时间。这样，才能满足客户对产品和信息的需求，给客户提供最优质的产品和适时准确的信息。ECR 的实施原则包括以下三个方面：①以较少的成本，不断致力于向供应链客户提供产品性能更优、质量更好、品种更多以及更加便利的服务。②必须利用准确、适时的信息以支持有效的市场、生产及后勤决策。这些信息将以 EDI 的方式在贸易伙伴间自由流动，它将影响以计算机信息为基础的系统信息的有效利用。③产品必须随其不断增值的过程，从生产至包装，直至流动至最终客户的购物篮中，以确保客户能随时获得所需产品。

【做一做】

案例分析 2

供应链的协调运行是建立在各个环节主体间高质量的信息传递与共享的基础上。沃尔玛投资 4 亿美元发射了一颗商用卫星，实现了全球联网。沃尔玛在全球 4 000 多家门店通过全球网络可在 1 个小时之内对每种商品的库存、上架、销售量全部盘点一遍，所以在沃尔玛的门店，不会发生缺货情况。20 世纪 80 年代末，沃尔玛就开始利用电子数据交换系统（EDI）与供应商建立了自动订货系统，该系统又称为无纸贸易系统，通过网络系统，向供应商提供商业文件、发出采购指令、获取数据和装运清单等，同时也让供应商及时、准确地把握其产品的销售情况。沃尔玛还利用更先进的快速反应系统代替采购指令，真正实现了自动订货。该系统利用条码扫描和卫星通信，与供应商每日交换商品销售、运输和订货信息。凭借先进的电子信息手段，沃尔玛做到了商店的销售与配送保持同步，配送中心与供应商运转一致。

信息共享在沃尔玛的供应链管理中起的作用：

_____

_____

沃尔玛为强化供应链信息管理采取的措施：

_____

_____

沃尔玛为强化供应链信息管理采取的措施产生的效果：

_____

_____

任务实施

参考答案：

1. 宝供发展的成功经验

1）根据市场进行业务范围的扩展。物流行业发展迅速，客户需求也千变万化，宝供在基本的第三方物流业务基础上，进行多方面开拓，迎合客户的需要和要求，提供一些创新的服务，如在专业物流服务方面：废弃物回收、增值服务，服务产品包括物流系统规划、物流模式设计、交叉理货、仓单质押、应收款质押等。

2）不同服务领域和客户采取个性化服务。宝供面向的服务领域多种多样，具有不同的行业特点和要求，因此针对不同行业特点，宝供都能给出相应具有其行业特色的供应链解决方案，从传统的标准化服务提升至较先进的个性化服务，如在汽车、家电和化工危险品行业，宝供的客户都会得到考虑周全、设计科学合理的服务或解决方案。

2. 一体化运作、个性化服务的宝供物流模式对物流领域客户服务的积极意义在于实现有效客户反应。宝供建立具有高效反应能力和以客户需求为基础的系统，使供应链上的供应商和零售商以业务伙伴的方式合作，从而在提高整个供应链效率的同时为客户提供更好的服务。

思考与练习

一、名词解释

供应链　供应链管理　快速反应　有效客户反应

二、思考题

物流企业从第三方物流转型为服务供应链已经成为大势所趋，物流从业人员应该具备哪些供应链运作与管理的能力与素质，才能迎合物流企业快速发展？

三、技能操作题

实训目的：分析某物流企业的服务供应链系统结构和特点。

实训时间：一周。

实训要求：选择一家服务供应链型物流企业，分析该企业的服务供应链系统结构，列出其特点和优劣势，并判断该结构是否能够促进企业发展。

模块五　物流客户服务控制

任务一　优化物流服务流程

> **知识目标**
> 1. 熟记优化物流服务流程的基本原则
> 2. 了解优化物流服务流程的思路与方法
>
> **能力目标**
> 1. 能识别现有流程中存在的问题
> 2. 会结合企业及业务特点优化物流服务流程

任务引入

请阅读下面的背景描述，针对该企业的情况，提出优化其出入库业务服务流程的思路及措施。

背景描述

某烟草企业年销量在 30 万箱左右，一个品种的卷烟平均每天要被订购 80~110 次，而占全年销售量 80%的前二三十个品种平均每天要被订购 400 多次，最大品种甚至要被订购 1 400 次以上。面对卷烟销售数量庞大的出入库作业、高密度的出入库频率，且单一品种如此高的出库频率，该企业原来所采用的人工出入库或叉车出入库已显得"力不从心"。

任务分析

随着业务量的上升，该企业在物流环节响应客户需求速度缓慢，产品交付延迟增多，客户满意度低下，是典型的由于流程不合理导致的现象，所以应积极开展优化现有流程的工作。优化流程要围绕着提高出入库作业的效率，改善服务质量为目标进行，在现有的基础上，提出改进的思路方法及实施流程，通过评价检验，如评价中发现问题，应再次进行改进，直至满意后开始试行，正式实施。在本案例中，依靠现有的人工作业及简单的叉车完成出入库作业的业务流程已经不能满足企业正常运转的需要，需要借助相应的技术方法对现有流程进行优化，从而达到满足客户要求、实现客户满意的目的。

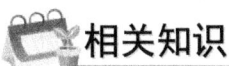
相关知识

一、优化流程的概念

流程即一系列共同给客户创造价值的相互关联活动的过程。在传统以职能为中心的管理模式下，流程隐蔽在臃肿的组织结构背后，流程运作复杂、效率低下、客户抱怨等问题层出不穷，整个组织形成了所谓的"圆桶效应"。为了解决企业面对新的环境、在传统以职能为中心的管理模式下产生的问题，物流企业必须对业务流程进行重整，从本质上反思业务流程，彻底重新设计业务流程，以便在当今衡量绩效的关键问题（如质量、成本、速度、服务）上取得突破性的改变。

流程优化不仅仅指做正确的事，还包括如何正确地做这些事。流程优化是一项策略，通过不断发展、完善、优化业务流程保持企业的竞争优势。在流程的设计和实施过程中，物流企业要对流程进行不断的改进，以期取得最佳的效果。对现有工作流程的梳理、完善和改进的过程，称为流程的优化。

二、优化物流服务流程的基本原则

优化物流服务流程应以物流流程为核心，实行企业组织结构优化，从客户出发，加强订单配送、仓储和采购等各物流作业环节的一体化，注重客户价值的增加，以信息技术为手段，改造传统的物流活动和流程。流程优化过程中的基本原则有：必须符合国家、行业的相关法律法规要求；结合企业战略，适度投入，确保实用可靠；结合现有设施设备及人员情况，避免重复建设或严重不足；结合不同区域、不同市场环境、实事求是地进行科学设置。

三、优化物流服务流程的实施步骤

1. 成立优化物流服务流程工作组

物流企业要想优化物流服务流程，高层管理者必须充分意识到该项目的重要性，且必须成立专门的工作小组。小组人员要具备开拓的精神以及具备流程再造及优化的能力与经验，才能更好地保证流程设计项目的成功实施。

【想一想】

以小组为单位，成立设计流程小组，在组内选定项目负责人，客户需求调研者、资料收集整理者、流程图绘制者，共同分析收集企业现状信息。

2. 评估现有流程，发现问题

优化物流服务流程首先要对客户的业务特点及需求进行深度调查，并全面把握，且始终围绕着客户需求开展。项目初期，项目组成员要对企业物流作业各个模块功能有比较清楚的了解，需要安排时间对整个业务流程中各环节的操作人员做一次非常详细的访谈。访谈结束后，项目组成员对访谈的内容进行总结，发现现有流程中存在的问题，如操作不规范、信息滞后和不完整、信息重复传递、信息没有充分共享、操作人员职责不清、技术落后等。

本阶段的主要功能是评估、分析、发现现有业务流程存在的问题和不足，实现途径包括绩效评价、事故检讨、客户反馈、检查控制和学习研究等。

（1）绩效评价

绩效评价是指物流企业根据企业、部门的目标绩效完成情况，分析评估相关业务流程的质量和运作状况。

（2）事故检讨

事故检讨是指企业运营过程中发生较严重的事故时，物流企业应分析评估相关业务流程的质量和运作状况。

（3）客户反馈

客户（包括直接、间接客户和内部、外部客户）通过投诉、抱怨、调查反馈、消极反应等方式传递意见时，物流企业应分析评估相关业务流程的质量和运作状况。

（4）检查控制

检查控制是指物流企业主动性地对相关业务流程的运作状况进行定期或不定期的检查以及管理部门在行使审核程序时，都可以分析评估业务流程的质量和运作状况。

（5）学习研究

组织和个人在主动学习的过程中，以及在做标杆研究时，都可以对业务流程的质量和运作状况进行分析评估。

在这一阶段，物流企业要识别自身的各个服务流程。比如，海尔的"国际星级一条龙服务"流程，被分解为研发、制造、售前、售中、售后、回访六个环节，各个环节都有规范化的操作要求。同时，要识别出各个服务主要竞争对手的服务流程，找出各个服务流程与竞争者之间的差异，针对各个问题，想出对应的解决方案。企业物流服务流程优化要充分考虑企业战略和愿景，根据内外环境分析因地制宜地建立具有本企业特色的服务流程，切不可贪大求洋。

3. 优化流程的思路与方法

（1）优化物流企业服务流程的基本思路

流程优化的主要途径是设备更新、材料替代、环节简化和时序调整。大部分流程可以通过流程改造的方法完成优化过程。对于某些效率低下的流程，物流企业也可以完全推翻原有流程，运用重新设计的方法获得流程的优化。优化流程的基本思路主要包括：

1）取消所有不必要的工作环节和内容。有必要取消的工作，自然不必再花时间研究如何改进。对某个环节、某道手续，物流企业首先要研究是否可以取消，这是改善工作程序、提高工作效率的最高原则。

2）合并必要的工作，简化所必需的工作环节。如工作环节不能取消，可进而研究能否合并。为了做好一项工作，自然要有分工和合作。分工的目的，或是由于专业需要，为了提高工作效率；或是因工作量超过某些人员所能承受的负担。如果不是这样，就需要合并。有时为了提高效率、简化工作，物流企业甚至不必过多地考虑专业分工，而且特别需要考虑保持满负荷工作。

对程序的改进，除去可取消和合并之外，余下的还可进行必要的简化，这种简化是对工作内容和处理环节本身的简化。

3）借助信息技术手段优化服务流程。流程管理不完全等同于信息系统，然而信息技术是管理的辅助部分，其价值在于提供了一种工具和手段，打破了传统的管理模式，创造了一种新的工作方式。一方面，IT系统的应用拓展了流程改进的空间，推动了流程的实现和组织的变革；另一方面，流程为IT系统的发展明确了流程的方向。

⊃ 案例

某一家从事国内综合运输的中型物流企业在上海的分公司，拥有几十辆厢式货车（包括租用的），可以为客户提供集成运输解决方案，包括运输、仓储、进出口报关等。它现有的客户中大部分是外资企业，运输的货物主要是电子、电器类。为了能吸引更多的客户，运输附加值高的货物，这家公司计划实施一套运输管理系统，希望通过该系统能对公司的整个运输业务流程进行信息化管理，以提升企业的服务质量，赢得更多的市场机会。于是，IT部门经理和业务部门经理对市场上现有的各种物流信息管理软件进行反复评价、衡量和筛选，选定了一家公司的产品。该软件的功能包括车辆的信息跟踪、车辆管理、订单管理、车辆调度、费用结算、成本核算和统计分析等。

【想一想】

结合案例，谈谈信息技术对于物流流程优化的作用和效果。

4）借助新技术、新设施设备优化服务流程。物流企业应加强物流新技术、新设施设备的开发和应用，大力推广集装技术和单元化装载技术，推行托盘化单元装载运输方式，推广网络化运输，完善并推广物品编码体系、广泛应用条码、智能标签、无线射频识别（RFID）等自动识别、标识技术以及电子数据交换（EDI）技术，从而较好地使流程简单化、科学化、合理化，进而提高服务质量。

➲ 案例

山东速递物流的流程改进

山东速递物流创新采用区域代码分拣法，全面实施收寄环节分拣前置。该公司大胆探索，勇于实践，打破传统的采用邮编及地址分拣的固有模式，创造性地提出区域代码分拣法。各揽投部收寄邮件时，根据邮件寄达区域用红色记号笔在邮件详情单指定位置标注区域代码，分拣封发人员按照区域代码进行分拣封发。采用区域代码分拣法，比采用邮编或地址分拣更易于识别，分拣封发速度提高20%以上，差错率较以往降低30%以上，特别是随着交叉带分拣机的推广，区域代码分拣法的应用前景更加广阔。

各市揽投部（县营业部）按照区域代码并根据邮件种类（标准、经济）、邮件发运路向（如全夜航、民航、省内互寄、同城、陆路等）对邮件进行粗分。信函类采用信盒封装，小件物品类邮件利用周转箱封装，大件物品采用散件交接。信盒、周转箱分别拴挂"全夜航""民航""省内互寄""同城""陆运标准""经济快递"等标志袋牌（可重复利用）；转趟车与处理中心交接时，处理中心人员直接根据袋牌标志送至相应分拣台席。据统计，全面实施收寄环节分拣前置后，取消处理中心粗分环节，整体工作效率提高约25%，平均缩短邮件内部处理时长20%以上。

山东速递物流通过加快推进流程优化与管理创新，不但简化了作业流程，提高了生产效率，降低了运行成本，而且全省速递物流运行质量也得到了有效提升。实施创新后，截至当年6月，山东速递物流主要质量指标15项达标并位居全国速递物流前列，其中一次性妥投率达90.79%，位居全国速递物流第2位；及时妥投率为80.55%，位居全国速递物流第4位，均超出全国平均水平12个百分点。

【想一想】

山东速递物流在流程设计方面做了哪些尝试，成功的关键是什么？

5）加强员工业务培训，结合工作现状，优化服务流程。物流企业应对各物流环节、各岗位工作人员进行业务培训，分享成功企业物流服务流程，介绍企业物流服务流程优化案例，学习新技术、新知识，使现有员工结合工作现状，发现问题，结合成功企业实例提出物流流程优化措施。

6）其他方法及技术的引入。物流企业可引入其他方法及技术，如服务蓝图技术。服务蓝图技术主要用于描绘服务体系，寻找并确定关键的服务接触点。该技术从客户的角度看待服务过程,通过对服务流程、客户行为、服务企业员工行为以及服务接触、服务证据等方面的描述,将复杂、抽象的服务提供过程简单化、具体化。服务蓝图不仅能用来分析和改善现有服务过程,还可以用来开发一套新的服务流程,因此服务蓝图在服务开发的设计和再设计阶段具有显著的现实应用价值。对于物流企业而言,建立物流活动的服务蓝图,有利于不同物流环节的运作人员立足客户角度分析问题,更全面、更深入、更准确地了解物流活动工作流程,有利于让全体人员把自己的工作与其他环节工作联系起来,另外还有助于明确物流企业内部各部门的职责以及了解相互配合的协调性,从而提高工作效率。

⊃ 案例

快递企业的服务蓝图技术应用

某快递企业通过服务蓝图技术,采用不同阅读方法,对客户行为、员工角色、不同要素组合以及服务进行优化分析。

该企业把整个快递服务蓝图用3条线分成4个部分,如图5-1所示。

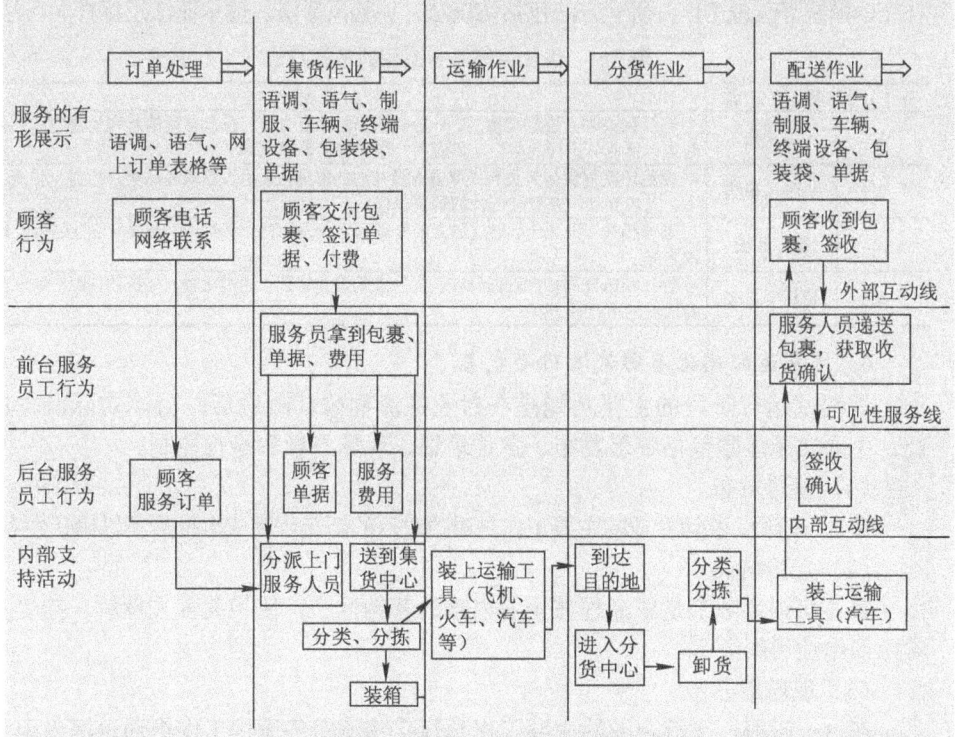

图5-1 某快递企业的服务蓝图

从左到右阅读该公司的服务蓝图,可以了解客户对快递服务过程的观点,关注服务的产生、客户的选择、客户参与程度、服务的有形展示等,可以跟踪客户行为部分的事件;通过集中于可见性服务线水平阅读服务蓝图,可以了解快递企业员工的角色，关注业务过程是否合理、有效，哪些员工与客户直接接触以及如何接触，不同员工之间是如何合作为客户提供服务等；而通过纵向阅读服务蓝图，则了解到不同员工的主要作用，幕后支持活动有哪些，不同员工和部门之间的服务连接等，以了解快递服务过程不同因素的组合或员工的位置。通过以上三方面的业务过程分析，全面阅读服务蓝图，了解到该企业快递服务过程的复杂性及如何进行改变，从客户角度观察什么变化会影响企业员工和其他内部过程，分析有形展示是否与企业快递服务目标相一致，发现并解决服务过程中的关键点，推动快递企业物流服务传递过程的流程优化。

【想一想】
你觉得该企业的服务蓝图技术的优缺点有哪些？
_____

（2）优化物流服务流程的基本方法（见表5-1）

本阶段主要功能是在上述分析基础上，对现有业务流程当中发现的问题展开修改、补充、调整等改进工作，研究方法包括访谈法、头脑风暴法、德尔菲法及标杆学习法。

表5-1　优化物流服务流程的基本方法

序　号	基本方法	方法描述
1	访谈法	与流程关联方进行直接的、开放式的当面深度交流，获取有益信息和解决建议。关联方包括业务流程的客户、供应商、生产者和管理方等
2	头脑风暴法	由包括流程优化人员和关联方人员在内的群体，采用头脑风暴法集思广益、群策群力、互启互动，获取开创性的解决建议
3	德尔菲法	选择相关专业人士，通过独立的专家意见表述和背对背辩论，获取专业性的独立解决方案
4	标杆学习法	寻找和研究同行业或跨行业一流企业的最佳实践，通过比较、分析和判断，寻求自身改进的可行性方案

4. 服务流程优化后的试运行与完善

流程试运行阶段的主要功能是在对业务流程修订改进后，付诸实际操作运行，主要实施步骤包括签署发布、宣传培训、现场指导和检查控制。

（1）签署发布

在这一阶段，物流企业的主要工作是对改进后的新流程完成审批后予以确认发布。

（2）宣传培训

宣传培训实际上是新流程在企业内部的营销推广，使相关各方理解、接受并实际操作使用新流程。

（3）现场指导

在这一阶段，物流企业的主要工作是优化物流服务流程工作组通过深入现场亲自监督、检查、指导以保障新流程的正确实施。

（4）检查控制

在这一阶段，优化物流服务流程工作组对新流程试运行过程中执行情况和实施效果进行检查、监督、纠正，评估流程改进效果，如出现异常及时组织调整；

试运行成熟后使之在操作中成型固化。

物流服务流程优化后，在试运行前物流企业应对员工做好充分的培训，使其具有执行新流程所需要的知识、技能并能及时转变服务观念；同时也要做好企业文化以及员工表现评价体系的转变，以引导、规范员工的行为，提高他们对变革的积极性以及学习的热情，为新流程的实施提供保证。

流程优化管理要做好"一线授权"，同时还必须做好"部门协同"，好的流程必须有系统化支撑，而且要让员工树立"我们能在日常工作中做个有心人，留意身边的流程缺陷，并且想办法去解决它"的工作意识与思路，这样将会有事半功倍的效果。

⮕ 案例

某物流企业客户服务水平较低，尤其是遇到客户咨询服务时，咨询电话经常被转来转去，失去了大量准客户及潜在客户。为保障物流服务质量，该企业对客户咨询服务结合原有操作流程进行了流程优化，具体流程如图5-2所示。

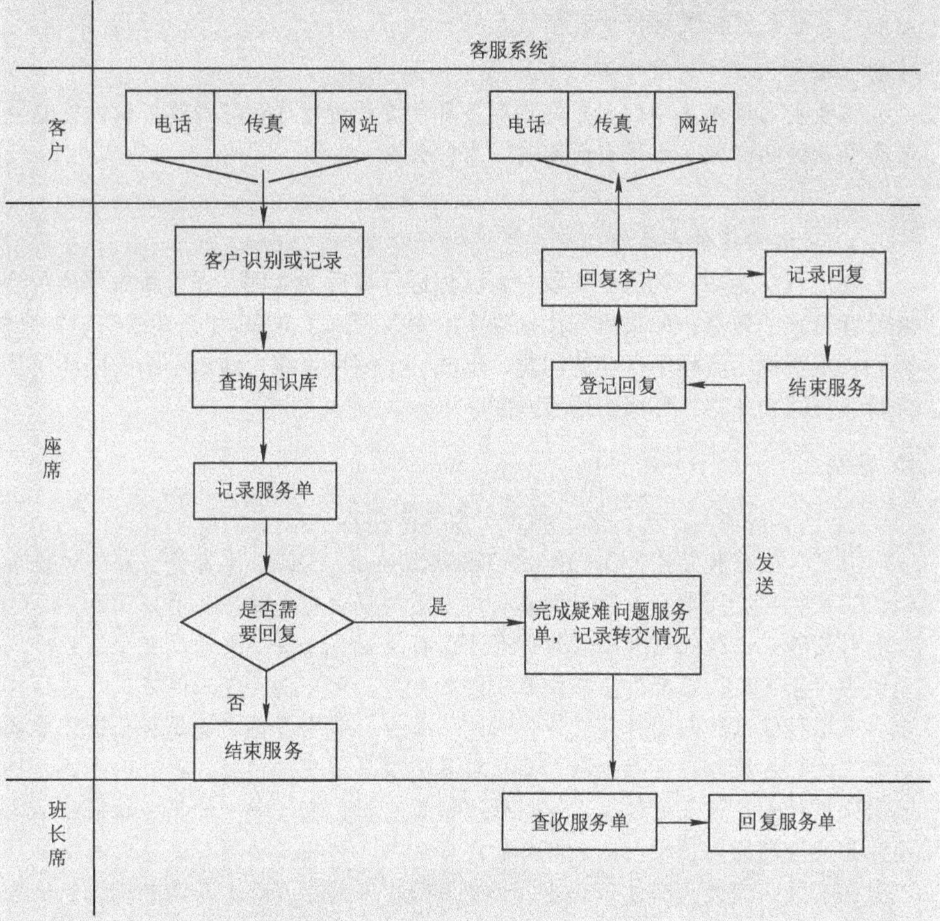

图5-2 某物流企业的流程优化图

流程操作情况描述如下：

1）在选择业务咨询界面，确定客户咨询的内容，识别老客户或者记录新客户基本信息、客户类型、内容描述等。

2）根据客户想要咨询的内容查询知识库。

3）如果能够直接答复客户咨询的问题，应直接答复客户，并根据系统操作规范结束该咨询业务活动，使客服系统恢复到作业就绪状态。

4）如果查询不到需要的信息，应使用规范用语告知客户需要等待回复，并按照首问负责制相关规定，完成"疑难问题服务单"发送班长席，同时在系统中记录转交情况（时间、接入人），记录"需要回复"信息栏内容，保存服务单。

5）班长席收到"疑难问题服务单"后，应于规定时限内将咨询结果回复发送人，发送人再规定时限内主动通知回复客户。

6）在系统日志记录中记录回复情况，并根据系统操作规范结束该咨询业务活动，客服系统恢复到作业就绪状态。

【想一想】

该企业对问题集中的客户咨询服务环节流程进行了优化改造，请问你觉得对整个企业的物流服务水平有何影响，为什么？

5. 流程的评价与反馈

新流程实施后，物流企业要对新流程进行事后的监测，评价新流程是否给企业经营带来了效益？如果流程优化确实给企业带来了效益，那么继续实施新流程，否则，重新找出流程中存在的问题，形成一个闭环系统，通过不断的循环反复来保持流程同企业内外环境的适应匹配。

⇨ 案例

汽车采购物流优化

首先，在全散装件（Completely Knock Down，CKD）零部件采购的过程当中缩短了采购物流周期。运输时间越长所占用的资金也就越多，所以CKD运输中间的时间缩短，既保证有一定量的安全库存又避免了缺货的情况发生。其次，改变过去对于CKD零部件全按批量采购的方式，采取混合型采购方式。对于关键部件采用批量采购与消耗件按单件采购相结合，减少了因过去那种全按批量采购所带来的订货风险，因为生产厂商很难适应瞬息万变的市场，单一的车型、批量的采购很难满足市场的需求。一旦延误销售时机，剩下单一的车型就很难销售出去，而且后期的到货也会增加额外的库存成本，这将给公司带来巨大的损失。所以混合采购方式大大降低了企业的经营风险，节约了资金，采购物流的优化给企业带来了巨大收益。

【想一想】
该企业还可以通过哪些途径进行流程优化?

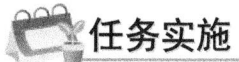
任务实施

参考方案:

一、发现现有问题

1. 烟草物流相对于其他行业物流有自己的特点:

(1) 烟草商业企业实行"分拣到条、配送到户"的配送模式,全国有 440 万持证卷烟零售客户,零售客户数量多、订单量小、品种分散、配送频繁。在销售形式方面,烟草生产企业以整件发货为主,烟草流通企业则以整条发货为主。

(2) 烟草成品的外形单一性和一定的批量需求,形成了自动化处理的需求。

(3) 由于烟草行业的特殊性,吸烟与健康问题受到社会广泛关注,我国政府履行《烟草控制框架公约》工作已经启动,烟草行业发展的外部环境将受到更加严格的限制。

2. 该企业现有物流作业情况

该企业现有物流作业采用以人工作业、货架及叉车作业相结合的传统运行方式,面对日益增长的大量的出入库数量,显得力不从心。工作人员常常加班加点作业也难以满足正常送货的要求,且出入库量都比较大,常常造成站台上大量等待入库货物来不及入库就要安排发货的情况,从而造成库存数量更新慢甚至出入库数量漏登等情况,造成账货不符,送货的及时性及准确性更是难以保证,尤其是节假日前等发货高峰,经常造成大量订单积压、客户投诉严重等问题。

二、确定物流服务流程优化的基本思路

在企业物流作业中采取半自动化的方式,引入一定的自动化技术和机械,辅以人工作业,达到效率与成本的平衡。具体做法如下:

1) 引入巷道堆垛机。在烟草商业企业中,将货架进行合理布置,根据出入库频率和堆垛机作业周期,确定堆垛机服务的巷道数,进而确定需要的堆垛机数量。

2) 引入无线射频识别系统。在托盘、货架、货物周转箱部署电子标签,对应地在叉车、巷道堆垛机、分拣终端部署读写器,并结合烟草"行业卷烟生产经营决策管理系统工程"(即"一号工程",能够实现"一打两扫"——卷烟工业企业对生产的每件烟打贴主管部门统一下发的条码,并进行出库扫码和卷烟商业企业入库扫码,使

烟草主管部门能够对烟草企业的进货、成产、销售信息及时掌握并实施有效控制）的规定，实现信息采集并与仓储管理系统合理连接，通过有线和无线相结合的方式将数据信息传输给仓储管理系统存储、分析、处理，达到物流控制快速化、透明化的目的。

三、优化流程

优化后的出库流程图，如图 5-3 所示。

优化后的入库流程图，如图 5-4 所示。

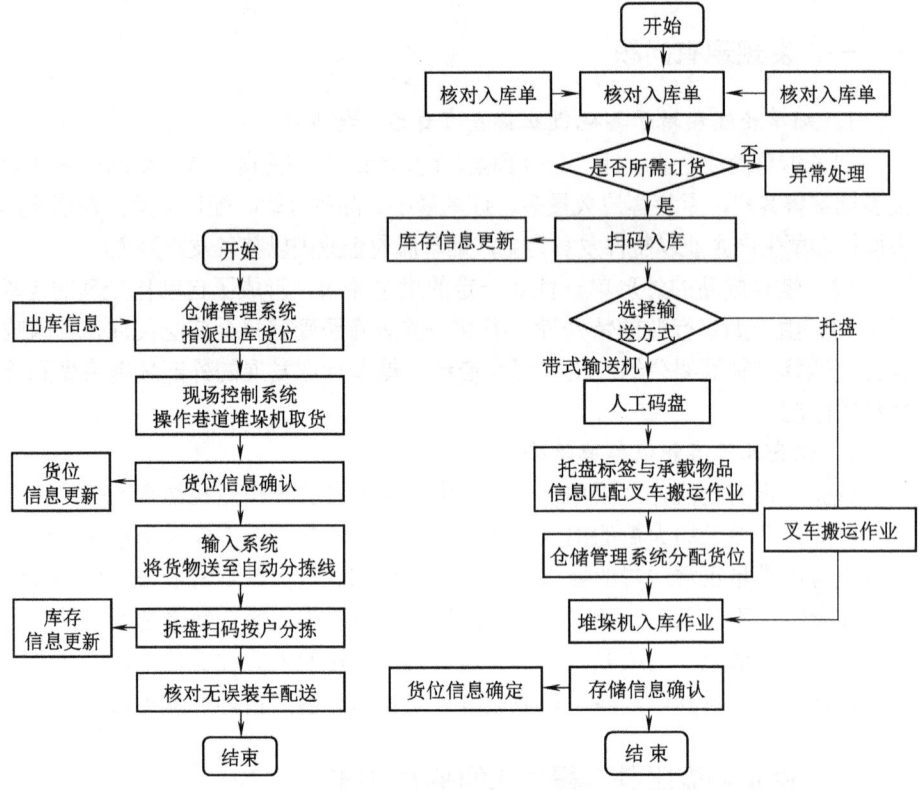

图 5-3　优化后的出库流程图　　　　图 5-4　优化后的入库流程图

四、实施优化后的流程反馈

引入无线射频识别技术后，可实时对货物信息及货位信息进行查询，既可以了解到每种货物的库存量、分布状况、货物基本特性等，又可以了解到货位利用情况（已占用货位、可用货位、不可用货位）、货位利用率等，为其他作业环节提供指导。具体效果如下：

货物动态出入库管理——采用无线射频识别技术，极大地提高了对出入库产品信息记录采集的准确性。

满足客户需求——采用巷道堆垛机，取代了叉车出入库，实现快速反应。

仓库利用率提高——货架排列紧凑，提高了空间利用率。

灵活的可持续发展体系——为后续系统的升级改造提供良好的环境和接口。

实时仓库监控——系统能实时显示当前库存状态、库存水平。

有线/无线技术相结合的信息传输方式——实时性信息收集和传输能有效地提高工作效率。

简化管理——降低了重复劳动，减少了人员开支。

此处的任务实施主要探讨基于无线射频识别技术的一种出入库方案，在实际管理中还应根据自身的实际情况进行调整，随着烟草行业对自动化技术需求的不断提高，对新技术、新工艺、新流程方面的引进与改造还有更加广阔的应用空间。

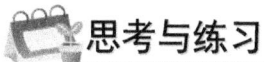

思考与练习

一、名词解释

物流流程优化　访谈法　头脑风暴法　德尔菲法　标杆学习法

二、思考题

1. 优化流程的思路和方法有哪些？
2. 优化流程后，应该如何进行评价和反馈？

三、技能训练题

1. 实训内容：制订物流服务流程优化方案。
2. 实训要求：根据实训情景的内容，结合 W 企业的流程优化方案：①画出其企业作业流程图；②结合此流程优化方案制作演示文稿，讲解流程优化的思路及效果，并尝试分享其他流程优化方案。
3. 实训情景：

W 企业是中原地区规模最大、业绩最辉煌、信誉最卓越的专业吊顶材料营销公司，赢得建材行业销售专家的声誉。随着企业的发展，仓库不断扩大，仓库管理水平也不断进步。1993 年由于销售量少，库存量小，仓库与门店合二为一；2001 年为了提高企业门店形象，满足企业销售门店及库存需求量，以便于发货及各门店配货，在张庄建立仓库，其占地面积为 750 平方米，1 辆货车及叉车；2003 年由于自然原因张庄仓库被损坏，仓库迁居至五洲区，其占地面积扩大为 2 000 平方米，有 12 名工作人员，增加了一辆叉车及货车；2005 年企业对客户进行分类管理，莆田门店专门负责对经销商的管理，在其附近租用 250 平方米左右的小型仓库，配备了1辆叉车，同年企业上了用友T3系统，减少了部门间订单的传递及货品管理，提高了仓库的发货效率等；2010年企业开始发展自己的品牌，为了其品牌管理，在总仓库附近200米处租用了960平方米的仓库。如今企业总共有三个仓库：总仓库、莆田仓库、JH仓库；25名员工：莆田3名，总仓库23名，JH仓库根据需要随时从总仓库调配；信息系统由T3升级为T6。

（一）调查了解W企业物流流程现状

1）部门会计制好计算机销售单后，通过QQ告知仓库单号，仓库审核：眉头是否齐全（销售员名称、客户名称、收款方式等），货品库名，数量是否是单位数量，配比是否正确等。如果发现有问题通过QQ告知部门会计，修改过之后进行审核、打印，放入未发文件夹。

2）打单员或者审计员根据单据的不同需求进行不同操作：货在车间需要将该销售发货单传至车间；如果货在莆田且销售单不是莆田店的需要把销售单传真至莆田并安排车辆把货拉回。

3）备注上注明有运费，审计需要填写"运费结算单"，注明销售单号、运费、司机姓名、司机联系方式、客户名称、送货地点等相关信息，将结算单交给提货司机作为去部门结算运费的依据。

4）备注栏中注明门店发，打单员直接签写"门店发"等字样，放入已发文件夹。

5）如果发货，即通过货运部发至客户，打单员或审计员需要填写信封，信封上注明收货地址、收货地联系方式、客户名称、货运部名称，如果需要代收货款需注明卡号及代收货款数量，然后审计员或打单员根据具体情况安排保管员给车辆装货发货。

6）客户提货时报销售单号，审计员或打单员在未发文件夹中查找该单号，如果有，则通过对讲机根据销售单号上的货品传呼对应保管员。

7）保管员装完其保管的货物将单号传给下一保管员，或者第一个保管员拿到单据，根据货品呼叫对应的保管员说明单据上的货品名称及对应的数量以备货，然后依次给客户装货。

8）客户装完货之后，某一保管员进行验货，如果不对，则进行改装、补装，审车通过，放行车辆。当一个单子需要数次拉完，保管员将未拉完的销售单注明已拉货物的名称及数量，并送回打单处，打单处将该销售单放入未发文件夹，直至发完。

9）审车通过之后，保管员在已发销售单上签字并送至打单处，打单员或审计员审核是否签字。如果已签，则将其放至已发文件夹；如果未签或不完整，比如非一个库里的货品必须有审车员及发货员两个署名，则督促保管员签字后放入已发文件夹。

（二）发现现有流程中存在的问题

1）权责不明。同样工作由不同的人来完成，可能造成工作空隙及责任追究不当。仓库中好多工作都是审计员和打单员共同完成的，这样就可能造成工作的过程中审计员没做，打单员也没有做的现象，造成时间上的耽搁。如在给车间传递销售单的过程中，打单员打出单据之后审计员传递，但是当由于某种原因需要稍后传递，审计员忙别的工作，打单员可能会以为已传递便将单据已放入文件夹，而审计员回来也会以为已传递，从而造成漏传单据的事情发生。另外当货物发送完毕，保管员需要将发货单据签字后放回打单处，然而一张发货单上可能有多个保管员，如果单据没有放回或者丢失，无从查证谁丢了单子，就没有确切的依据查证货物是否已发以及发货情况。由此可见，责权不明是造成失误的原因之一。

2）传递较多。销售单据传递给仓储打单处，如果有误，仓储打单处告知销售部门会计，经过修正之后审核；销售单据上如果有定尺则需要将该销售单据传递给车间，作为生产依据；如果其他部门的销售单据上的货物在莆田的，需要将该单据传递给莆田门店作为发货依据。这样可能会造成时间上的浪费，且上一流程是下一流程运转的依据，这样操作拉长了流程运转时间。除了单据传递之外还有物品的流通，如果货在莆田仓库或车间还需要将该货物拉回，如果货物在莆田发送则五洲仓库还需要将货物送至莆田发货；对于其他部门的送货比较少。单据传递是时间上的间隔，物品的传递是空间上的间隔，给客户以及企业造成了很多浪费，如增加了客户等待时间，增加了车辆车程。因此，其环节存在增加物流成本，拉长流程运转周期，降低客户满意度等问题。

（三）优化服务流程方案

1）在 ERP 系统中增设生产模块，销售单最后审核过后自动生成生产订单，生产车间生产完毕之后更新生产状态，仓库安排车辆拉回完工产品。库存信息更新计划销售产品量。

2）仓库打单员打单，并将其放入未发文件夹，如果需要拉回门市的，通知审计员安排车辆。

3）客户提货，审计员查找单子，安排保管员装货。

4）保管员依次给客户装货，最后的保管员负责审车、签字并将单子放回打单处。如果没有发完，保管员要填写已发数据，叫打单员放入未发文件夹，直至发完。

5）打单员更新销售单状态为已发，系统实际库存量更新。

（四）优化试运行与效果反馈

1）优化后的流程将三个仓库合并，这样可以减少 1 号仓库和 2 号仓库之间单据的传输，以及由于工作失误而造成的漏单状况而给整个流程所带来的不便；减少了 1 号仓库与 2 号仓库之间的运输时间和相关费用；仓库的合并可以优化企业的整体库存量，减少库存产品对资金的占用率；减少2号仓库及3号仓库的日常维护费用如租金，同时可以提高1号仓库的利用率；便于对仓库及工作人员的统一管理及调配。

2）信息系统优化。增设销售发货单状态栏，由打单员更新其状态为已发，并将其作为库存量更新点，将订单产量更新为计划销售库存，这样就减少账实不相符的状况发生；同时销售员可以根据状态来跟踪客户提货状况，特别是欠款客户，及时与客户沟通；增加生产模块，销售发货单生成时自动生成生产单，这样就仓库与工厂的单据传递，提高信息的共享性，减少信息传递的滞后性及可能造成的失误。

3）在失误点实行责任制。对于审计员和打单员的责任分配为：打单员负责销售单据的审核及打印、单据状态的更新、信封的填写，审计员负责车辆及保管员的调度。由于发货具有特定的顺序，因此由最后装车的保管员进行审车及单据的签字送回。

任务二 制订物流企业客户服务标准

知识目标
1. 了解制订客户服务标准的基本原则
2. 熟记制订客户服务标准的方法及步骤

能力目标
能够结合客户需求，制订物流企业客户服务标准

任务引入

请阅读下面的背景描述，并为该快递企业制订服务标准。

背景描述

最近，国内某快递企业在服务中连续出现丢包、收件、配送时间不确定，快递人员态度差等问题的投诉。该企业的管理团队经过投诉原因分析，认为建立客户服务标准是降低客户投诉率的关键问题。

任务分析

物流企业发生的客户投诉，主要是因为缺乏工作标准，服务人员标准意识淡

薄。所以，物流企业应立即完成制订服务标准的工作，根据标准对服务人员进行培训，从而保障物流服务质量。制订服务标准的重点是物流企业应掌握制订的方法及步骤，能够结合行业、企业需求制订相应的服务标准。

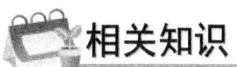

一、物流客户服务标准概述

企业对其客户服务水平的提升并不是漫无止境的，高水平的客户服务需要高成本作为支撑，所以应根据客户的需求，合理地制订服务标准。服务标准是指规定服务应满足的需求以确保其适用性的标准，是对某项服务工作应达到的最低要求。

物流企业将自身的物流服务流程以及管理等多方面工作内容经过提炼，运用标准化知识固化下来并整合在一起，形成每个物流企业内在运营管理的个性化的完整标准体系。该服务标准体系即是企业管理的核心内容，通过其运行和实施必将提高物流服务的运营效率和节约成本。由于服务标准体系是由许多分布在不同层次和片断上的标准构成的，因此物流企业在一开始设计物流标准体系时，要避免过于求大求全，物流服务标准化将是一个循序渐进、不断升华的过程。制订服务标准的基本原则见表5-2。

表5-2 制订服务标准的基本原则

原则	说明
明确性	服务标准必须明确，不得含糊其辞、模糊不清，必须结合客户的需求明确下来
可衡量性	服务标准要用定量表示，如要求客服电话都要在铃响第二声后接听
可行性	建立标准不代表确立目标，它意味着设计一个可能实现的工作过程，并且使之不断地执行下去
及时性	服务标准应该有明确的时间限制，才有价值
吻合性	服务标准要与客户的需求吻合

二、制订物流客户服务标准的步骤与方法

制订优质服务标准是一个不断循环的过程，它有五个步骤，具体包括：分解服务过程；确认客户需求；提炼各服务过程中的关键因素；把关键因素转化为服务标准；根据客户的需求对标准重新评估和修改。下面就具体介绍一下这五个步骤。

1. 分解服务过程

制订客户服务标准的第一步就是要分解客户的物流服务过程，也就是把客户所经历的服务过程细化、再细化，放大、再放大，从而找出会影响客户服务体验的每一个要素。物流企业在对服务过程划分时要结合行业、岗位的特点，甚至可以画出每个岗位、每个人的服务内容，从而让每个人都知道自己或自己的岗位所提供的服务过程是一个什么样的过程，有没有遗漏，影响客户体验的关键点在哪里，然后才能确立可衡量的标准。例如，配送服务按照作业环节可以分解为：①分拣及配货；②配装；③配送运输；④送达服务。

2. 确认客户需求

随着市场要求的不断更新变化，消费者不仅对产品质量要求不断提高，对产品价格及服务水平的要求也在不断提高，甚至有些消费者还会提出一些特殊要求。为更好地提供客户服务，就要求企业通过多种方式收集并最终确认客户的需求和期望，具体方法如下。

（1）直接向客户了解服务需求

这是一种用来确定客户所需服务要求的最可靠的方法。客户需求信息可通过面谈、集中小组会谈、摸底调查等方法直接收集。面谈可与客户直接接触；集中小组会谈一般被用来发现采用某种购买方式的原因；摸底调查可使供应商更好地了解客户的业务和探索专门服务增加的原因。会谈和摸底的对象通常是来自不同公司的客户，如果客户来自不同业务的交叉部门，那么采用集中小组会谈法效果会更好。

（2）来自客户的陈述

许多客户向供应商非常明确地讲述他们的最低需求，一旦这些最低需求被第三方物流企业所理解，则与客户进一步沟通就有了基础。与客户的进一步讨论应建立在满足客户最低需求的基础上，并且理解客户对别的增值服务的期望。除了直接或间接地获得客户的陈述外，以往的业务报告也是客户陈述、反馈信息的重要来源之一。

（3）"噪声"收集法

"噪声"收集法是指通过收集客户的不满和抱怨来完成客户需求的收集。噪声水平是补充直接与客户接触方法的一种途径，它提供了客户的特殊信息。许多公司鼓励职员收集客户的不满信息，通过问卷调查、网络调查、客户投诉处理报告等多种途径收集客户的不满与抱怨，以及用失去客户的最后会谈来鉴定噪声水平。图5-5为调查客户的不满

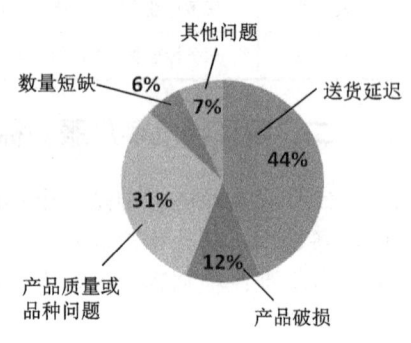

图5-5 客户投诉项目分布图

和抱怨收集到的信息,这对于改进物流企业的服务水平很有帮助。

(4) 同业同行的比较

比较竞争对手的水准是补充直接与客户接触的另一种途径。它提供了竞争对手当前行动的反馈信息,进而全面地帮助确定客户的需求和期望值。该方法的不足之处是可能会出现看问题片面的情况,如采用此方法,需要全方位、大范围调查比较,效果才能真正体现。

(5) 与客户共同探索需求和期望

该方法是使用一种被称为重点客户小组讨论会的技术,与重点客户讨论明确客户的最低需求和期望,并与客户讨论哪些服务标准是重要的。但在询问、讨论过程中,如何区分哪些是客户需求的增值服务,哪些是客户需要的基本服务会有些难度,因为不同客户愿意支付的价位不同,服务要求便有所不同,所以应进行区分对待,做出不同的分析与判断。

3. 提炼各服务过程中的关键因素

通过以上方法,物流企业将客户在每个服务过程体验的感受、问题进行记录,收集与提炼关键因素,并探讨提出解决办法,为后续确定服务标准做好充分的准备。

例如,经调查了解客户对于物流的配送各环节的要求包括良好的沟通、准时的送货、高频率的送货、订单状态的信息及时更新、高效的反馈、紧急情况的及时处理、货物的完好率、精确和适时的结账、对咨询的答复及时等,所以物流企业必须采取合理的客户服务策略。我们可以将客户要求归纳为以下关键因素:

(1) 服务可得性

可得性是指当客户需要存货时所拥有的库存能力,可得性意味着拥有存货,能始终如一地满足客户对材料和产品的需求。存货分为两类:一类是取决于需求预测并用于支持基本可得性的基本储备;另一类是满足超过预测数的需求量并适应异常作业变化的安全储备。一个企业满足客户对存货需求的能力,可以识别一个企业的存货战略满足客户期望的程度。

(2) 作业绩效

作业绩效是处理从订货入库到交付的过程,可以通过速度、一致性、灵活性和故障与恢复等方面来具体说明。

(3) 服务的可靠性

物流质量与物流服务的可靠性密切相关。物流活动中最基本的质量问题是如何实现已计划的存货可得性及作业完成能力。实现物流质量的关键是如何对物流活动进行测量。

4. 把关键因素转化为服务标准

首先，对关键因素进行描述，转化为服务指标。例如可得性，可以通过缺货频率、供应比率、订货完成率等指标来考核，见表5-3。

表5-3　可得性的考核指标

序号	服务指标	指标描述
1	缺货频率	缺货频率是指缺货将会发生的概率，用于衡量一种特定的产品需求超过其可得性的次数，表示一种产品可否按需要装运交付给客户。当需求超过产品库存数量时就会发生缺货，将全部产品所有发生缺货的次数汇总起来，就可以反映一个企业实现其基本服务承诺的状况
2	供应比率	供应比率用来衡量企业缺货的程度或影响大小
3	订货完成率	订货完成率是衡量拥有一个客户所预订的全部存货时间的指标

而作业绩效可以通过速度、一致性、灵活性、故障与恢复等角度设置考核指标来完成考核，见表5-4。

表5-4　作业绩效的考核指标

序号	服务指标	指标描述
1	速度	速度是指从一开始订货时起至货物装运实际抵达时止的这段时间。速度的考核指标可以包括订单完成及时率、信息反馈及时率、送货及时率、返单及时率等
2	一致性	一致性是指企业在众多的完成周期中按时递送的能力。不能把一致性直接理解为客户额外需要的安全储备，以防有可能发生的递送延迟，这里的一致性是指必须随时按照递送承诺加以履行的处理能力。一致性方面的考核指标可以包括订单完成率、客户满意度、数据录入准确率等
3	灵活性	作业灵活性是指处理异常的客户服务需求的能力，即在始料不及的环境下如何妥善处理问题的能力。需要物流企业灵活作业的典型事件有：①修改基本服务安排，如一次性改变装运交付的地点；②支持独特的销售和营销方案；③新产品引入；④产品逐步停产；⑤供给中断；⑥产品回收；⑦特殊市场的定制服务；⑧在物流系统中履行产品的修订或定制，如定价、组合或包装。一般说来，物流企业的整体物流能力取决于在适当满足关键客户的需求时所拥有的"随机应变"的能力，此方面可以通过变更配送要求完成率、配送加工完成能力等指标来考核
4	故障与恢复	故障是指可能发生的物流表现的失败，如产品损坏、分类不正确、货单证不精确等。当这类故障发生时，物流企业的表现可以从需要多少时间恢复来进行考察。物流企业应制订一些有关预防或调整特殊情况的方案，以防止故障发生，要有能力预测服务过程中可能会发生的故障或服务中断，并有适当的应急计划来完成恢复任务。此方面可以通过应急处理能力等指标来考核

可靠性可以通过反馈信息准确度、异常情况沟通协调性等方面考核，见表5-5。

表 5-5　可靠性的考核指标

序号	服务指标	指标描述
1	反馈信息准确度	除了服务标准外，质量上的一致性涉及能否迅速提供有关快递作业和客户订货状况的精确信息
2	异常情况沟通协调性	研究表明，物流服务有无提供精确信息的能力是衡量其客户服务能力最重要的一个方面。客户们通常讨厌意外事件，如果他们能够事前收到信息的话，就能够对缺货或延迟递送等意外情况做出调整。因此，有越来越多的客户表示，有关订货内容和时间的事前信息比订货的完美履行更加重要

一般来说，指标指的是从哪些方面来对服务质量进行衡量或评价；而标准指的是在各个指标上分别应该达到什么样的水平。评价指标确定之后，就应该为其设立标准。评价标准并不是越高越好，从企业的角度来看，要考虑到其服务资源的能力限制问题；从市场的角度来看，涉及企业的竞争战略定位问题；从客户的角度来看，则有一个服务质量的可信度问题。物流企业应考虑以上诸多因素来确定最终的服务标准。

⊃ 案例

某企业运输服务

其客户服务标准通过订单完成率（达99%）或急单完成率（85%或以上）；发货及时率（98%或以上）、到货及时率（98%或以上）、满意度（100%）、返单及时率（98%或以上）、客户投诉率（2%或以下）、破损率（2%或以下）、数据录入及时性（98%或以上）、数据录入准确性（98%或以上）、费用结算准确率（98%或以上）等指标来完成。

【想一想】

该企业的服务标准确定是否合适？说说你的理由。

又如，客户对航空运输可以按照安全、舒适、方便、快捷、经济等关键服务因素进行考核，然后将关键因素转变成可以衡量的质量特性指标，如旅客对航班正点的要求可以转换成航班正点率指标。但对于许多软性的客户服务质量需求，则很难用定量的质量特性指标表示，如客户对服务人员的礼貌、尊重、文明、文化敏感等心理上的需求，则需要根据对客户心理分析和客户实际感知方面的信息进行服务规范性描述，最后采用"客户满意度指数（CSI）"等综合性的质量评价指标来评价其服务满足客户需求的程度。

物流企业应在仔细研究客户需求、认真分析成本与收益的基础上，由管理层为各个细分市场或业务部门制定详细的服务标准，并将其传达到所有的相关部门及员工，同时辅之以必要的激励政策促使员工努力实现客户服务目标。有效的客户服务标准除了应具有重点突出、具体明确、挑战性的特点外，还应为员工所接受,并能反映客户的观点,能为服务业绩提供可操作和有针对性的评估方法,为管理层提供调整业务活动的线索。

5. 根据客户需求对标准重新评估和修改

只有变化才是永恒不变的。定期检查可以使企业的服务标准紧跟市场的变化,紧跟客户的要求,否则,优质服务标准很快就变成一般服务标准。物流企业制定的标准是否合理,按照这个标准是否能提供优质服务,最有发言权的是企业的客户。所以,物流企业要定期根据客户的需求来对标准重新评估和修改。因为,客户的需求也是在不断变化着的。

⊃ 案例

创新服务变为基本服务标准

以前看房子要自己坐公交车或者开车去,后来有一家房产公司提供了看楼专线,引起了轰动,也引来了同行的竞相效仿,结果"看楼专线"这一服务变成了房地产业的基本服务标准。又如,"小区通勤车"这一服务,在开始推出的时候,受到了业主的高度赞赏,在这一服务被普遍推广之后,就变成了基础服务标准,也就是说,如果没有这一项服务的话,业主就不会感到满意,或者说,这个小区给人的感觉是档次不够高。

【想一想】

物流行业有没有类似的创新服务变成基本服务标准的案例?对此种现象你怎么看?

三、其他注意事项

1. 在服务标准实施中应注重服务细节

服务型企业,没有太多的技术壁垒,能不能在激烈的市场竞争中立于不败之地,往往就看其服务能不能留住客户。而服务水平的高低,又常常取决于服务细节是否做到位。从对客户提供的细节体贴之处,可以看出企业的服务意识、竞争意识,让客户感到企业真正是在用心服务,代表了企业的形象。

⊃ 案例

一项瑞士的研究表明,只有20%的客户投诉与产品或服务名不符实有关,而大多数的抱怨都直指一些表面环节,如运输安排和包装等。联合利华公司曾开设一条客户投诉热线,结果也与上述调查相似。在他们每月收到的数百个电话中,只有30%涉及牙膏的气味或洗衣粉的漂白功能,而70%的电话都集中在一些非中心话题上,如卡通形象、手柄设计、开启设备、印刷颜色及字体等。

模块五 物流客户服务控制

【想一想】

对于此种现象，你如何评价？

在关注服务细节时，客户反馈信息至关重要。特别对于服务机构和内部物流服务部门，客户反馈是一种非常低廉的市场调研手段。作为物流企业的管理者，你应该能找出：谁是你的客户；他们何时会成为你的客户；是什么原因使这群人会成为你的客户；你的客户到底需要什么；你的客户感受如何；如何才能让客户觉得物有所值；客户需要何种创新服务，怎样才能留住客户；怎样才能赢得对客户的竞争优势。你不用随时地总是回答所有问题，但应经常逐个仔细思考一下。如果你因为不在乎或自以为很明白答案而不理会客户，那你可能惊讶地发现客户在你不经意间就转向其他企业了。如果你不明白当时的情况，就不知道该在哪里采取紧急行动。如果你自以为很清楚地知道发生了什么事，但事实却并非如此，那你的紧急行动就会受到误导。

【想一想】

你认为物流企业有哪些服务细节可能会导致客户抱怨或者流失？

2. 在服务标准的基础上，要随时保持设身处地为客户着想的工作思路

客户的满意是我们每个服务人员工作的标准，在任何情况下，我们首先想到的都是客户的满意，只有客户满意了，我们的服务才会有价值。

⊃ 案例

急客户之所急

有一天，客户经理小刘负责的 VIP 客户陈先生非常着急地打来电话："是小刘吗？我的 iPhone 手机丢了，这几天我还有好多生意上的客户要联系，我现在人在外地，你能不能帮我想想办法？"

听到电话那头焦急的话语，小刘心想：这可怎么办啊，最紧急的就是马上补卡，可没有客户的证件怎么补呀？心里虽然是这么想，可是给予客户的回答却是肯定的："陈先生您别着急，现在最主要的是先给您补张卡，不要与客户失去联系，按规定得需要您的身份证才可以办理，我现在马上请示我们主任，给您一个最好的解决办法，好吗？"

电话那头的陈先生听到小刘的回答，心里好像已经有了依靠："好的，谢谢你！"

小刘放下电话立刻向主任反映此情况，考虑到客户的特殊性，主任立刻与其他部门进行协调，在再三核实了用户信息后，小刘顺利地在营业厅为陈先生免费办理了补卡业务，最后还特别叮嘱，用特快专递迅速发给客户。

两天后，陈先生拨通了小刘的电话激动地说："真的非常感谢，当时我也是抱着试试看的态度，可没想到让你们这么费心，不仅给我免费补了卡，还给我快递了过来，谢谢你！太谢谢你了！"听到陈先生这一声声发自内心感谢的话语，此时小刘心里由衷地有了一种满足感。

【做一做】
结合服务标准的相关知识，请你评价小刘的做法？

参考方案

一、分解服务环节

该企业为快递企业，其服务包括揽件、收件、分拣、封发、运输、投递，以及查询、申诉、赔偿等几大环节。

二、确认客户需求

在快递服务过程中，最常用的确认客户需求的方法就是直接向客户了解服务需求，向客户询问货物的尺寸、重量、送货时间要求、收货及送达地点及包装要求等信息，明确客户的真实需求，并及时提供服务。

三、结合服务环节确定关键因素

通过与客户座谈或问卷调查分析等方法，收集各环节客户反映的需求，进行提炼汇总，确定关键因素主要集中在以下几个方面：
1）时效性：快件投递时间不应超出快递服务组织承诺或约定的时限。
2）准确性：快递服务组织应将快件投递到约定的收件地址和收件人。
3）安全性：快递服务组织应建立完备的安全保障机制，确保寄递安全、快递服务人员和用户人身安全、用户信息安全。
4）方便性：快递服务组织在设置服务场所、安排营业时间等方面，以及在收寄、投递、查询、投诉处理等环节，应考虑用户需求，以便为用户服务。

四、结合关键因素确定服务标准

1. 时效性

首先确定服务时限标准，快递服务时限是指快递服务组织从收寄开始，到第一次投递的时间间隔。除了与用户有特殊约定（如偏远地区）外，服务时限应满足以下要求：
1) 同城快递服务时限不超过 24 小时。
2) 国内异地快递服务时限不超过 72 小时。

另外，该企业可以通过设置时限准时率 100%，信息上网及时率 100%，超时给予赔偿等服务标准，确保时效性。

2. 准确性

该企业可以通过设置投递准确率 100%、快件丢失率为 0，凡丢失一律按服务条款进行赔偿等服务标准来保障服务的准确性。

3. 安全性

安全性方面通过设置快件丢失率、快件损毁率、快件延误率等服务标准，包括要求收件送件人员必须统一穿着具有组织标识的服装，并佩戴工号牌或胸卡，着装达标率 100%，让客户感觉到服务的安全。

4. 方便性

快递服务组织在设置服务场所、安排营业时间等方面，以及在收寄、投递、查询、投诉处理等环节，应考虑用户需求，以便为用户服务。

为达到方便性服务，为满足快件提供跟踪查询服务，该企业可以要求相关环节服务人员必须记录收寄、分拣、封发、转运、投递等各环节信息，制定记录反馈信息标准；同时，为方便顾客，确定取件时间在 2 小时内完成的服务标准，且上门必须带好必备的快递运单、封装用品和计量器具等，最终实现方便性服务的要求。

五、经常开展客户调查，不断更新服务标准

技术进步日新月异，标准更新也随之加快，每周都会有新的国家标准和行业标准实施，旧的标准被替代或者作废，所以该企业应密切关注客户需求变化，不断更新完善服务标准。

思考与练习

一、名词解释

客户服务　服务标准　系统柔性　可得性　可靠性

二、思考题

1. 你认为服务标准是最高服务质量吗？
2. 怎样平衡服务标准与客户的个性化需求？

三、技能训练题

1. 实训内容：制订物流服务标准。

2．实训要求：根据实训情景的内容，按照某国际电子通信企业的服务要求，制订某物流公司针对某国际电子通信企业物流服务的专门标准。

3．实训情景：

某国际电子通信企业的服务要求：

一是要提供 24 小时的全天候准时服务，主要包括：保证公司中外业务人员，天津机场、北京机场两个办事处及双方均有负责人 24 小时联络畅通；保证运输车辆 24 小时运转；保证天津与北京机场办事处 24 小时提货、交货。

二是要求服务速度快。公司对提货、操作、航班、派送都有明确的规定，时间以小时计算。

三是要求服务的安全系数高，要求对运输的全过程负全责，要保证航空公司及派送代理处理货物的各个环节都不能出问题，一旦某个环节出了问题，将由物流服务商承担责任，赔偿损失，而且当过失在到一定程度时，将被取消做业务的资格。

四是要求信息反馈快。要求物流公司的计算机与公司联网，做到对货物的随时跟踪、查询，掌握货物运输的全过程。

五是要求服务项目多，根据公司货物流转的需要，需要提供包括出口运输、进口运输、国内空运、国内陆运、国际快递、国际海运和国内提货的派送等全方位的物流服务。

任务三　评估与改进服务质量

知识目标
1．理解客户满意与客户忠诚
2．理解服务质量评价的难度
3．熟知物流服务质量衡量标准包括的内容

能力目标
1．能够建立物流服务水平确定的基本准则
2．能够依据企业的现状提出具体的服务质量改进措施

任务引入

请阅读下面的背景描述，如果你是该公司在某国际家居零售企业项目的驻店负责人，你会从哪些方面规范企业的服务质量并在配送环节采用哪些具体的指标控制服务质量？

背景描述

ABC物流是在中国成长最迅速的专业第三方物流公司之一。作为供应链物流运作专家,目前所涉及的行业领域包括服装、家居、制造业、化工业、快速消费品和电子商务。而在每个行业领域,该企业都争取到了国内著名品牌的客户,如耐克、C&A、宜家、玫琳凯、淘宝等。

该物流公司总裁认为,这些成绩的取得关键在于企业"想客户之所想,服务好客户的客户"理念的引导,公司的价值体现在为客户提供超出期望的服务。在具体的行为上主要体现于两点:①ABC物流凭借强大的IT后台系统支撑,为不同的客户量身开发前端系统,两者完美衔接,满足不同行业不同的需求;②严格按照客户的需求不断完善公司的服务质量。如今ABC物流的客户满意度已从最初的90%提高到了99%。

任务分析

物流业是竞争较为充分的行业,国外巨头、国有企业和各种规模的民营企业在该行业中蓬勃发展,竞争异常激烈。拥有较多的忠诚客户就成为每家企业的目标。而客户忠诚形成的策略来源于影响客户感受的因素,因而评价与持续改进服务质量成为物流企业保持竞争力的有效策略。

要做好此项工作,我们需要具备服务质量的评价知识,物流服务水平和物流服务质量评价指标体系的知识。

相关知识

一、客户满意与客户忠诚的关系

客户满意是由客户实际感知的服务水平与其所期望的服务间的差异决定的,而客户忠诚是指客户受产品、服务、价格或其他重要因素的影响产生对某品牌或企业的信赖、维护以及持续重复购买的一种心理倾向和行为。

客户满意是造就客户忠诚的基础,离开了客户满意,客户忠诚便无从说起。两者之间的关系见图5-6。

从图5-6中可以看出,最满意的15%的客户具有相当高的忠诚度,而最不满意的15%的客户会主动去寻找其他更好的选择。居于两者间的70%的客户则抱着无所谓的态度。这就意味着,就算客户对企业的产品或服务满意(没有到非常满意的程度),仍有不小的概率会离开企业。因此,认清是哪些因素在制约着客户满意是至关重要的。

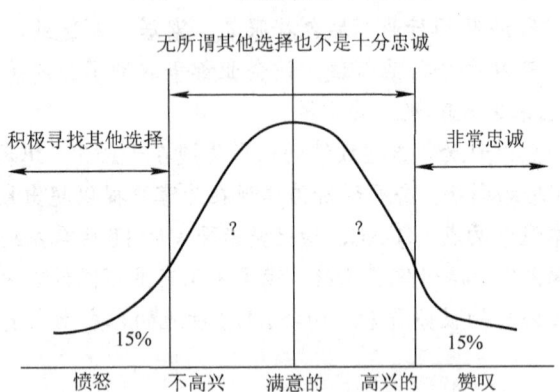

图 5-6　客户满意与客户忠诚的关系

二、评估与改进服务质量的步骤

随着物流行业的快速发展,市场竞争日益激烈。物流企业如何留住客户,实现客户忠诚也就显得越来越重要。客户忠诚的实现,可以按照下列步骤来进行。

(一)结合公司战略确定客户服务水平

追求利润是企业最根本的动机,但企业为了追求长期利润,将会从战略角度出发放弃一定的利润,进而达到寻求占有市场、打击对手的目标。比如,当企业客户服务水平为80%(在这里不妨用送货准确率来衡量服务水平)时,市场占有率为30%,企业利润1000万元,利润达到最大值;当服务水平上升为90%时,由于成本大幅增加,企业利润下降为800万元,但由于服务水平高于对手,市场占有率上升为50%,这时企业用20%的利润削减为代价就能得到市场占有率增长到67%,显然企业愿意采用90%的客户服务水平作为目标,达到占有市场、排挤对手的目的。但如果利润大幅下降为200万元,这时即使市场占有率上升到80%,但利润急剧缩减80%对企业来说是不可接受的,此时企业就不会采用90%的客户服务水平作为服务目标。也就是说在竞争战略下,企业确定客户服务水平是从成本、利润和市场占有率等因素综合考虑的。

(二)选择客户最关心的指标来衡量服务水平

对于物流业来说,客户服务是所有物流活动的产出,客户服务水平的高低直接关系到客户的满意度和忠诚度,因此物流企业应科学地设置企业物流服务水平。客户满意与否与客户对服务的期望密切相关,客户的期望是开展优质服务的先决条件,提供优质服务的关键就是要超过客户的期望值,因此物流企业必须要深入各行各业,了解不同客户的期望。

不同行业客户期望的服务不完全一样,因此,物流企业应根据自己的服务特性,进行必要的客户调查,从客户的角度出发确定客户服务水平衡量指标。比如,客户电话订购比萨,此时客户最关心的是在时间和空间上送货的准确性,这时可以用送货的准确性来衡量客户服务水平。根据调查,在电子产品市场上客户比较看重误差处理的质量、方便性、时效性;而在生鲜品市场,客户更看重送货的时效性及货品的完好程度。

(三)为服务指标分配权重进行综合评分

权重是一个相对的概念,某一指标的权重是指该指标在整体评价中的相对重要程度。通常来说,设置权重的方法见表5-6。

表5-6 设置权重的方法

方　　法	说　　明
主观经验法	考核者凭自己以往的经验直接给指标设定权重,一般适用于考核者对考核客体非常熟悉和了解的情况下
主次指标排队分类法	这是比较常用的一种方法,也称ABC分类法。顾名思义,其具体操作分为排队和设置权重两步:排队是将考核指标体系中所有指标按照一定标准,如按照其重要性程度进行排列;设置权重是在排队的基础上,按照A、B、C三类指标设置权重
专家调查法	这种方法是聘请有关专家,对考核指标体系进行深入研究,由每位专家先独立地对考核指标设置权重,然后对每个考核指标的权重取平均值,作为最终权重

同样的指标,对于不同的部门和人员来说,各个指标的权重应不一样;不同来源的数据权重也是不一样的。考核实践中,物流企业应综合运用各种方法科学设置指标权重。通常的做法是主要根据指标的重要性进行设置,并可根据需要适时进行调整。

物流企业可以通过上述方法为客户最关心的指标确定权重,对各种物流服务指标以加权法整合起来综合评价企业的客户服务水平,比如 $m = k_1m_1 + k_2m_2 + k_3m_3 + \cdots + k_im_i$,$m_i$和$k_i$分别表示第$i$个衡量指标值及其权重。结合上述公式,在表5-7中计算客户的综合评分情况。

表5-7 物流企业客户服务等级标准及综合评分值

最关心的评价指标	送货的准确性	方便性	误差处理的质量	货品的完好程度	订单跟踪反馈情况
权重	35%	15%	15%	30%	5%
客户评分 (满分为100分)	98	100	98	95	90
综合服务水平得分	=98×35%+100×15%+98×15%+95×30%+90×5%=97分				

(四）对企业的客户服务水平实施定期评估与完善

物流企业定期地调查了解客户最关心的服务指标，并进行权重分配，进行服务水平评估，可以帮助企业发现目前服务水平有没有达到设定的标准，为及时改进服务提供依据。只有按照市场情况、竞争对手水平、客户的反馈、服务环境的改变，适时调整服务水平，才能实现服务、成本与竞争力之间的平衡。影响企业服务质量的主要因素有：

1. 客户期望——企业认知之间的差距

很多情况下，企业的管理者并没有真正地理解客户对于企业服务的期望，也没有了解影响客户期望的主要因素。例如，在很长的一段时间内，大型维修服务企业始终认为，先进的设备是高质量服务水平的根本保证，因此他们很难理解有些客户类似的抱怨，服务人员常常是风风火火地来到现场，对客户的提问置若罔闻，甚至在维修过程中不给任何理由就离开现场。

提供服务的企业管理层很难一直对客户的需求保持深入、全面的了解，这正是影响高水平服务质量实现的原因之一。

2. 企业认知——提供服务之间的差距

在准确理解客户需求的前提下，除了条件和环境因素的限制，影响企业对客户期望满足的另一个因素是服务本身所具有的特点，即整个服务过程的抽象性。因为服务自身所具有的特性，使得企业即使认识到客户的期望，也很难准确地提供给客户所需要的服务。例如，人们在假期去海滨度假时，往往追求一种轻松和浪漫的氛围，对于旅游企业来说，即便认识到这种期望，也很难将每个人的要求定义出来，难于将这种需求准确提供给客户。

【想一想】
你认为物流企业可以采取哪些措施缩小此差距？

---

3. 服务提供——服务传递之间的差距

因为服务具有无形性、易逝性等特征，使得服务的提供成为客户参与、互动、不可分离的过程。即使服务企业的管理层拥有优质服务的理念，也很难对服务程序完全标准化，以保证一线员工的表现符合预期。因此，能否保证与客户发生接触的企业员工的高服务水准就成为影响物流企业服务质量的重要因素。

4. 服务传递——外部沟通之间的差距

对于服务企业而言，媒体广告等外部沟通方式也同样有重要的作用，外部沟通不仅能够影响客户期望，还会对服务质量的实现程度造成影响。在对美国金融服务业管理人员的一次访谈中，许多管理者都谈到企业曾经忽略了与客户沟通某些特别事项，而正是这个原因影响到了客户对于企业服务的评价。银行也在很长的时间里认为,客户对交易柜台之外银行运作的流程、内容并不感兴趣。而实际上当消费者意识到一个企业在始终不断地为客户提供最好的服务时,他们对这个企业的好感就会增加,也就更容易对该企业的服务给出较为满意的评价。这点体现在银行业就是现在有些银行开始利用在线终端服务来向消费者展示银行运作的过程,使消费者了解到,银行始终在坚持不懈、全方位地为客户提供可靠、优质的服务。

【想一想】
你认为物流企业可以采取哪些措施缩小此差距?

(五)持续提高服务质量的基本思路

前面从利润最大化和满足竞争需要原则讨论了客户服务水平的确定方法,从中可以看出企业的客户服务水平应根据企业的经营状况而定,一味地追求高水平客户服务和在低水平客户服务上停步不前,都是不可取的。在科学管理的基础上,物流企业应积极应用新技术、新设备,同时依靠先进的管理方法改进客户服务质量,是见效快、成本低的企业经营策略。

1. 提高服务的可靠性

物流服务的质量与物流服务的可靠性密切相关。物流活动中最基本的问题就是如何实现可得性及提高作业完成能力,这对于有些客户来讲要远远重要于时间因素。通常来讲,可靠性可以直接影响到客户的缺货成本和存货水平。因此,物流企业无论提供什么样的服务水平,都要尽可能保持100%的稳定性。如果给定的一项运输作业第一次花费了2天时间,而第二次却花费了6天时间,这种意想不到的变化就会使物流作业产生严重的问题,就需要增加安全储备存货,以防措手不及的服务故障。

2. 强化服务的及时性

快速反应已成为物流发展的动力之一。传统的观点和做法将加快反应速度变成单纯对快速运输的一种要求,而现代物流观点则认为有两条途径可以使过程加快:

第一条途径是提高运输基础设施和设备的效率,如修建高速公路、铁路提速,制定新的交通管理办法,提高汽车的行驶速度等。

另一条途径是优化电子商务系统的配送中心、物流中心网络,重新设计适合电子商务的流通渠道,以此来减少物流环节,简化物流过程,提高物流系统的快速反应能力。这一种方法具有较大的推广价值。

3. 保证服务的灵活性

物流企业的物流服务灵活性能的高低,直接关系到在始料不及的情况下,如何及时妥善地处理问题的能力。需要企业灵活作业的典型事件有很多,如:

修改基本服务安排，支持独特的销售方案和营销方案，新产品引入，产品回收，特殊市场的定制，在物流服务过程中的定制化服务等。

物流企业的整体物流客户服务能力取决于在满足关键客户的需求时所拥有的"随机应变"的能力。物流企业应根据客户的产品、市场策略、行业、管理模式采取多样化和个性化的服务模式，如为客户配备专门的服务小组，进入客户企业的作业现场、采用同客户兼容的计算机系统等措施来提高服务的灵活性。

由以上措施制定的某物流企业客户服务质量考核指标见表5-8。

表5-8 物流客户服务质量考核指标

指　标	具体指标	考核周期	指标定义公式
服务可靠性	缺货频率	月/季/年度	$\frac{缺货订单数}{订单总数} \times 100\%$
	订单延迟率	月/季/年度	$\frac{延迟交货订单数}{订单总数} \times 100\%$
	无误交货率	月/季/年度	$\frac{按客户要求交货数}{交货总数} \times 100\%$
	货损与货差率	月/季/年度	$\frac{货损与货差货物数量}{货物总数} \times 100\%$
服务及时性	订单按时完成率	月/季/年度	$\frac{按时完成订单数}{订单总数} \times 100\%$
	送货准时率	月/季/年度	$\frac{按时送货次数}{订单总数} \times 100\%$
	数据与信息传输准时率	月/季/年度	$\frac{传输准时次数}{传输总次数} \times 100\%$
服务的灵活性	急订单响应率	月/季/年度	$\frac{未超过12小时出货的订单数}{同期订单总数} \times 100\%$
客户满意度	客户投诉率	月/季/年度	客户投诉的次数之和
	有效投诉率（由物流服务商过失所引起的）	月/季/年度	$\frac{有效投诉及订单数}{订单总数} \times 100\%$
	处理客户投诉的效率	月/季/年度	从客户投诉直至投诉有效处理所间隔的全部时间

任务实施

参考方案：

一、提供个性化服务

某家居品牌是国际知名家居品牌，组合、组装家具是其产品的普遍特征，一套家具由很多零部件组成，这些零部件如何又快又精准地从仓库中拣出、又如何按照行程远近配送等就成了服务过程中的难点问题。

根据这个特性，ABC 物流打破曾经的物流服务的单一模式。按照该家居零售企业的要求，定制开发了新系统，也就是城市配载系统，赢得了该企业的信任。ABC 物流在提供基本物流服务之外，还依照该企业的运营模式为客户提供了个性化增值服务——安装服务，降低了客户的服务成本。

二、记录服务质量关键表现指标，进行服务质量监控

某家居企业每个月都会对 ABC 公司提供的物流服务进行考核且非常严格。该家居企业会在其会员中，通过随机抽取的方式，进行调查反馈，最后对全国所有店进行排名。如果 ABC 物流不达标，就要进行整改。ABC 物流每个月都会与该家居企业开月度会议，检查 KPI 指标、客户满意度、送货准时率、送货的完成率、破损率、送货员满意度等方面的工作，是不是按照某家家居流程完成的。

为了不断提高服务品质，ABC 物流在日常的服务操作中采用了表 5-9 对服务质量的关键指标进行记录。

表5-9　业务操作 KPI 日报表

前台				配送及仓库				安装			
KPI	日期	日期	日期	KPI	日期	日期	日期	KPI	日期	日期	日期
送货登记票数				车次				安装票数			
安装登记票数				送货票数				安装金额			
作业人数				送货准时票数				作业人数			
人均接单量				送货准时率				人均作业量			
接单错误数				送货投诉票数				安装不准时票数			
接单错误率				送货投诉率				安装准时率			
前台投诉数				投诉扣款				异常作业票数			

然后采用表 5-10 对 KPI 日报表中反映的信息进行整理及分析，对各业务环节的服务质量进行监控。

表5-10　业务部门服务质量分析表

部门 分析项目	前台服务	配送及仓库服务	安装服务
存在的突出问题			
整改建议			
整改结果			
其他待改善的问题			

在客户家里进行的安装服务是服务品质监控中的难点。ABC 物流采用了客户

服务反馈单（见表 5-11）的形式对服务人员的服务过程进行管理。

表 5-11　客户服务反馈单

尊敬的顾客：

为了不断提高我们的服务水平，为您提供更好的服务，请您抽出宝贵时间完成下列服务质量反馈单，以协助我们做好改进工作。非常感谢您的合作！

安装前有没有提前通知您	安装是否准时	安装人员是否带齐工具和配件	产品安装完成后安装人员有没有主动请您验收	安装时是否对地面和墙壁采取保护措施	服务完成后，是否将您家地面清理干净	安装上墙前是否提前检查墙体状况	若出现产品问题是否主动联系该家居企业的服务热线	安装服务是否一次性完成	您是否还有其他建议和反馈

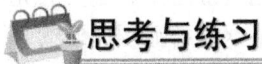

思考与练习

一、名词解释

客户忠诚　主观经验法　主次指标排队分类法　专家调查法

二、思考题

1．请说明如何分配各项服务评估的权重。

2．请思考影响物流服务质量的原因有哪些。

3．请说明制定物流企业服务水平的原则是什么。

4．请选择一家中小型物流企业，分析该企业的服务质量评价指标和结果，针对客户对该企业服务质量的评价，提出具体的、可行的服务质量改进建议。

三、技能训练题

1．实训内容：掌握客户服务质量管理工作。

2．实训要求：请选择一家中小型物流企业，分析该企业的服务质量评价指标和结果，针对客户对该企业服务质量的评价，提出具体的、可行的服务质量改进建议。

任务四　管理物流客服人员

知识目标

1．了解"以客户为中心"的文化本质

2．了解"以客户为中心"物流企业的文化构建

3．了解物流企业员工激励方法

能力目标

会分析实际物流企业文化构建中"以客户为中心"理念的具体表现

模块五 物流客户服务控制

任务引入

请阅读下面的案例,并回答相关问题。

1. 从企业发展的角度来看,该物流企业的经营理念和文化构建方面是否存在问题?请说明问题并解释问题的原因。
2. 分析企业当前的激励机制,除物质激励外,还应该结合哪些激励方法?
3. 根据排班现状,向企业提出物流员工管理方法的建议。

背景描述

某物流公司是一家中型国有企业,员工的离职率较高,流失率大,其实这也是物流企业普遍存在的问题。该物流公司在A区的分公司中,大部分库房较陈旧,仓库闷热,货物杂乱,地面多是灰尘,信息化水平低,设备简陋,装卸货的工人常进行抛货或扔货等野蛮操作。

公司全体员工大部分年龄偏大,文化程度不高,整体素质较低:学历方面,学历较低的中技及初中比例最多,为73%。物流职业资质结构方面,高级工仅有2%,中级工17%,初级工54%。各层次的员工希望通过培训提高自身的业务知识和能力。

公司领导管理层的理念过于简单,就是如何降低成本,追求效益,哪一种方式更能赚钱就采用哪一种。因为业务量较大,公司实行"三班倒"的排班制度。而且有部分员工经常性上晚班,对此颇有怨言。公司对客户需求的挖掘不够重视,对公司的服务质量、员工的服务态度也不做太多要求。同时,受片面追求效益理念的影响,该公司的领导层认为在人力资源管理方面,只要是物质激励就能激发员工工作的积极性。除了按国家规定与员工都签订了劳动合同,福利方面给员工购买失业保险、工伤保险等保险,还会发放季度和年度优秀员工奖金。其他的激励方式则较少使用。

任务分析

物流企业的经营离不开企业文化的构建。该企业的领导管理者追求的是效益而忽视了客户这一中心,尤其是企业内部客户。"以客户为中心"是帮助物流企业在行业立足,拥有核心竞争力的重要方向标。如何建设"以客户为中心"的企业文化是物流企业应该思考的。为了配合以上物流企业文化的构建,企业应该重视内部客户,合理有效地运用激励员工的方法。除了基本的物质激励以外,必要的精神激励也是必不可少的。同时,配合激励机制,还应该采取较为合理的科学排班制等方法对员工进行管理。

相关知识

一、"以客户为中心"的物流企业服务文化构建

随着网络经济和电子商务的发展,物流企业已从只注重运营效率的提高转变为关心客户需求,形成"以客户为中心"的管理理念。建立并维持良好的客户关系,已经成为获取独特竞争优势的最重要基础,为打造企业的核心竞争力提供了先进的管理理念指导。

企业文化是物流企业的一种无形资产,属于物流企业的意识形态领域,它可以使物流企业全体员工有相同或相近的价值观,使员工在完成任务的过程中,能够有效地协调并默契协作,从而更有凝聚力和冲击力。建构"以客户为中心"的物流企业文化,具体应从以下途径着手:

1. 企业领导高度重视客户和服务质量,是形成物流企业文化的关键

企业文化在某种意义上是企业领导意志力的体现,企业文化要靠企业领导身体力行,要靠企业领导集体的呵护。只有企业领导在思想上树立"以客户为中心"的观念,根据客户需要和期望的服务标准,采取有力的管理措施,以自身的行动向全体员工灌输企业的价值观,在每一项工作中体现这种观念,并形成核心的示范性的影响力;同时,注意感情沟通,以平等、真诚友好的态度对待下属,取得他们的信任,大大增强自身言行对员工的说服力和感染力。一位较成功的领导者应具备以下基本特点:以客户为中心的观念、高标准和职业道德等。

2. 重视员工培训,是创建物流企业文化的基础

企业员工直接接触客户,是服务行为的提供者。服务客户的过程是一个需要知识和技能的互动过程,也是一个学习和积累经验的过程。员工的素质、知识和性格等都会影响到服务质量、客户的满意度以及忠诚度。因此,物流企业应对员工进行以下多种培训:专业知识培训、交际能力培训与了解客户技能的培训。物流企业通过培训,让全体员工了解客户服务概念、企业战略目标、企业竞争策略,掌握服务知识和技能,增加服务意识。

物流企业应积极强化员工行为,使之形成企业文化。人的合理行为只有经过强化、予以肯定,才能重复出现,成为习惯。因此,物流企业应对符合"以客户为中心"的行为要在培训中不断强化,使之为全体员工所接受,逐渐形成企业文化。

3. 以人为本的理念,深化"以客户为中心"的文化精髓

客户是相对于物流服务提供者而言的,是所有接受服务的组织和个人的统称。客户包括外部客户和内部客户。内部客户是指接受和使用上游环节服务的部

门、岗位和员工。因此,员工也属于物流企业的内部客户。

物流企业是劳动密集型企业,也是物流员工的集合。企业的行为是员工活动的集成,因此在物流企业内部更要实行"以客户为中心"这一价值标准,体现了物流企业需要人格化、人性化的本质。如何尊重员工、关心员工、鼓励员工、规范员工行为,发扬团队精神、刻苦精神和进取精神,已成为重要的企业文化。中外运的"服务创造价值"文化、宝供物流的"客户满意、主人翁精神"文化、德邦的"工作在德邦、发展在德邦、快乐在德邦"的人本文化等都是具有参考意义的。

二、物流客户服务的工作特点

与其他服务行业相比,物流企业的客户服务具有以下特点。

1. 服务对象的多重性

当前的物流服务大多是第三方物流,与其他服务行业有很大不同,物流企业通过提供货物的运输、仓储、配送等物流服务连接货物的供需双方,也就是介于买者和卖者之间的"第三者",无论进行单项服务还是综合服务都要同时面对至少两个以上的服务对象。

2. 服务方式的个性化

由于物流企业所面对客户的行业、地域、规模、合作熟悉程度和合作阶段都有较大的差异性,不同的客户存在不同的物流服务需求。因此物流企业必须根据客户在业务流程、产品特征、竞争需要等方面的不同特点,提供针对性强的个性化物流服务和增值服务。

3. 服务过程的一体化

物流企业,尤其是第三方物流的客户服务贯穿物流操作的全过程,如简单的有地面搬运;复杂的包含库存管理、国际多式联运、增值加工等环节。为满足客户对货物流转过程透明度的要求,物流企业还应当具备同步反馈操作信息的能力,随时准备答复客户的咨询,其间均渗透和凝结了客户服务的细节观念。

4. 服务标准的复合性

商品的交易过程涉及物流、资金流、信息流,物流企业在提供服务的过程中,所牵涉的环节和人员都比较多。比如第三方物流的货代公司为进出口企业办理货物的海运服务,就需要和海关、银行、承运人、出口公司、进口公司等众多企业打交道。因此其服务满意度的衡量不局限于单一的服务人员或部门,而是跨企业、跨部门、跨职能的综合效应的汇总。

5. 服务评价的指标性

物流客户服务有一整套业绩评价体系,如订货周期和可靠性评价、从客户订货到送货的时间、存货的百分比、仓库备货时间、无货损百分比、仓库收到订单的完成百分比等评价指标。

6. 服务周期的特殊性

物流客户服务是为了满足客户需求而开展的一项特殊工作，服务周期较长。例如，仓储公司有储存周期，运输公司也存在运输时间和暂时保管时间等。

同时，物流企业的上班时间通常实行"三班倒"制，即早、中、晚三个上班时段，每班8小时轮换上班的工作制度。因此，员工每周或每月一般都会有上晚班的经历，在物流公司上晚班的现象比较常见，其他班次也会因业务量加大而时常加班。这对于人的作息习惯和工作效率提出了较大的挑战。

三、物流员工的管理方法

根据以上物流客户服务的工作特点，得出以下有效的客服人员管理方法，以提高客服工作的效率，提升客户服务的质量和水平。

1. 科学排班方法的运用

理想的排班状态是：在充分保证公司运营的需要，工时合法化的基础上，保证员工的休息时间和工作期间的高效率，并且为大多数员工认可和接受。

为达到以上的理想状态，科学排班应考虑的因素有营业时间、客流、淡旺季、外部单位工作时间、上月结余工时、工作量、业务熟悉程度等。在充分沟通的基础上，管理人员应根据员工个人的专业能力、年龄资历、处理紧急突发事件能力等合理搭配，加强高峰时段和中午、晚班等薄弱环节时段的服务力量，而且每班都设有责任人加强服务工作的督促和管理。人性化的排班方式更容易得到员工的认可和执行。

2. 物流企业部门日常管理规范（以某物流公司的客户服务部为例）

（1）日常考勤管理规定

1）考勤实行打卡制度，工卡作为出勤记录。

2）公司实行每周5天、每天8小时的工作制度，每周六、周日为休息日。因公司业务需要，员工有义务在节假日有偿加班，公休日加班工资为基本工资的200%，法定节日（如"五一"等）为基本工资的300%。

3）正常出勤时间为8:30—17:30，12:00—13:00为午餐时间，晚班时间：17:00—23:00。员工迟到在10分钟内记迟到一次，迟到时间超过10分钟或月累计迟到3次者按旷工一天处理，累计5次迟到者，按旷工2天处理。

4）因公外出，超过下班时间，由主管领导签字，确认出勤。下班不打卡者，累计三次按旷工一天处理。

5）不得以任何理由替他人打卡，违反者罚款100元。

（2）员工行为规范

1）工作及日常生活中，要使用文明用语：待人要热情礼貌，见面要主动问好，要认真聆听他人说话，不敷衍。

2）爱护环境，不随地吐痰，不乱扔杂物、纸屑、烟头。

3）工作时间严守工作岗位，专心工作，不串岗，不闲聊，不打私人电话。

4）忠诚公司，服从领导，勤奋工作，谨记个人言行代表公司的形象。

5）办公文明，保持环境整洁有序，下班时应整理好个人办公用品，摆放整齐。

6）举止大方，言行文明，待客礼貌，热情稳重，微笑服务。

（3）客户服务奖惩规则

作为直接面对客户展开服务工作的一线员工，物流公司一般采用以下的服务规则给予奖惩。

凡有下列行为，且有具体事实为证者，应给予奖励：

1）服务满足客户要求，挽留住了可能转移的客户。

2）解决了公司与客户之间的纠纷。

3）增进了公司与客户间的友谊。

4）热心并从实践中维护了公司的形象。

5）认真执行工作，获得客户好评。

6）凡有三次获公开表扬者，应于第三次表扬时给予奖励纪念章，并以物质奖励。

7）凡获三枚徽章者，颁发奖状，给予荣誉带薪休假奖励，并加以更高的物质奖励。

凡有以下行为并且有具体事实为证者，应予以私下劝导：

1）对客户态度冷淡不佳。

2）与客户争执。

3）未能维护工作区域整洁，使公司声誉受损。

4）不愿与客户保持良好联系。

5）不遵守公司客户服务规则。

凡有下列行为，并且有事实为证者，应予以解雇处分：

1）因工作失职，导致客户不满，与客户发生口角，不愿道歉，以致影响公司形象。

2）无故对待客户态度恶劣，蓄意制造执行过失。

如有其他未规定的具体事实，由单位主管呈报总经理核定。

3. 客服人员的考核方法

为了全面了解并评估客服人员的工作绩效，发现并激励优秀客服人才，为公司人力资源工作开展提供合理的依据，物流企业应对客服人员的考核管理实行控制。

（1）客服人员绩效考核工作必须遵循的原则

1）公开。考核过程必须制度化、公开化。

2）客观。考核必须用事实标准说话，切忌带入个人主观因素或猜想臆想。

3）沟通与反馈。在对客服人员进行绩效考核的过程中，需要考核人与被考核人进行充分沟通，听取被考核者对自己工作的评价和意见，使考核结果公正、合理，促进绩效改善。

4）时效性。绩效考核应对客服人员考核期内工作成果进行综合评价，不应将本考核期之外的表现加于本次的考核结果之中。

（2）考核频率确定控制

考核人员负责确定本公司每个客服岗位的考核频率，一般情况下，员工考核包括月度和年度考核两类。

1）月度考核是指对客服人员每月表现进行考核。通常在次月的某日进行，数个工作日内结束。

2）年度考核是指对客服人员每年度表现情况进行反馈。通常在下一年度 1月的某日开始进行，并在数个工作日内结束。

（3）考核方法确定控制

考核人员需根据客服人员岗位确定以下的两种具体考核方法：

1）量表评定法，对客服人员工作质量、工作效率、工作技能等做出评定。

2）关键事件法，主管人员记录每位客服人员在工作中的最佳行为和不良行为，然后根据记录的情况来评估员工的绩效。

（4）考核标准制定程序

1）客服部门确定客服人员考核目标。

2）人力资源部考核人员与客户服务部相关人员一同制定考核标准。

3）考核标准送客户服务部人员确定，经过客户总监审核，人力资源部经理、总监核准后实施。

4）确定考核内容。本公司需对客服人员实施三个方面的考核，各个方面的具体考核方法与内容见表 5-12。

表 5-12 考核方法与内容

序 号	考核方面	考核办法	具体考核内容
1	态度考核	对员工在职务工作中表现出来的工作态度进行观察、分析、总结、评价	工作主动性、积极性和责任感
2	能力素质考核	通过观察客服人员职务工作行为,评价员工的专业知识和工作能力	专业知识考核、亲和力考核、人际沟通能力考核
3	岗位业务考核	对客服人员工作完成情况、工作成绩、效率和质量等进行观察、分析、总结、评价	参照客户满意度、工作量、客户资料完整性

（5）考核工作实施

客户服务部各业务主管人员具体负责下属客服人员的考核实施。公司人力资源部给予考核指导与协调，并汇总绩效考核结果。考核人员必须严格按照考核标准，对员工进行公平合理的考核。考核人员需在规定时间内完成考核工作。

1）考核结果汇总。客户服务部应在考核开始后的数个工作日内，将本部门的绩效考核结果交送至公司人力资源部。

人力资源部对客户服务部考核结果进行汇总，并对客服人员日常考勤情况进行统计。

人力资源部对各项考核结果进行汇总，并计算出各客服人员本期考核得分。

2）绩效面谈。客户服务部经理或主管必须在考核结束后一周内安排绩效面谈。

绩效面谈应对客服人员反馈绩效考核结果，并使其提出下一阶段改进目标。

3）考核结果申诉。如果双方沟通之后，员工对考核结果存在异议，可向客户服务部经理或人力资源部提出申诉。

申诉受理者需在受理日起数个工作日内做出处理，并将处理意见反馈给申诉人。

（6）考核结果应用

人力资源部根据公司的相关制度，将员工的绩效考核结果运用在薪资、职务的调整等方面。

被考核人应在绩效面谈的基础上，确定下一考核周期的绩效目标和改进计划。

（7）客服人员考核表（见表5-13）

表5-13 客服人员考核表

考核类别	□ 试用考核 □ 月度考核 □ 季度考核 □ 年度考核				
考核期间	___年___月___日～___年___月___日				
被考核者		职位		所属部门	
考核者		职位		所属部门	
考核得分情况	考核内容	分值		得分	备注
	公司规章制度遵守情况				
	工作主动性				
	工作积极性				
	工作责任感				
	服务态度				
	专业知识与工作技能				
	信息收集情况				
	报修及时率				
	客户投诉处理满意率				
	客户回访率				
加减分事项	1. 加分事项说明				
	2. 减分事项说明				
	考核得分				
考核评价					
部门经理	签名：		日期：___年___月___日		
人力资源经理	签名：		日期：___年___月___日		

四、物流企业员工激励

物流企业经营要服务好两个客户:一个是外部客户;另一个是内部客户,即员工。只有首先服务好内部客户,使员工满意,才能让员工更愉快、更有效率地为外部客户服务,使外部客户更满意,从而使企业获得良好的经济效益。让员工满意的一大法宝就是激励。激励就是企业通过满足员工的需要,使其努力工作实现组织目标的过程。员工在激励的驱动下,付出的努力不仅满足个人需要,同时也达成了工作绩效并实现了组织目标。

1. 激励的常见方法

(1) 物质激励

物质需要是人类的第一需要,是人们从事一切社会活动的基本动因。所以,物质激励是激励的主要模式,也是目前我国物流企业内部普遍的一种激励模式。物质激励是指运用物质的手段使物流企业员工得到物质上的满足,从而进一步调动其积极性和创造性。物质激励的主要表现形式有正激励,如发放工资、奖金、津贴、福利等。物质激励与相应制度结合起来,激励效应的实现也要靠相应制度的保障。物质激励必须公正,但不搞"平均主义",平均分配奖励就等同于无激励。

根据对我国物流企业员工满意度、离职原因的调查结果来看,目前物流企业员工最关注的福利项目有:签订劳动合同,购买社会保险、医疗保险,提供教育培训等。因此,物流企业可根据实际针对性地使用以下的一些福利项目:①按照国家规定签订劳动合同。②购买各种社会保险,如养老保险、医疗保险、失业保险、工伤保险、意外伤害保险等。③提供教育培训福利。现代物流企业需要的物流作业人才包括了仓储、运输、客户服务、信息处理和市场开拓等多个环节的业务人员,培训可培养一岗多能的人才。④改善工作环境和作业条件。

此外,还有医疗保健性福利、住房性福利、劳保或节日福利、奖励和庆祝等福利制度,物流企业可视具体情况选择使用。

【想一想】

中远物流有限公司的员工满意度较高,为员工提供了大部分他们较为关注的福利项目:对于每个入职员工均签订劳动合同,在员工福利方面,为员工购买社会保险、养老保险,另外还提供了劳动保护、职工体检、供养亲属医药费报销、困难救助,还有其他的福利:防暑降温费、降温用品、住宅取暖费、工装、生日礼券等。

中远物流有限公司提供的福利项目属于哪一种激励?

模块五　物流客户服务控制

【想一想】

联邦快递"激励胜于控制"管理的成功与其薪酬激励原则的构建是密不可分的。为了激励员工，联邦快递设计了多种奖项，并以薪酬激励来代替控制，让员工自觉地为企业奋斗，恰当表彰员工的卓越业绩。其中几种比较主要的奖励有：开拓奖：给每日与客户接触、给公司带来新客户的员工以额外奖金。最佳业绩奖：给对员工的贡献超出公司目标的团队一笔现金。这种薪酬激励促使全体员工专注于提高生产效率和服务客户。公司达到了前所未有的发展高峰，工作绩效接近100%，成本却降到了最低水平。

联邦快递设计了哪几种奖项以表彰员工？联邦快递对员工采取的薪酬激励实质是指哪一种激励？

（2）精神激励

物质激励是基本激励，往往只满足了员工较低层次的需求，非物质激励如个人成长和自我实现等则更具事半功倍的效果。根据我国物流发展的背景和企业员工的职业特点，企业应从以下几方面实施精神激励：

1）情感激励。情感是花费最少，但回报率最高的一项投资。企业管理者可以在企业中营造一种"家"的氛围和感情：相互理解，真诚沟通，参与决策，让公司上下（领导层和员工）都感受到同甘共苦的情感，让员工把自己的发展和公司的命运联系起来，激发工作热情，提高工作效率。

德邦物流"亲情1+1"管理模式有效地激励了员工的积极性：公司主要业务是汽车运输，约有15 000名员工，基本上司机都是进城务工人员，受教育程度较低。公司有一个成文规定，即每个月企业与员工各出100元钱合起来寄给员工老家的父母。这使员工及其家庭在获得物质保障之后对企业更加信赖。

2）荣誉激励。荣誉是企业对取得重大成绩、具有突出贡献的优秀员工赋予的精神奖励，能够给人精神上极大的满足，还能提高社会地位。物流企业可以通过每月或季度评优、年度创新、晋升职称等途径来实现荣誉激励，既能激励接受荣誉的优秀员工再接再厉，又能给公司上下树立学习的榜样，激励大家争当优秀，形成积极向上的工作风气和企业文化。

美国IBM公司有一个"百分之百俱乐部"，当公司员工完成他的年度任务，他就被批准为该俱乐部会员，他和他的家人被邀请参加隆重的集会。结果，公司的雇员都将获得"百分之百俱乐部"会员资格作为第一目标，以获取那份光荣。

3）成长激励。目前，物流企业的培训对象大部分是管理者，基层员工缺乏培训机会。从对物流企业基层员工的调查中了解到，大部分的员工对培训有着强烈的愿望，认为是企业为其提供的一项重要福利。同时，物流企业对知识面广、业务能力强、综合素质较高的物流人才需求大。因此，培训是实现企业和员工"双赢"的重要途径。在建立物流企业员工的教育培训体系时，对于基层员工，可以考虑以下方面的培训内容：①专业知识的培训。因为物流实际运作的面很广，要求员工掌握的知识有仓库管理、运输实务、国际贸易和物流法律法规知识等，所以物流企业应加强员工专业知识的培训。②培养岗位多面手。物流企业为降低成本，有时需要对实际岗位进行合并，同时员工的工作范围狭窄时，发展的空间也相对较小。只有工作丰富化，让员工更多地参与到物流服务工作的规划和设计，甚至是部分管理工作，才能增加他们的责任感和成就感。③物流作业综合能力的培养。物流企业员工的综合能力主要包括严谨的思维方式、综合的协调能力、团队合作能力、对信息技术的应用能力、对事故和紧急事件的处理能力等。

德邦物流推出搬运工、司机打字奖励机制，搬运工、司机打字超过了30个字/分钟，就奖励200元。目的是通过打字进行相关技能学习，让一线员工和更多人交流，和管理人员交流，甚至真正走上管理的岗位。某物流公司也曾有这样一个故事，一个员工在研究生招生中被录取，学校需要收取16 000元的学费，而该员工家境贫寒，公司得知以后，决定资助他10 000元，另外的6 000元采取借款方式，以后从他的工资中逐月扣除。

【想一想】

　　备受被"挖墙脚"之苦、被戏称为"总经理摇篮"的IBM公司，为了扭转大量"失血"的局面，推出了一系列挽留公司人才的措施。针对企业内部因人才过度竞争演变为内斗增多、沟通缺乏、感情较为淡薄的局面，企业提出了以沟通回归、感情留人为基本格局的人才管理战略，要求部门主管至少花50%的时间和下属沟通，并且以实施"小周末"鼓励员工在星期三穿便服上班，逐渐改变"蓝色巨人"过于强调严肃、正规的企业文化，加强情感联系和沟通，减少员工的工作压力和抑制员工间的权术政治，有效降低跳槽率。

　　通过上述案例，我们能从中得到关于员工激励的什么思考和启示？

任务实施

参考答案：

1) 从企业发展的角度来看，该物流企业的经营理念和文化构建方面存在着以下弊端：

该企业在经营理念上过于强调追求效益和眼前短期利益，但却忽视了能够给企业带来长久发展动力和优势竞争力的管理理念和文化核心——"以客户为中心"。企业所有的效益都是来源于客户，只有围绕客户的需求开展各项业务，才能赢得客户的满意，形成客户的忠诚度，从而扩大客户群范围，增加业务量和企业的利润。如果只是看到获利的结果，而忽略了成就结果的重要因素——"以客户为中心"，则企业只能获取短暂少量的利益，而将失去今后发展的能力和未来。

2）从物流企业人力资源管理的方面来分析，按国家规定与员工签订劳动合同，福利方面，为员工购买失业保险、工伤保险等保险，发放季度和年度优秀员工奖金，以上都是该企业所采用的物质激励方法。这些物质激励是员工的基本需求，因此在企业起步阶段是对其发展起到了促进作用，但是不可能一直推动企业的发展。除了物质激励，员工还需要更高层次的动力来驱动其积极工作，那就是精神激励。物流企业还应该结合情感激励、荣誉激励和成长激励等精神激励方法来为员工注入源源不断的工作动力，激发他们的工作热情，提高工作效率，最终达到为企业争取更大效益的目标。

3）在员工管理方面，排班应考虑公司自身的营业时间、客流、淡旺季、上月结余工时、工作量、业务熟悉程度等。在充分沟通的基础上，管理者应根据员工个人的专业能力、年龄资历、处理紧急突发事件能力等合理搭配，通过人性化排班，得到员工的认可和执行。

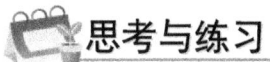
思考与练习

一、名词解释

企业文化　物质激励　精神激励

二、思考题

1．在物流企业进行"以客户为中心"的文化构建过程中，需要注意哪些方面的事项？

2．本模块中提到的物流企业员工激励方法都是属于正向激励，那么在物流企业的实操中，是否存在负向激励？有的话，请列举出来。

三、技能操作题

1．实训内容：调查某物流企业的文化构建情况和激励制度。

2．实训要求：选择一家中小型物流企业，分析该企业的文化建设和激励制度，列出其特点和优劣势。对于优点，请分析其对企业的具体促进作用；对于劣势和不足，请给出改进的具体建议。

参 考 文 献

[1] 陈嘉蕾，冯春蕾，孙丽琴．第三方冷链物流增值服务发展途径分析[J]．物流与采购研究，2009，556（45）：58-60．

[2] 颜静．振华物流——做客户亲密合作伙伴[J]．TRUCK&LOGISTICS，2011，（1）：102-103．

[3] 朱小宇，龙厚文，宾小昌，等．实施VIP客户服务管理战略，提高企业竞争力—广西翁氏八达物流有限责任公司柳州分公司的经营之道[J]．柳州师专学报，2009，24（9）：90-93．

[4] 陈壁辉，何海军．对我国物流业中客户服务的初步分析[J]．物流科技，2003，26（98）：45-47．

[5] 况漠，缪兴锋．当前我国物流企业服务体系创新途径分析[J]．经济体制改革，2010，（5）：77-80．

[6] 张树虎．保税区第三方物流客户满意度评价[J]．经济研究导刊，2011，117（7）：31-32．

[7] 杨浩军．第三方物流服务质量评价指标体系构建之我见——基于供应链管理视角[J]．经营与管理，2009，16（11）：31-32．

[8] 吴永强，叶怀珍．关于客户服务水平确定方法的探讨[J]．物流技术，2004，（9）：27-32．

[9] 应志远，韩静．基于国际物流新特征的企业客户关系管理[J]．合作经济与科技，2011，411（2）：32-33．

[10] 徐伟．简析如何提高物流企业客户服务水平[J]．现代商业，2008，（18）：103-104．

[11] 蔡淑琴，王庆国，汤云飞．客户关系管理与客户服务研究综述[J]．预测，2004，23（5）：10-14．

[12] 胡春秀，李蜀湘，涂岭．我国物流人才需求及岗位能力分析[J]．湖南工业职业技术学院学报，2010，（3）．

[13] 蒋士桦．我们今天应该怎样服务客户—A.O.史密斯客户关怀中心走访介绍[J]．现代家电，2006，（17）．

[14] 陈高原．美国物流发展启示录[M]．深圳：海天出版社，2005．

[15] 贺登才，刘伟华．现代物流服务体系研究[M]．北京：中国物资出版社，2011．

[16] 范云峰．客户管理营销[M]．北京：中国经济出版社，2003．

[17] 孟凡强，王玉荣．CRM行动手册——策略、技术和实现[M]．北京：机械工业出版社，2002．

[18] 胡理增．面向供应链的客户关系管理[M]．北京：中国物资出版社，2007．

[19] 刘伟华．物流企业基于核心竞争能力的客户资源整合研究[D]．成都：西南交通大学，2004．

[20] 樊虹．中远货运服务营销管理模式研究[D]．上海：复旦大学，2010．

[21] 潍坊将打造九大物流集聚区，鼓励国内外大企业来潍落户[EB/OL]．2009-06-24．http://news.sina.com.cn/c/07471584148ls.shtml．